나를 바꾼 한 권의 책

나를 바꾼 한 권의 책

초판 1쇄 인쇄_ 2011년 8월 5일 | **초판 2쇄 발행_** 2011년 11월 25일
지은이_ 안정한 | **펴낸이_** 진성옥 · 오광수 | **펴낸곳_** 꿈과희망
디자인 · 편집_ 김창숙, 박희진 | **마케팅_** 최대현, 김진용
주소_ 서울시 용산구 갈월동 101-49 고려에이트리움 713
전화_ 02)2681-2832 | **팩스_** 02)943-0935 | **출판등록_** 제1-3077호
http://www.dreamnhope.com| e-mail_ jinsungok@empal.com
ISBN_978-89-94648-14-9 03810
※ 책값은 뒤표지에 있습니다.

ⓒPrinted in Korea. | ※ 잘못된 책은 바꾸어 드립니다.

인생에서 가장 중요한 청소년 시기에

나를 바꾼 한 권의 책

안정한 지음

| 머리말 |

아무리 훌륭한 책이라 하더라도
읽지 않으면 내 것이 아니다

2002년부터 여러 방송국을 다니면서 많은 책들을 소개했다. 그중에서 가장 기억에 남고 전하고 싶은 내용이 있는 책들만을 모아서 이 책을 내게 되었다. 그런데 다시 읽어보니 잊어버렸던 내용들도 많고 정말로 내가 썼는지 모르는 글들도 많이 있어서 이 책들을 정리해서 책을 소개해 보면 어떨까 해서 책을 쓰게 되었다. 우선 책을 방송에 소개한 부분을 소개하고 다음에 이 책을 왜 어떻게 소개를 했으며, 어떤 생각을 가지게 되었다는 것을 달았다.

이 책을 읽으면서 중요한 것 한 가지를 꼭 말씀드리면, 이 책은 내가 모두 소개하기 편하게 하기 위해서 정리를 한 것들이기 때문에 여러분이 읽은 책의 내용과 정확하게 일치하지 않을 수 있다. 사실 책을 보면 그 안에 다 있는 이야기이다. 그러나 책을 읽고 여러 독자들에게 소개하면서 느낀 점은 책이란 것은 어떤 관점에서 보느냐에 따라서 전혀 다른 이야기를 할 수 있다는 사실을 경험했다. 한 번은 방송에서 책을 소개한 이후에 그 방송을 듣고 손님이 오셔서 책을 사가셨는데 그 다음날 다시 와서 왜 방송에서 소개한 내용이 없느냐고 이야기를 하신 적이 있다. 내가 그 책에서 방송에서 말씀드린 내용을 찾아드리자 재미있게도 그 손님은 책을 읽으면서 그 내용이 보이지 않았다고 하였다.

이처럼 독서란 굉장히 주관적이기 때문에 이 책 소개를 읽고 책을 안 봐도 된다고 생각하지 말고 재미있는 책이라면 꼭 다시 읽어주기 바란다. 그리고 자신만의 독서노트를 통해서 정리하는 습관을 들이기 바란다. 독서란 적지 않으면 바람에 날리는 먼지처럼 날아가 버리게 된다. 그래도 내가 생각한 부분을 정리해서 간단하게나마 적어놓으면 자신의 것으로 남지만 그렇지 않으면 안 읽거나 다름없는 그런 결과를 가져오게 된다.
 부디 이 책을 읽고 많은 것을 남기어 독서에 도움이 되고 지식의 보고를 통해 삶의 지혜를 얻기 바란다.

안정한

독서의 기술

 사실 이 부분은 내가 오랫동안 책을 읽어오면서 독서에 대한 요령이 생기게 되었다. 그중에서 몇 가지만 소개를 해드리고자 적어본다. 내가 생각하는 독서의 기술은 세 가지이다. 첫 번째로는 책을 선정하는 법, 두 번째는 책을 읽는 방법, 세 번째는 독서노트 정리법이다.

 우선 독서에 대한 책을 선정하는 기준은 자유이다. 그런데 문제는 책을 읽다 보면 어떤 분야에 너무 심취해서 읽게 되는 경우가 많다. 그래서 베스트셀러를 권해드리는 경우가 많은데, 그래도 베스트셀러 중에 좋은 책이 많기 때문에 자주는 아니더라도 가끔씩은 읽어주는 게 좋다. 예를 들면 '부자 아빠 가난한 아빠' 같은 경우 별내용이 아니라고 생각을 하고 읽지 않았다. 그런데 나중에 서평을 읽고 꼭 읽어야겠다는 생각이 들어서 다시 읽었는데 내용이 너무 좋았다. 이처럼 자신이 가지고 있는 책에 대한 편견을 깨고 이것저것 읽어보는 게 좋다. 단 독서를 너무 안한다고 생각하는 분의 경우에는 일단 만화책부터 시작을 하는 게 좋다. 어린이용 만화책으로 해서 세계고전, 예를 들면 마키아벨리의 군주론, 공자, 맹자, 또는 고전소설 역시 만화로 내용이 잘 정리되어서 나오고 있다. 그런 것들을 읽어보고 이것은 조금 더 읽어보면 좋겠다고 생각되는 책을 잡으면 도움이 많이 된다.

 두 번째는 읽는 방법에 대해서다. 읽는 방법에는 여러 가지가 있겠지만 꾸준히 앉아서 읽는 것을 별로 권하고 싶지 않다. 사실 집중력이 좋은 사람들이야 얼마든지 쉽게 집중을 해서 읽을 수 있겠지만 타고나거나 훈련이 안 된 사람이 활자를 보면서 오랫동안 읽는다는 것은 쉬운 일이 아니다. 물론 아주 재미있다면 이야기가 다르겠지만 사실 꼭 읽어야만 하는 책이 재미있는 내용들로만 가득 차 있지는 않다. 그래서 우선 책을 보면 제목을 봐야 한다. 그 다음 목차를 보고 목차 중에서 자신이 재미있을 부분부터 읽어나가는 게 좋다. 물론 소설에서는 힘들겠지만 내 경우 그렇게 보는 게 더 재미가 있었다. 처음에는 앞부분을 읽다가 갑자기 클라이맥스 부분을 읽으면 중간에 무슨 일이 벌어졌는지 궁금해서 다시 들여다보게 된다. 또한 책을 한 번 잡으면 끝까지 읽어야 한다는 생각도 버리는 게 좋다. 책을 보다가 재미가 없으면 덮고 다른 책을 읽다가 다시 궁금해지면 읽는 방법을 택하는 게 좋다. 우리의 뇌는 재미있게도 그렇게 왔다 갔다 하면서 읽어도 연결을 할 수 있는 능력이 뛰어나다.

세 번째 독서노트 정리법은 무엇일까? 그것은 독서노트 혹은 독서메모를 하는 것이다. 사실 나도 방송에서 책 소개를 할 것이 아니라면 독서노트를 할 일이 없었을 것이다. 하지만 독서노트를 하다 보니 책을 전혀 다른 방향에서 읽을 수 있는 능력과 책을 나름대로 분석해서 정리하는 능력까지 생기게 되었다. 특히 방송에서 소개를 하려면 극단적으로 책의 내용을 단순화해서 소개해야만 하는데 내가 책을 직접 써보고 정리를 하려니 쉽지가 않았다. 그러면서 다른 분들의 책을 소개할 때 이렇게 막 가위질을 해서 소개를 해도 되나 싶은 생각이 들었다. 독서노트를 쓰는 법은 어렵지 않다. 우선 실용서의 경우에는 우선 제목이 말하는 뜻을 설명하고 책의 내용을 크게 3가지로 나누어서 이야기한다. 그리고 마지막으로 정리를 하면 된다. 그리고 소설의 경우에는 우선의 간략한 내용을 적고 나서 그중에서 기억이 나는 부분에 대해서 적는 것이 좋다. 책의 목차대로 그대로 적는 것은 제발 자제해 주었으면 좋겠다. 물론 그 방법이 가장 원안대로 책을 옮길 수 있는 방법은 되겠지만 독서란 읽은 사람의 관점에 따라서 달라진다는 생각을 할 때 이런 식으로 하는 게 자신만의 독서노트를 만들 수 있는 방법이 될 것 같다.

그럼 이제부터 책을 소개해 드리고 내가 왜 이런 식으로 책을 소개했는지 설명하겠다. 이 책들은 전부 방송에서 소개가 되었던 책을 다시 독자들에게 맞도록 다시 쓴 것이다. 방송할 때도 책을 많이 읽게 되었지만 막상 책으로 기획을 하다 보니 다시 읽게 되고 더 많은 책을 읽어야 했다. 그 과정에서 글로 남겼을 때 기억에도 더 남는다는 사실을 확인하게 되었다. 여러분도 지식을 소유하고 싶다면 독서노트를 꼭 쓰기 바란다.

우리는 모두 책이 불에 탄다는 것을 알지만,
책은 불로 죽일 수 없는 더 큰 지식을 갖고 있다.
사람들은 죽어도 책은 결코 죽지 않는다.
- F. D. 루즈벨트 -

| 차례 |

머리말 _4
아무리 훌륭한 책이라 하더라도 읽지 않으면 내 것이 아니다
독서의 기술 _6

 나의 소중한 꿈

행복하고 싶다면 당장 걱정을 멈추어라_16
진심을 담아서 말을 해야 완벽한 소통을 할 수 있다_21
꽃에 향기가 있듯이 사람에게도 인격이 있다_25
여행과 변화를 사랑하는 사람에게 생명이 느껴진다_28
하루아침에 성공하는 법은 없다. 끊임없이 노력하고 믿어라_32
장수한 사람은 여름이든 겨울이든 항상 새벽에 일어난다_36
실수를 하지 않는 사람은 아무 일도 못한다_39
교육은 행복한 노후를 위한 일종의 저축이다_42
얼짱, 몸짱을 뛰어넘는 마음짱_45
살아남기 위한 CEO는 마키아벨리를 배워라_48
운명은 사람을 차별하지 않는다_52
진정한 대화는 남의 말에 귀기울일 때 이루어진다_55
진정한 여행은 다른 문화 속에서도 자기 자신을 만난다_58
사실 인생은 고민하는 것만큼 불행하지는 않다_60
기억력이 좋은 머리보다 무딘 연필이 낫다_63
회사라는 한 배에서 살아남는 방법은 믿음이다_66

Dream

주위를 빛내는 희망

우리가 가지고 있는 무기는 바로 희망이다__70

행복은 남이 줄 수 있는 것이 아니라 오로지 내 마음에 달려 있다__73

새는 날기 위해서 가장 먼저 날개를 움직인다__76

말을 잘하는 것보다 어려운 것은 잘 듣는 것이다__79

노래는 나를 표현하는 새로운 목소리다__81

인류의 문명은 사람들의 상상에서 시작되었다__83

나이를 따지면 살아남지 못한다__87

물방울은 힘이 아니라 꾸준함으로 바위를 뚫는다__91

물은 그릇 모양 대로 따른다__96

취업 기술의 기본은 사람 사귀는 기술이다__100

상상이 현실이 된다__107

위기와 고통은 내 안에서 시작된다__111

누군가를 위해 등불을 밝히면 나도 밝혀주게 된다__113

어리석음과 현명함은 눈으로 오는 것이 아니다__117

호기심이 문명을 바꾼다__120

생각은 멈추지 않는 샘물이다__122

가보지 않은 인생길이 나를 풍부하게 해준다__126

집착은 우리에게서 자유를 빼앗아 간다__128

마법의 주인공은 바로 나 자신이다__132

지구는 우리가 잠시 소풍나온 곳이다__135

굴하지 않는 도전

당연한 것이 진정 소중한 것이다 _138
역사에서 영원한 승자는 없다 _141
상대방의 마음을 안다는 것은 교류의 시작이다 _144
성공은 노력의 계단 위에 있다 _148
암기는 모든 공부의 기본이다 _154
프로는 도전을 멈추지 않는다 _158
새로운 지식은 삶을 윤택하게 한다 _163
모든 교육은 어머니 무릎에서 시작된다 _166
인생은 항상 행복하지도 마냥 불행하지도 않다 _170
재능을 뛰어넘는 열정이 성공으로 이끈다 _174
영원히 철들지 않는 남자들의 심리 _179
한 사람 입에서 나온 말이 만인을 흔든다 _183
준비된 자만이 희망을 꿈꿀 수 있다 _186
지구의 주인은 내가 아니라 우리다 _190
간절히 원하는 것에 에너지를 집중하라 _192
가난에서 벗어나고 싶다면 지금 당장 움직여라 _196

Challenge

 함께 웃을 수 있는 **성공**

인생이 항상 불행한 것만은 아니다__202
내 인생의 베스트셀러 주인공은 바로 나다__205
문명은 내 의지와 상관없이 다가온다__209
인생은 마음 가는 대로 이루어지는 마술이 존재한다__214
환타지 세계는 우리에게 또 다른 삶을 경험하게 한다__218
잘 할 수 있는 것을 직업으로 선택하라__221
아는 만큼 하고 싶은 일도 많아진다__224
저금하는 것은 즐기기 때문에 행복하다__226
성공은 꿈의 마당에 열정의 나무를 심어야 자라난다__230
남자에게 있어 진정한 재산은 아내이다__233
결혼은 끝나지 않는 인내의 시험대이다__236
스스로에게는 후하면서 남에게 인색하지 마라__239
사람들은 각각의 스토리텔링을 갖고 있다__243
말은 입으로만 하는 것이 아니다__246
쉬더라도 멈추지 마라 그 끝에 성공이 있다__248
지구에서 벌어진 모든 문제의 답은 사랑에 있다__252
실천하기를 두려워 마라 시작해야 자신감도 생긴다__255
남의 돈에는 독이빨이 솟아나 있다__259
분노 뒤에는 고뇌가 따라온다__264
인생은 생각만큼 행복하지도 불행하지도 않다__268

맺음말__272

나의 소중한 꿈

인생에서 가장 중요한 청소년 시기에 다룰 만한 한 권의 책

Dream

꿈은 첫 번째로 자신이 일단 이루고 싶은 꿈의 완장선상의 끝을 바라보아야만 한다는 것이다. 두 번째로 나를 위한 것이 아니어야 한다고 생각을 한다. 남을 위한 것 특히 자신과 관련이 없는 아픈 사람이나 어려운 사람들을 위한 것이어야 한다는 것이다. 세 번째로는 자신만이 그 꿈을 이룰 생각을 하지 말고 다른 사람에게 전파하고 그 사람이 나보다 더 나으면 그 사람을 통해서 자신의 꿈 너머 꿈이 이루어질 수 있도록 해야 한다는 것이다.

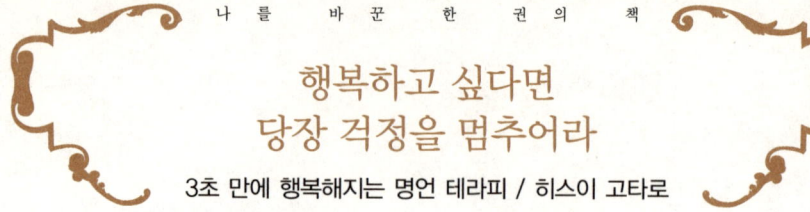

나를 바꾼 한 권의 책

행복하고 싶다면
당장 걱정을 멈추어라

3초 만에 행복해지는 명언 테라피 / 히스이 고타로

> 행복은 일생에 한번 있을까말까 하는 큰 행운보다는
> 날마다 일어나는 소소한 편안함과 기쁨에서 더 많이 찾을 수 있다.
> – 벤자민 프랭클린 –

'3초 만에 행복해지는 명언 테라피' 라는 책은 말 그대로 3초 만에 행복해질 수 있는 이야기가 가득 담겨져 있다. 책을 읽다 보면 아! 그렇구나 하면서 무릎을 치면서 좋은 아이디어에 반기는 이야기도 있다. 그리고 행복이란 가까이 있다는 것을 잘 알 수 있도록 도와주는 이야기도 들어가 있다. 또한 책을 읽다 보면 나도 모르게 머리가 좋아질 수 있는 경영에 대한 이야기도 담겨 있다.

사과를 키우던 농가에서 태풍으로 90%의 사과가 떨어져서 못쓰게 되고 나머지 10% 정도도 당도가 떨어져서 팔 수가 없게 된 사건이 있었다. 그런데 그 사과를 10배의 가격에 파는 방법을 누군가가 생각해 내게 되었다. 이 사과의 이름을 떨어지지 않는 사과라고 이름을 붙이고 수험생들에게 판매를 했던 것이다. 그러자 수험생들은 10배의 가격에도 불구하고 그 사과를 샀다고 한다. 사과가 떨어지고 안 떨어지고는 사실의 문제이다. 그러나 그것을 어떤 관점으로 보느냐에 따라서 해결할 수 있느냐 없느냐는 전적으로 자신에게 달려 있다는 것이다.

두 번째로, 심리학 박사에게 어떤 식당의 경영자로부터 이런 상담을 의뢰받은 적이 있다. 저녁 식사 후에 곧바로 테이블을 정리하고 싶은데 손님들이 좀처럼 자리에서 일어나지 않는다. 이럴 땐 어떡하죠? 라고 묻자 이렇게 대답했다. 사람들은 아무리 맛이 있어도 불쾌한 식당에선 절대로 오래 앉아 있지 않는다. 인상이 좋은 식당에서만 오랫동안 앉아 있다. 이런 말을 듣자 식당 주인은 마음이 바뀌었다. 아, 손님들이 우리 식당을 좋아하는구나라고 생각을 하니까 행복해졌다는 것이다. 이처럼 현상은 바뀌지 않지만 짜증나던 일이 행복한 일로 바뀔 수 있다.

세 번째로 우울해지는 방법에 대해서 살펴 보면, 어떤 심리학자가 우울증 환자들을 연구하다가 우울증에 걸려 봐야지만 우울증 환자들의 심정을 알 수 있을 것 같아서 우울증에 걸리는 법을 알아보았다. 그것은 바로 한숨을 쉬는 것이다. 3개월 동안 하루에 천 번씩 한숨을 쉰다면 누구라도 우울증에 걸린다는 사실을 알게 되었다. 그래서 하루에 천 번씩 3개월 동안 한숨을 쉬어서 우울증에 걸렸다고 한다. 그런데 이제는 벗어나야 하는데 벗어나는 방법을 몰라서 걱정을 했는데, 누군가 답을 쉽게 알려주었다. 그것은 바로 하루에 천 번을 3개월 이상 웃는 것이다. 행복해서 웃는 것이 아니라 웃으니까 행복해지는 것이다.

그렇다면 행복이 가까이 있다는 것을 알려주는 이야기에는 어떤 것이 있을까?
첫 번째 내용 중에 이런 것이 있었다. 정신과의사가 환자를 퇴원시킬 때 기준을 세워야 하는데, 정확하게 기준을 만들었다. 기준이란 이런 것이다.

1. 하고 싶지 않은 일을 미루는 능력
2. 거짓말하는 능력
3. 적당히 타협하는 능력, 고집 부리는 능력 등등이다.

반대로 너무 정신을 통일해서 하고 싶지 않은 일에도 집중을 해서 하는 사람은 정신건강이 좋다고 볼 수는 없다는 이야기이다. 우리가 게으름을 피우고 싶다고 생각하는 것은 우리의 정신건강이 좋다는 뜻이다. 지나치게 걱정하지 않는 것이 좋다.

두 번째로는 오래 사는 사람들의 공통점이 있다. 많은 사람들이 오래 사는 사람들의 공통점을 찾기 위해서 여러 가지 연구를 했지만 번번이 실패를 했다. 담배를 피워서 폐암에 걸리는 확률보다도 술을 많이 먹어서 위장암에 걸려 죽은 확률보다도 높은 것이 있다. 그것은 바로 친구가 없는 사람이 일찍 죽는다는 것이었다. 즉, 친구가 많은 사람은 다른 사람들과의 인간관계를 통해서 스트레스를 풀기 때문에 오래 산다는 것이다. 오늘 하루 외롭게 스트레스를 풀려고 하지 말고 곁에 있는 친구를 만나서 쓸데없는 이야기를 하면서 보내는 것이 건강에 좋다.

머리가 좋아지는 경영에 대한 이야기는 어떤 것이 있을까?

첫 번째는 일본에서 경영의 신이라고 하는 마스시타 고노스케가 한 말이다. 그는 사람을 뽑을 때 기준이 인물이나 능력을 보는 것이 아니라 그 사람에게 이런 질문을 한다고 한다. "당신은 운이 좋다고 생각합니까?"라고 물어 보았을 때 운이 좋다고 생각하는 사람을 뽑는다고 한다. 그런데 그 이유가 무엇일까? 그것은 운이 좋다고 생각하는 사람은 누군가가 자신을 도와주어서 해결을 했다는 고마움을 알고 있는 사람이기 때문이다. 자신만의 능력으로 모든 것을 해결했다고 생각하는 사람은 이기적이기 때문에 남들에게 고마움을 몰라서 채용을 하지 않았다고 한다.

두 번째는 광고문구 하나로 오사카에서 최고 매출을 낸 자전거 가게가 있었다. 그 문구는 바로 '펑크 수리 오 분 만에 가능하다.' 그 광고가 나간 후 많은 사람들이 몰려들었다. 하지만 사실 펑크 수리는 초보자도 십 분 정도면 가능하기 때문에 숙달자면 빠르면 3분 안에 누구라도 가능하다. 하지만 그 사실을 잘 모르는 사람들은 몰려들었고 그것으로 최고의 매장이 되었다.

또 한 가지는 한 식당의 문구에 대한 것이다. 그 식당은 높은 층에 있었지만 야경이 그렇게 좋지는 않았다. 하지만 식당 앞에 이렇게 써 놓았다. '야경무료.' 이렇게 써 놓으니 정말 많은 사람들이 혹해서 들어갔다. 생각난 김에 또 한 가지만 더 소개를 해드리면 어떤 큰 건물에 엘리베이터가 한 대밖에 없어서 사람들이 불만을 터트렸다. 하지만 건물 주인은 큰 돈 안 들이고 그 문제를 해결했다. 엘리베이터 옆에 전신거울을 놓은 것이다. 그렇게 하니까 사람들은 거울을 보느라 시간이 가는 줄을 몰랐다. 특히 여자들의 경우에는 엘리베이터를 놓칠 정도였다. 이처럼 아이디어는 어느 곳에나 쉽게 있지만 우리가 놓치기 때문에 못 쓰는 경우가 많다. 한번 주변에서 잘 찾아보자.

인류문화 학자가 연구를 했는데, 옛날에 에스키모족은 얼음집 안에서 옷을 벗고 잤다고 한다. 그런데 문명을 받아들이고 나서 사람이 동상에 걸린다는 사실을 알고 난 이후 동상에 걸리게 되었다고 한다. 이렇듯 모든 일은 사람의 마음에 달려 있다.

나도 요즘 힘들어서 솔직히 일하기가 싫은 적이 있다. 하지만 이 책의 내용처럼 일을 즐기면 즐거워지고, 하기 싫은 것도 사실은 내가 건강하다는 증거니까 나쁘지는 않다는 생각이다. 여러분들도 이 책을 읽고 긍정적인 삶에 대해서 생각해 보기 바란다.

이 책은 세 번을 소개한 책이다. 처음에 이 책을 봤을 때 손님들에게 권하려고 소개하기 시작했고, 내가 출연하는 TV와 라디오에 모두 다 소개를 한 책이기도 하다. 그만큼 책을 읽기가 편하고 읽고 나서도 재미가 남아 있는 그런 책이었다.

내용을 읽다 보면 사람을 행복하게 하는 방법에 대해서 여러 가지가 나온다. 첫 번째가 바로 자신의 환경을 다른 관점에서 보는 것이다. 식당 주인처럼 불만 사항을 행복한 관점에서 보면 행복이 되는 것이다. 두 번째는 자신의 잘못을 깨닫는 것이다. 나도 잘못된 습관이 한 가지 있었는데, 그것은 바로 한숨을 쉬는 버릇이 있었다. 그래서 그런지 한때 우울증에 걸려서 고생을 한 적이 있다. 이 책을 읽고 나서는 가능한 한 한숨을 쉬지 않으려고 노력했다. 그러니까 확실히 기분이 많이 좋아졌다. 사실 화를 좀 더 내게 되어서 주변에서는 안 좋아하게 되었지만 인간관계라는 것이 화도 내면서 사는 것이지 무조건 참는 것은 인간관계가 아니다. 세 번째는 자신을 너무 자책하지 말라는 것이다. 사람이란 원래 게을러지려는 본능이 있다. 그런데 그런 자신을 책망하고 너무 자책을 하다 보면 우울증에 걸리고 삶이 아무 이유 없이 힘들어지게 되는 것이다.

행복해지는 방법 외에 기막힌 아이디어에 관한 이야기들이 많이 나온다. 엘리베이터와 거울은 전혀 상관이 없지만 거울을 장치함으로써 불평을 줄일 수 있다니 혹시 화장실에 거울이 있는 것도 그런 이유가 아닌가 하는 생각도 해본다. 그리고 생각이 사람을 죽일 수 있다는 말이 있듯이 추위에 강한 에스키모는 문명을 받아들이고 나서 추위를 견딜 수 없게 되었다는 말을 듣고 나니 더더욱 그런 생각이 든다.

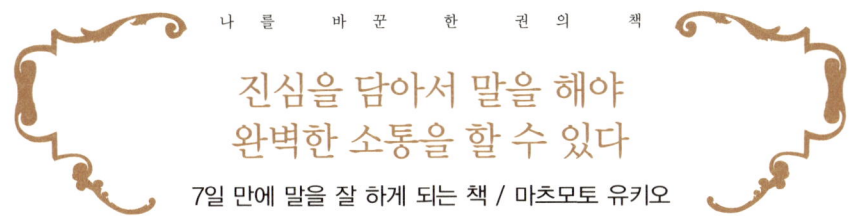

진심을 담아서 말을 해야 완벽한 소통을 할 수 있다
7일 만에 말을 잘 하게 되는 책 / 마츠모토 유키오

> 말이 있기에 사람은 짐승보다 낫다.
> 그러나 바르게 말하지 않으면 짐승이 그대보다 나을 것이다.
> – 사이디 '고레스탄' –

'7일 만에 말을 잘 하게 되는 책'은 말을 잘 할 수 있도록 도와주는 책이다. 책을 살펴 보면, 사람들 앞에서 말을 못하는 이유에 대해서 알려주고 그것을 극복하는 방법을 알려준다. 그 외에도 많은 사람 앞에서 강연을 하는 방법과 컴퓨터를 이용해서 프리젠테이션을 하는 방법까지 나와 있다.

사람들 앞에서 말을 못하는 이유는 뭘까?

그것은 첫 번째로 공포심 때문이다. 사람들이 자신만 쳐다보고 있다고 생각하면 긴장을 하면서 일단 얼어붙게 된다. 그래서 머릿속이 하얗게 되면서 말을 더듬게 되는 것이다. 그리고 이것을 극복하려고 말을 하다 보면 일단 머릿속의 말을 두서없이 되는 대로 이야기를 하게 될 때가 있다. 그래서 나온 것이 바로 원고를 만들어서 그대로 읽는 방법이다.

그러다 보니 두 번째 문제가 생긴다. 원고를 그대로 읽다 보면 마치 로버트가 읽는 것처럼 부자연스럽다는 것을 경험하게 된다. 또 읽으면서 중간에 순서를 놓치게 되면 당황하는 수가 있다. 그래서 원고를 너무 철저하게 준비하는 것도 별로 좋은 방법이 아니다.

세 번째는 제스처, 즉 몸짓을 어떻게 할지 모를 때가 많다는 것이다. 대부분의 사람들은 사람들 앞에서 몸짓을 하면서 말을 하는 사람은 없다. 그러다 보니 일 대 일로 대화를 할 때나 다수를 상대로 대화를 할 때 혹은 카메라 앞에서 말을 해야 할 때 어떻게 몸짓을 하는지 모를 때가 많다. 이것을 극복하는 방법도 책에 나온다.

그럼 어떻게 공포심을 극복하는 것이 좋을까?
누구나 많은 사람 앞에서 말을 하게 되면 공포심을 느끼게 된다. 그것을 극복하는 가장 쉬운 방법은 시선 처리에 있다. 한 사람하고만 이야기한다고 생각하고 시선을 한 사람만 바라보면서 이야기를 하는 것이다. 이것은 마치 놀이공원에 가서 놀이기구를 탈 때도 마찬가지로 한 곳만 응시하게 되면 공포심이 덜한 것과 같다. 말을 하는 것은 한 사람에게 하나 여러 사람에게 하나 크게 다르지 않다. 청중의 3분의 2지점에 있는 한 사람의 눈을 바라보면서 이야기를 하면 공포심이 덜해질 것이다. 그렇다고 해서 문제가 전부 해결된 것은 아니다. 차분히 이야기를 하다가도 순간적으로 당황을 해서 나오는 대로 말을 하다 보면 문제가 될 수 있기 때문에 원고를 잘 준비해 가는 것도 중요하다. 그런데 원고를 너무 잘 준비해 가도 문제가 될 수 있다.

원고를 잘 준비하는 사람들은 대부분 성격이 꼼꼼한 사람들이다. 그러다 보니 자신의 실수를 용납 못해서 한번 실수를 하면 걷잡을 수 없이 되는 경우가 많다. 예를 들면 한 시간짜리 강의를 위해서 원고를 40매 이상을 준비해 간 적이 있다. 그래서 열심히 외워서 강의를 했는데 중간에 한 번 줄을 놓치니까 워낙 양이 많아서 찾기가 힘들어서 낭패를 볼 뻔한 적도 있다. 원고 준비를 할 때 내용을 꼼꼼하게 하는 것보다 요령이 필요하다.

원고 작성법 중 첫 번째는 원고를 모두 다 적으면서 만들지 말고 자신이 말할 포인트만 적는 것이다. 예를 들어 만약 말을 잘 하는 법에 대해서 이야기를 하고 싶다고 해서 한 시간 내내 말을 잘 하는 방법에 대해 이야기한다면 아무리 좋은 이야기를 해도 심심할 것이다. 그래서 원고를 간단하게 메모하는 형식으로 적는 것이다.

앞에서 이야기 한 것처럼 공포심 극복, 원고 작성법, 그리고 제스처 이렇게 세 가지만 이야기를 한다고 시작을 하는 것이다. 그러면 듣는 사람들은 일단 무슨 이야기를 할 것인지 기대를 하고 듣게 된다.

두 번째는 이렇게 간단하게 작성을 하는데도 법칙이 있다는 것이다. 이야기를 할 때 3 3 3 전법으로 하는 것이 좋은데, 그 이유는 사람은 한 번에 들어서 기억할 수 있는 한계가 7개라고 한다. 그리고 3개가 노력을 하지 않더라도 기억하기 좋은 숫자이기 때문이다. 그래서 만약 한 시간 동안 강연을 한다고 하면 아마도 10개 정도의 주제로 나눌 경우가 많은데, 이 주제들을 3가지로 나누어서 이야기를 하는 것이 기술이다.

그렇다면 제스처는 어떻게 하는 것이 좋을까?

제스처의 경우에는 우리나라 사람이 상당히 불리할 때가 많다. 그러나 대중강연을 할 때 제스처가 없이 그냥 말을 한다면 그처럼 부자연스러운 것은 없을 것이다. 대부분의 경우 손을 어떻게 처리할지를 몰라서 낭패를 보는 경우가 대부분이다. 그래서 자연스러운 제스처를 익히는 방법이 아주 중요하다. 대부분의 사람은 자신의 목소리나 몸짓이 어떤지 잘 모른다. 그래서 자연스러운 제스처를 익히는 것이 중요한데, 자신의 모습을 거울을 통해서 보거나 녹화를 해서 연습을 해보는 과정이 필요하다. 그렇지 않으면 아무리 강연을 많이 해도 자신의 잘못된 모습이 무엇인지 알 수가 없다. 몇 가지 자연스러운 제스처 방법을 알려드리면 우선 손을 짧게 앞으로 나란히 하는 것으로 시작하는 것이 기본이다. 사람이 많으면 동작을 크게, 사람이 적으면 동작을 작게 한다. 그리고 말을 할 때 상대방이 말을 못 알아들어도 알 수 있을 정도의 몸짓에 대해서 연구를 해서 말을 할 때 조금 천천히 하면서 몸짓을 통해서 상대방이 알아들을 수 있는 연습을 해야만 한다.

무엇보다 말을 잘 하기 위해서 가장 중요한 것은 진심을 담아서 자신이 하고 싶은 이야기를 하는 것이다. 물론 책에 나오는 기술들도 중요하지만 말을 잘 하는 가장 첫 번째는 바로 자신이 하고 싶은 말이 있어야만 한다는 사실이다. 아무리 좋은 기술들도 알맹이가 없다면 아무런 소용이 없기 때문이다. 따라서 평소에 관심 있는 분야에 대해서 공부를 하고 이야기할 것들을 준비해 놓는다면 어떤 자리에서도 자신 있게 자신의 말을 할 수 있을 것이다.

나를 바꾼 한 권의 책

꽃에 향기가 있듯이
사람에게도 인격이 있다

일 년 열두 달 꽃이야기 / 임소영

식물 중에는 꽃만 피고 열매를 맺지 않거나, 줄기만 자라고 꽃이 피지 않는 것도 있다.
진실도 이와 같아, 사람이 진실을 사랑한다고 하여
반드시 진실을 행동에 옮겨 실천한다고는 말할 수 없다.
- 공자 -

'일 년 열두 달 꽃이야기' 라는 책은 34가지 꽃의 꽃말과 꽃에 담겨져 있는 슬프고도 아름다운 이야기가 있는 책이다. 사랑해서는 안 될 사람을 사랑한 대가로 바다에 몸을 던진 공주의 넋 목련, 사랑하는 남자의 마지막 절규가 담겨져 있는 꽃 물망초, 여자로 태어났지만 남자로 살아야 했던 여인의 슬픈 운명이 담긴 분꽃, 사랑과 정열의 꽃 장미의 이야기가 담겨져 있고, 이야기의 맨 끝에는 꽃에 관한 설명과 꽃말, 그리고 약재로 쓸 수 있는지에 대해 나와 있다.

이 책을 읽으면서 분꽃의 이야기가 가장 마음에 와 닿았다. 옛날에 한 왕이 살았다. 그는 나라를 통일하고 절대 권력을 누리고 있었다. 그러나 그에게는 한 가지 걱정이 있었다. 그것은 바로 그에게 아들이 없다는 것이다. 그에게는 오직 딸만 한 명이 있었다. 그는 그의 모든 것을 빼앗길까 봐 걱정을 해서 그의 딸을 아들로 키우기로 결심을 했다. 딸도 어려서부터 자신은 남자라는 생각으로 자라서 왕위를 물려받으려고 했다. 그러나 운명이 그녀를 놔두지 않았다. 그만 자신의 부하를 사랑하게 된 것이다. 딸은 아버지에게 사실을 말하고 자신은 여인으로 살고 싶다고 이야기를 하자 아버지는, "그는 이미 아내가 있는 사람이다. 너도 어쩔 수 없는 여자로구나." 라면서 한탄을 했다. 그때 딸이 칼을 땅에다 꽂으며 더 이상 남자 행세를 하지 않겠다고 엉엉 울었다. 그 뒤로 어디론가 사라졌다. 그런데 그녀가 칼을 꽂은 자리에서 꽃 한 송이가 피었는데, 그것이 바로 분꽃이었다고 한다.

  그 다음에는 꽃에 관한 설명이 있다. 분꽃의 꽃말은 소심, 수줍음이고, 이 꽃은 붉은색, 노랑색, 흰색 등의 꽃이 피는데 오후에 피었다가 아침에 시든다. 씨는 팥알만 하면서 까만데 그 속에 흰 가루가 들어 있어서 여자들이 분을 만드는 데 써서 분꽃이라고 한다.

  백일홍에 얽힌 이야기도 실려 있다. 작은 바닷가 마을에 김첨지와 딸이 살았는데 이 마을 사람들은 바다에서 고기잡이를 해서 먹고 살았다. 그런데 이무기가 나타나서는 사람들을 죽이고 고기잡이를 못하게 했다. 고민 끝에 사람들은 제물을 바치기로 했다. 이번에는 김첨지의 딸이 제물이 될 차례였다. 그래서 혼자 바다에 배를 타고 나가는데 어떤 왕자가 나타나서 자신을 구하고 이무기를 물리치겠다고 하는 게 아닌가. 왕자는 처녀로 위장을 하고 나가서 이무기의 여러 개의 머리 중 한 개를 잘랐다. 왕자는 이무기를 꼭 죽이겠다고 먼 바다로 나가기로 한다. 그런데 처녀에게 이렇게 말을 한다. 내가 돌아올 때 좋은 일이 있으면 백기를, 나쁜 일이 있으면 붉은 기를 달고 오겠다고 말이다. 그리고 백일이 지난 후에 배가 돌아오는데 붉은 기를 달고 있는 게 아닌가? 김첨지의 딸은 그만 자살을 하고 말았다. 그러나 그 깃발은 백기에 이무기의 피가 묻어서 적색이 되었던 것이다. 그 뒤로 사람들은 백일 동안의 간절한 기다림 속에서 피어난 꽃이라 해서 백일홍이라고 한다.

  내용이 마치 전설의 고향 같다. 백일홍의 꽃말은 이별한 친구, 행복이라고 한다. 백일홍은 국화과 식물로, 백일 동안 붉은색이라 해서 백일홍이라고 한다.

  먼 옛날 독일에서 있었던 일인데, 사랑하는 한 쌍의 연인이 다뉴브 강가를 거닐고 있었다. 그런데 여자가 강가에서 처음 보는 꽃을 발견했다. 남자는 그 꽃을 여자에게 따주려고 강가로 내려갔다. 그 꽃을 따는 순간 남자는 발이 미끄러져서 물에 빠지고 말았다. 물에 떠내려가는 와중에도 남자는 그 꽃을 여자에게 던지면서 이렇게 말을 했다.

"나를 잊지 마세요."

그 후 여자는 사랑했던 남자를 생각하며 일생동안 그 꽃을 몸에 지니고 살았다고 해서 물망초라고 하고, 영어로는 'forget me not' 이라고 하며, 꽃말도 말 그대로 '나를 잊지 마세요' 다.

이 책은 방송에서 소개하게 된 계기가 있다. MC가 남자에서 여자로 변경이 되었는데, 그 동안에 못 해 본 책을 소개해 보아야겠다는 생각에 시도한 책이다. 사실 남자끼리 나와서 대화를 하는데 꽃 이야기를 하는 것은 별로 어울리지 않는다고 생각해서 그 동안 소개하지 않았다가 MC가 바뀌는 것을 계기로 소개하게 된 것이다. 어쨌든 이 책을 소개했을 때 반응이 뜨거워서 그날 서점에 있는 책이 다 동이 났던 기억이 난다.

그리고 책을 소개한 후에 든 생각인데, 이 책에서 맨 처음 소개한 내용, 즉 분꽃의 이야기가 낯설지 않다는 것을 느꼈을 것이다. 그래서 기억을 더듬어 보니 이 내용은 바로 사파이어왕자라는 만화의 원작이 되는 이야기였다. 물론 기억이 나는 분들도 있겠지만 사파이어왕자에서는 공주는 나중에 여왕이 되지만 슬픈 전설의 모티브가 되었다는 것은 사실이다.

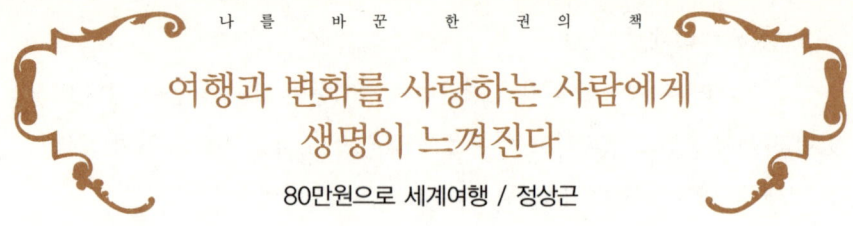

여행과 변화를 사랑하는 사람에게
생명이 느껴진다

80만원으로 세계여행 / 정상근

> 여행은 그대에게 적어도 세 가지의 유익함을 가져다 줄 것이다.
> 첫째는 타향에 대한 지식이고, 둘째는 고향에 대한 애착이며, 셋째는 그대 자신에 대한 발견이다.
> – 브하그완 –

'80만원으로 세계여행' 이라는 책은 정상근이라는 평범한 대학생이 군대를 마치고 아르바이트 한 돈 80만 원을 가지고 전 세계를 여행한다는 내용이다.

우선 호주에 워킹 홀리데이 비자를 끊어서 간다. 거기서 일을 해서 돈을 벌어서 여행을 가겠다는 생각으로 갔는데, 가뜩이나 영어도 제대로 못해서 고생을 엄청 많이 한다. 전화로 숙소를 정할 때 그쪽에서 하는 말을 알아듣지 못해서 천천히 이야기를 해서 가까스로 방을 잡는다. 그리고 이제부터 본격적으로 직업을 찾아 나서는데 영어를 너무 못하다 보니 직장을 구하기가 너무 힘이 든 것이다. 한 예로 식당에서 일을 하려고 인터뷰를 갔더니 레쥬메, 즉 이력서가 있느냐를 물어보는데 그것도 알아듣지 못하고, 얼마 동안 일할 예정이냐는 질문에 무조건 예스라고만 대답해서 결국 직장을 구하지 못했다.

마침 인터넷에서 한국인 동호회를 찾아서 숙소에서 가까운 한국인 식당을 찾아서 거기서 일을 시작한다. 그때 받은 돈이 시급 6,000원, 우리나라 돈으로는 많은 편이지만 호주의 물가를 생각하면 많은 돈이 아니다. 상근은 거기서 멈추지 않고 일본인 식당, 중국인 식당에서 일을 하면서 돈을 번다. 그러면서 이런 식으로 영어가 늘지 않을 것 같다고 생각을 해서 나중에는 현지인이 운영하는 식당에서도 일을 하게 된다. 그런 식으로 하루에 17시간씩 일을 하다 보니 나중에 돈을 천만 원 가까이 모으게 되고, 그 돈을 바탕으로 세계 여행을 계획한다.

돈을 벌고 나서 간 첫 번째 행선지는 바로 인도였다. 갔다 온 사람들은 대부분 인도에 대한 생각이 두 가지로 나뉘는데, 후진국이라는 인상과 영혼의 나라라는 인상 두 가지이다. 상근은 후진국의 면모를 많이 보게 된다. 사람들이 바글거리는데 거리는 더럽고 갠지스 강은 똥물이다. 게다가 빈부의 격차는 엄청나서 한식구가 구걸을 해서 버는 돈이 하루에 500원인데, 다른 한쪽에서는 오락 한판에 500원을 쓰고 있는 나라이다. 심지어는 도시 한복판에서 건장한 남자들에게 납치를 당할 뻔한 적도 있다. 그럼에도 불구하고 많은 사람들이 자신의 삶에 불만을 가지지 않고 사는 것을 신기하게 생각을 하면서 떠난다. 그 다음 행선지는 유럽이다.

우선 가장 물가가 비싸다는 영국에 간다. 영국의 공항에서 생수 한 병의 가격이 우리 돈 5,000원, 그리고 대중교통 요금이 너무 비싸서 거의 다 걸어 다닌다. 그럼에도 불구하고 꼭 한 가지 보고 싶은 것이 있었다. 바로 뮤지컬 맘마미아이다. 원래 우리나라 돈으로 10만 원이 넘는 티켓을 학생이라고 반값에 할인을 해서 들어갔는데 그 다음날 또 갔다. 그래서 아직도 감동을 잊지 못하고 있다고 한다.

다음으로 간 곳은 네덜란드다. 이 나라에서는 문화적인 충격을 많이 받았다. 노천에 카페가 있어서 차 한 잔 마시려고 들어갔더니 신분증을 보여 달라고 하는 게 아닌가? 그래서 외국인이라서 차별하느냐고 하면서 나오려고 하는데, "마리화나를 피려면 외국인도 19세 이상이어야 한다."라고 하는 것 아닌가? 그 나라는 마리화나, 소량의 마약, 매춘 등이 합법화되어 있어서 정식 딜러가 판매를 하고 세금까지 내고 있던 것이다.

다음에 생각나는 장소는 스페인에서의 일화이다. 스페인에서 상근을 반기게 된 것은 투우도 정열의 플라밍고도 아닌 사기꾼이었다. 약간 느끼하게 생긴 친구가 가이드를 해주겠다고 하면서 혹시 카드는 무엇으로 가지고 있느냐고 묻는다. 그러면서 공중전화를 자신의 신용카드로 하는데 안 된다면서 상근에게 카드를 빌려달라고 하는 것이 아닌가? 속내가 다 보인다고 생각한 상근은 주머니에서 1유로를 꺼내서 보여주면서 그 돈으로 햄버거를 하나 사먹으면서 이제 돈이 없다고 했다. 그러자 그 친구가 you win. 그러면서 사라져 버렸다. 그 외에도 재미있는 이야기가 많으니까 한번 읽어 보면 좋을 것 같다.

이 책을 서점에 놓고 팔게 된 계기가 재미있다. 우선 이 책을 쓴 학생이 바로 당시 원주 세무서장 아들이었다는 사실에 출판사 사장님이 깔게 된 책이다. 그래서 우선 책을 받아서 별 내용이 있겠나 하면서 읽기 시작했다.

나도 캐나다에서 1년간 어학연수를 해서 그런지 공감하는 내용이 많았다. 그런데 호주는 워낙에 인건비가 비싸서 집을 지을 때도 자신이 자재를 사서 지어야지 사람을 사서 지으면 파산한다는 이야기가 있을 정도다. 아무튼 그런 호주에서 일단은 돈을 벌어보겠다고 나서서 잠자는 시간까지 줄여서 열심히 일을 해서 돈을 벌었다. 영어도 못하면서 레스토랑에서 일을 하면서 영어도 늘고 돈도 벌었다고 하지만 사실 많은 젊은이들이 가서 도전을 하지만 힘들어서 중도에 포기를 하고 오거나 번 돈을 그대로 현지에서 다 쓰고 도리어 집에서 돈을 더 받아서 쓴 경우를 본 적이 많다.

어쨌든 그렇게 힘들게 번 돈으로 세계여행을 하니 얼마나 아껴서 쓰겠는가? 그런데 외국을 나가 보면 그런 방법으로 여행하고 생활하는 사람들이 꽤 많다는 것을 알게 된다. 여기서 저자 같은 경우에는 우리나라에선 흔치 않은 케이스기 때문에 책까지 쓸 수가 있었지만 미국이나 유럽 같은 경우에는 영어도 되겠다. 전 세계를 다니면서 먹고 사는 여행 생활자들이 많다. 단지 정착

하지 않고 돌아다닐 뿐이다.

그리고 유럽과 인도 등에서 많은 일을 겪었지만 그중에서 가장 기억에 남는 부분만 책에서 소개를 했다. 특히 대마초를 피는 카페의 경우에는 안에 있는 사람들은 모두 미국이나 유럽에서 온 사람들이지 현지인들은 거의 없다고 한다.

이 책은 소개를 할 때 여행의 순서대로 될 수 있으면 에피소드 중심으로 진행을 했으며 중간에 내 의견을 넣을까 하다가 책의 순수한 내용에 방해가 될 것 같아서 뺐다. 스스로의 힘으로 돈을 벌어서 외국을 나가서 돈을 벌어 여행을 하는 젊은이들이 많아졌으면 좋겠다. 그래야 진정으로 배우게 되기 때문이다.

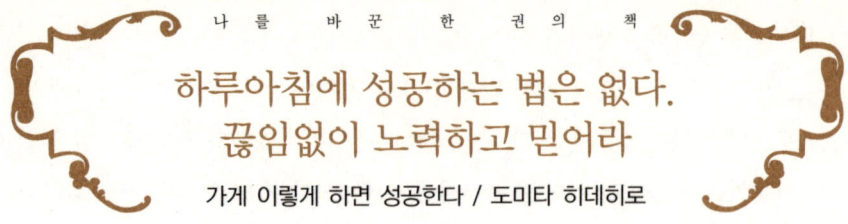

하루아침에 성공하는 법은 없다.
끊임없이 노력하고 믿어라

가게 이렇게 하면 성공한다 / 도미타 히데히로

하루하루 모여서 한 달이 되고 십 년이 된다.
이와 마찬가지로 인생의 위대한 사업도 서서히 그리고 꾸준히 변하지 않고
계속해 나가는 동안에 드디어 열매를 맺는다. 부지런하고 신념을 가져야 한다.
- 채근담 -

'가게 이렇게 하면 성공한다'는 1000군데의 대학 신화를 만든 일본 최고의 창업 컨설턴트가 전하는, 돈을 적게 들이고 대박 가게를 만드는 방법을 소개한 책이다. 이 책에선 우리가 잘못 알고 있는 창업에 대한 상식들을 알려주고, 손님을 모으는 방법과 조직을 관리하는 법을 알려주고 있다.

창업에 대해서 잘못 알고 있는 상식들에는 어떤 것들이 있을까?
첫 번째로 대박 가게는 목이 좋은 곳에서만 생긴다는 편견이 있다. 많은 대박 가게들이 목이 좋은 곳에 있는 것은 사실이다. 그러나 그 가게가 처음부터 목이 좋은 곳에 있었던 것은 아니다. 처음에는 아니었지만 그 가게 때문에 다른 곳까지 생겨서 목이 좋아지는 경우가 많다. 음식점의 경우에도 아무리 외진 곳에 있어도 맛이 있다면 사람들은 그곳을 찾게 된다. 중요한 것은 어떤 서비스를 파느냐 하는 것이지 목이 좋은 곳은 가게세가 비싸기 때문에 대박을 내기가 힘들다고 이야기하고 있다.

두 번째로는 수익 확보를 위해서 인건비를 삭감한다는 부분이다. 경영이 잘 안 되면 의례적으로 직원을 줄이고 재료비를 줄인다. 그런데 문제는 이것이 바로 가게의 내리막으로 가는 신호가 될 수 있다는 사실이다. 사실 손님이 줄면 매출이 줄어서 유지하기가 힘들다. 하지만 그 고비만 넘기면 다시 성장을 할 수가 있기 때문에 인원을 줄이는 것은 정말로 마지막에 해야만 한다고

이야기를 한다.

　세 번째로는 자금이 없으면 대박 가게를 만들 수 없다는 부분인데, 많은 사람들이 충분한 자본이 없는 상태에서 시작하기 때문에 생긴 전설이다. 아무리 돈이 많아도 실패를 거듭한다면 결국에는 장사는 접을 수밖에 없다. 잘 되는 가게의 대부분은 없는 돈을 메꾸기 위해서 시간과 노력을 투입해서 없는 것을 대체해서 하다 보니 나중에 장사가 되었을 때 더 높은 능력을 발휘해서 대박 가게가 되는 것이다.

　그렇다면 손님을 모으는 방법은 어떤 게 있을까?
　우선 우리가 생각하기에 손님을 모으는 방법으로는 신규 손님을 많이 모아야 한다고 생각하지만 사실은 재방문율을 높이는 것이 더 중요하다. 즉, 단골을 만드는 것이 더 중요하다는 사실이다. 한 번은 한 번 온 손님이 안 오는 가게에서 손님들에게 물어 보았다고 한다. 왜 방문을 안 하시냐고, 불편한 것이 있냐고 물어 보았더니 그 손님은 의외의 답변을 했다. 그냥 잊어버렸다고 한 것이다. 즉, 자신에게는 그 가게가 전부이고 그 손님에 대해서 상대를 하지만, 손님의 입장에서는 그 가게는 자신의 인생에서 그렇게 중요한 부분이 아니었던 것이다. 그래서 단골을 만들기 위해서 가장 많이 하는 것이 바로 포인트 카드를 만들어 주는 것이다. 그냥 할인을 해준다면 손님은 당장에는 좋아하지만 그후에는 잊어버리고 만다. 하지만 포인트 카드의 경우에는 그것을 쓰기 위해서라도 다시 방문을 하다 보면 단골이 되는 것이다. 그래서 포인트가 많이 쌓인 손님은 사용을 하라고 문자를 보내고, 포인트가 많은 손님의 경우에는 선물을 증정하는 이벤트를 하는 것이 좋다. 그 밖에도 여러 가지 방법이 있는데 연말에는 달력을 나누어 주면 1년 내내 자신의 가게의 상호가 적혀 있는 달력이 고객들 집에 걸린다. 그리고 신학기 때 다이어리를 나누어주면 1년 내내 자신의 가게의 상호가 적혀 있는 다이어리를 쓰게 된다. 이런 식으로 장기적인 광고가 될 수 있는 판촉물을 나누어 주는 것도 손님을 모으고 광고를 하는 데 유리하다.

마지막으로 조직을 어떻게 만들어서 관리해야 할까?

우선 조직을 왜 만드는지부터 설명해 보면, 처음에 장사를 시작하면 주인이 모든 것을 맡아서 한다. 그러다가 장사의 규모가 커지면 직원을 두고 교육을 하고 손님을 맡게 된다. 시간이 지날수록 주인은 실무에서 멀어져서 자신만의 시간을 즐기거나 광고나 경리에 시간을 많이 투자하게 된다. 즉, 시간이 지났을 때 그 가게가 성장하느냐 쇠퇴하느냐는 어떻게 직원 관리를 하느냐에 따라 달라진다는 것이다. 그럼 어떻게 직원을 관리하고 조직해야만 하느냐 하는 문제가 경영에 있어서 가장 중요한 부분으로 등장하게 된다. 우선 가장 먼저 해야 할 일은 좋은 직원을 뽑는다. 그래서 그냥 광고나 pop에 직원 구함이라고 쓰는 것보다는 가족처럼 일할 사람을 뽑는다. 그러면서 직원들이 단체로 웃으면서 사진을 찍은 것을 보여주는 것이 좋다. 그래서 많은 사람들의 지원을 유도하는 것이 중요하다. 그 다음으로는 면접을 보는 방법인데 책 속에 사람됨을 알 수 있는 여러 가지 방법에 대해서 나와 있는데 몇 가지만 예를 들어 보면, 우선 동종 업종에서 일한 적이 있는지, 그리고 그 동안 일했던 직장에선 얼마나 다녔는지, 집과의 거리는 어느 정도인지 등등을 물어본다. 그리고 그것들을 가중치를 다르게 해서 점수를 낸 다음 고용을 할 때 우선 수습 기간을 두고 보는 것이 중요하다. 괜히 중요한 임무를 맡겼는데 어느 날 와서는 다른 직장이 생겼다고 가버리면 곤란하기 때문이다. 그리고 수습 기간이 끝나고 나서 기간과 능력에 따라서 임무를 주어야만 한다.

이 책은 방송에서 소개한 특별한 계기가 있는 책이다. 우리 서점은 목이 좋아서 많은 손님들이 방문하는 곳이다. 그러나 처음부터 좋았던 것은 아니고 나중에 좋아진 것이다. 우리도 이 책의 내용처럼 처음에는 고전을 했지만 투자를 줄이지 않고서야 오늘날의 서점을 이루게 되었다. 그런데 서점 앞에는 목이 좋지만 많은 가게들이 생겼다 없어지기를 반복하고 있다. 모두 다 최선을 다해서 일을 하지만 누군가는 성공을 하고 누군가는 실패를 하고 있는 것이다. 그리고 원주에는 그렇게 큰 대기업이나 공장이 없기 때문에 대부분의 사람들이 자영업을 하거나 그 자영업자 밑에서 일을 하고 있다. 이 책을 읽어보고 많은 부분들이 자신의 사업에 도움이 되었으면 해서 이 책을 소개했다. 그리고 여기에 소개하고 싶은 이야기가 너무 많은데 허락하는 지면은 한계가 있다 보니 관심이 있는 분들은 이 책을 꼭 읽어보기 바란다.

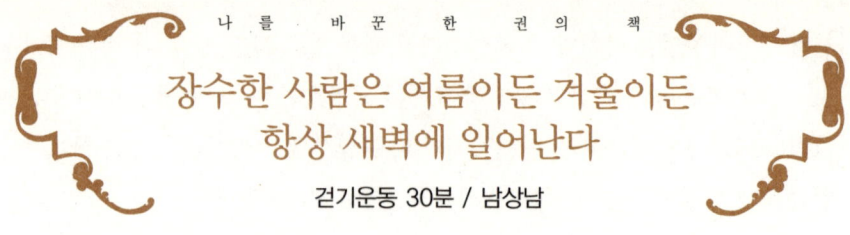

장수한 사람은 여름이든 겨울이든 항상 새벽에 일어난다

걷기운동 30분 / 남상남

'건강한 신체에 건전한 정신이 깃든다' 라고 하지만 현대엔 아마 그 반대일 것이다.
도덕적 생활, 노동, 검소한 식사, 절제, 금욕 등은 건강을 위한 모든 조건을 그 속에 갖고 있다.
- 톨스토이 -

　'걷기운동 30분'이라는 책을 소개할 텐데, 건강의 중요성을 강조하는 경우에 빠지지 않는 것이 바로 걷기운동일 것이다. 그렇다면 왜 이렇게 걷기가 중요한 것일까?
　일반적으로 집안에서 일을 하는 전업주부가 하루에 3,000보, 자동차로 출퇴근하는 일반 사무직의 경우 하루에 1,000보 정도 밖에 걷지 않는다고 한다. 그래서 많은 사람들이 두통과 내장의 병으로 고생을 하는데 이 모든 것들이 바로 걷지 않기 때문에 생긴 병들이라고 한다. 그래서 이 책에선 제대로 걸어서 건강을 지킬 수 있는 모든 것들이 들어가 있다.

　생각하기엔 쉬운 것 같은데 어떻게 걷는 것이 제대로 걷는 것일까?
　우선 걷는 시간과 장소와 걷는 방법과 자세, 그리고 언제 걸어야지 효과가 큰지, 그리고 걷기를 통해서 얻을 수 있는 효과와 더불어 걷기 전에 그리고 걸은 후에 필요한 조치들은 무엇인지를 아는 것이 제대로 걷는 것이다.

　그렇다면 언제 어떻게 걸어야 하는 것일까?
　초보자의 경우 하루에 30분 정도 일주일에 3번 정도 걸어주는 것이 좋다. 이때 걸을 때 자세는 어깨를 펴고 상방 15도 정도를 보면서 발을 굴리듯이 걸어 주는 것이 가장 좋다.

발을 굴리듯이 걷는다는 것은 우선 발을 내밀어서 뒤꿈치가 닿고 바닥이 닿고 나중에 발가락 부분으로 마무리를 해주면서 걷는 것인데, 대부분의 사람들이 터벅 걸음으로 걷는다. 그러다 보니 나이가 들어서 충격이 많이 와서 퇴행성관절염이 많이 온다고 한다.

그럼 어디서 걷는 것이 좋을까?
가장 좋은 곳은 흙이다. 특히 가까운 산림이 있는 야산을 저녁 7시 이후에 식사를 한 후 처음에는 천천히 경사를 올라가고 나중에 조금 빠르게 경사를 내려오는 것이 좋다. 여기서 중요한 것은 건강에 좋다고 해서 위험한 곳에서 혼자 가서 걷다가 길을 잃어버리면 안 되기 때문에 항상 공개된 장소를 걷는 것이 중요하다.

이렇게 걷는 것이 건강에 좋은데, 걷기 전이나 혹은 걸은 후에 해야 할 조치들 중에는 어떤 것들이 있을까?
걷기 전에 간단한 준비운동을 하는 것이 좋다. 그리고 걷기가 좋다고 하이힐이나 구두를 그냥 신고 걷는 사람들도 많은데 그렇게 하면 무릎관절과 발가락이 망가진다. 걷기에 좋은 운동화가 별도로 있다. 발목 보호대가 있고 그다지 덮지 않은 운동화를 준비해서 별도로 시간을 내어서 걷는 것이 좋고, 걸은 후에는 족욕과 마사지 등을 통해서 발에 피로를 풀어주는 것이 좋다.

책에는 걷기가 두통이나 내장에 병이 있는 사람들에게 효과가 있다고 소개하고 있다.
걷기를 하기 전과 한 후에 뇌를 촬영을 해 보니 뇌의 혈액이 활성화되어서 머리가 맑아지는 효과를 보았다. 그래서 생각이 정리가 되고 두통도 사라지는 경험을 한 사람들의 이야기가 나온다. 그리고 많은 당뇨 환자나 불치병 환자들이 걷기를 통해서 자신의 병이 완화가 되는 경험을 맛보았다고 한다. 걷기는 스트레스를 줄여주는 최고의 약이라고 한다.

사실 가게에 직원을 두고 장사를 하면서 카운터에 앉아서 손님들한테 인사하고 계산하는 게 전부이다 보니 상체 운동은 웬만큼 하는데 하체 운동은 전혀 하지 못하고 있었다. 그래서 아픈 데가 많아서 약도 먹고 보약도 먹고 그러다 보니 살이 쪄서 고생도 많이 했다.

그런데 어느 날인가 물건이 없어져서 CCTV를 관찰하는데 그때 카운터에 앉아 있는 내 모습을 보게 되었다. 운동은커녕 붙박이처럼 카운터에 앉아 있는 모습을 보니 내가 자꾸 아픈 이유를 알 수 있었다. 하체 운동이 전혀 되지 않아서 혈액 순환이 안 되다 보니 여기저기 아픈 것이었다. 그래서 일단 가게 근처에 있는 헬스클럽에 등록을 해서 하루에 무조건 30분 이상씩 걸어보았다. 그래서 그런지 어째서 그런지 일단 살이 빠지기 시작했다. 특히 허리에 살이 많이 빠져서 허리가 34를 입었는데 한참 빠질 때는 32까지 입었다. 그런데 그것도 익숙해지니까 다시 허리가 33이 되는 것이었다.

이 책을 읽지 않았다면 아마도 그렇게 중요한 걷기의 중요성을 몰랐을 것이다. 하루 종일 앉아서 일하는 분들은 꼭 읽어보고 걷기를 통해서 건강해졌으면 좋겠다.

나를 바꾼 한 권의 책

실수를 하지 않는 사람은
아무 일도 못한다

현장이 답이다 / 다카하라 게이치로

돈을 벌려면 월급쟁이로는 안 된다. 스스로 장사를 해야 한다.
하지만 남을 불행하게 만들면서까지 벌지는 않는다.
학력으로 인간의 가치를 재는 것은 자로 체중을 저울질하는 것과 같다.
- 아토미야 신타로 -

'현장이 답이다'는 기업의 문제를 현장에서 답을 찾아내는 것을 기본으로 하고 있다.

일본의 많은 기업들이 거대화되면서 문제를 해결하려고 많은 이론과 대책을 내놓지만 대부분 실험적인 것이 많다. 문제를 해결하지 못한 기업은 결국 수익 구조는 나빠지고 결국 망하게 된다. 이 책의 저자는 그 이유는 '모든 문제에 대한 답은 현장에 있다'는 기본적인 사실을 망각하고 자꾸 그럴싸한 '이론'에만 매달려 탁상공론을 벌이기 때문이라고 지적한다. 사실 '현장주의'는 일본의 대다수 경영자들이 중시하던 생산 및 경영 패러다임이었으나, 1990년대 이후 서구 경영 이론에 밀려 거의 잊히다시피 했다. 하지만 최근 저자가 일본 경제의 살길은 다시 현장으로 돌아가는 것이라는 '新현장주의'를 설파하면서 많은 일본 기업들에게 거품경제 이전의 기업 가치관을 상기시키며 제조업 경기를 회복하는 데 큰 기폭제 역할을 하였고, 또한 일본 경제의 드라마틱한 부활을 촉발시켰다고 한다.

이 책을 쓴 사람은 다카하라 게이치로라는 일본의 대기업 회장이다. 그는 1961년 자본금 3,000만 원으로 유니참을 설립해서 매출액 2조 원이 넘는 아시아 최고의 위생용품 기업으로 성장시킨 일본 경제계의 거물이다. 그는 어떤 문제가 발생했을 때 논리적인 경영 이론에만 의지하지 말고 문제가 발생한 현장을 확인하고 현장에서 답을 찾아야 한다고 주장하고 있다.

그럼 현장이 답이라고 할 수 있는 실질적인 예에는 어떤 것들이 있을까?
유니참의 설립 배경 자체가 현장이라고 할 수 있다. 그는 1960년대 미국 시장을 시찰하던 중에 여성용 생리용품이 슈퍼마켓에서 당당하게 팔리는 것을 목격하고 큰 충격을 받았다. 당시 일본에서는 여성용 생리용품이 약국에서 남의 눈에 띄지 않게 진열되어 몰래 팔리던 대표적 '음지' 상품이었기 때문이다. 그는 여성용 생리용품의 새로운 유통 가능성을 발견하고 일본으로 돌아와 생리용품 및 기저귀 제조 회사인 유니참을 설립했다. 이처럼 외국 시찰 '현장'에서 얻은 작은 아이디어로 시작한 유니참은 현재 매출액 2조 원이 넘는 아시아 최고의 위생용품 기업으로 성장했다.

또한 유니참의 남성 연구원들과 영업사원들은 종종 생리대를 착용하고 업무를 보는 것으로 유명하다. 상품이 사용되는 현장을 직접 몸으로 체험하기 위한 직원들의 노력인데, 그들의 노력은 그동안 '생리대는 두꺼워야 새지 않는다'는 고정관념을 깨고 기존 생리대의 3분의 1에 불과한 얇은 생리대를 탄생시켰다.

더불어 유니참은 수백 가구 이상의 가정을 방문하여, 기저귀를 입히고 벗기는 일이 아기들뿐만 아니라 엄마들에게도 매우 번거롭고 힘든 일이라는 것을 알아냈다. 이러한 현장 경험을 통해 마침내 아기와 엄마가 편리하게 기저귀를 사용할 수 있도록 팬티형 기저귀를 처음으로 개발했다. 여기에 더 나아가, 허리 부분을 접착테이프로 붙여서 사용하는 오픈 타입 기저귀도 처음에는 테이프가 사각으로 출시되었는데, 엄마들이 그 부분을 둥글게 잘라 사용한다는 것을 발견했는데 테이프의 끝 부분이 아기의 피부에 닿아 빨갛게 부어올랐던 것이다. 결국 유니참은 기저귀 테이프의 각을 둥글게 개선했다.

이 책은 큰 회사의 사장님들이 보면 좋아할 것이다. 우선 회사가 커질수록 사장님들은 현장에서 무슨 일이 일어나는지 전혀 모르는 경우가 많다.

그래서 문제가 터질 때마다 전혀 엉뚱한 방법으로 해결하려고 들 때가 많다. 이것은 경영인이 현장을 모르고 자신의 이론을 함부로 적용을 할 때 생긴다. 즉, 높은 자리에 있을수록 현장을 생활화해야만 가능하다는 것이다.

자칫 이 책은 사장님들만 읽는 책처럼 느낄 수도 있을 것이다. 그러나 이 책은 샐러리맨에게도 도움이 되는 내용이 많이 실려 있다. 그 가운데 몇 가지를 소개하겠다.

- **나의 현장이 어디인지 나의 고객이 누구인지 알아야 한다.** – 많은 샐러리맨들이 착각을 한다. 내가 할 일이 책상 앞에서 상사에게 보고를 하는 것이라고 사실은 고객이 내게 월급을 주는 것임을 알아야 한다.
- **좋아서 하는 일은 일이 아니다.** – 하기 싫은 일에는 핑계가 하고 싶은 일에는 방법이 보인다고 한다.
- **부하에게 질 필요가 있다.** – 현장에 있는 담당 직원의 말이 진실임을 알아야 한다.

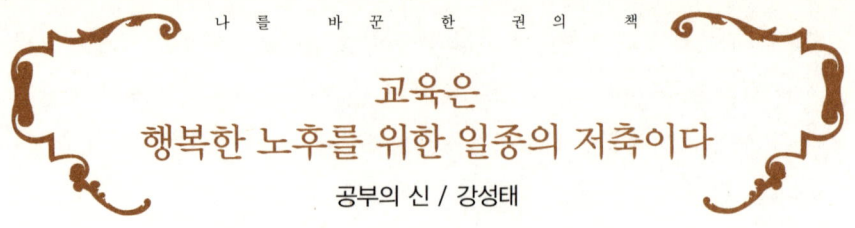

나를 바꾼 한 권의 책

교육은
행복한 노후를 위한 일종의 저축이다

공부의 신 / 강성태

교육의 목적은 비어 있는 머리를 열려 있는 머리로 바꾸는 것이다.
- 말콤 포브스 -

이번에는 '공부의 신'이다. 공부에 왕도는 없다고 한다. 분명히 왕도는 없다. 그럼에도 불구하고 조금이라도 잘 할 수 있는 방법은 분명히 있다. 이 책은 공부를 잘 하는 친구들이 자신들의 공부법을 소개하는 책으로, 우리나라의 현실에 맞는 공부법을 제시해 주고 있다.

책에서는 정말 많은 내용이 나온다. 그런데 크게 나누어서 세 개의 장으로 설명할 수 있다.

첫 번째 장은 공부를 해야 하는 목표와 목표에 따른 시간 관리를 하는 법을 알려준다.

두 번째 장은 구체적으로 과목별 공부법과 암기법 오답노트 등의 세세한 사용법에 대해서 알려준다.

세 번째 장은 대학으로 가는 여러 가지 길에 대해서 설명을 해주고 구체적 공략법을 제시한다.

공부를 하는 목표와 시간 관리 부분에서는 이런 이야기가 나온다.

공부를 잘 하는데 제일 중요한 것이 바로 목표이다. 우선 내가 공부를 왜 잘 해야 하는지 또 잘 하려면 무슨 과목을 몇 점까지 올리겠다는 구체적인 계획이 우선되어야 한다는 것이다. 그런 것이 없다면 무조건 열심히 하다가 결국 지쳐서 포기하게 된다. 이제 목표를 정했으면 목표를 위해서 시간 계획표를 작성해야만 한다. 무조건 하루에 몇 시간 자고 몇 시간 공부한다는 일일계획표보다는 일주일치 계획표와 한 달짜리 모의고사 준비를 위한 계획표를 짜는 것이 좋다. 그리고 시험 관리를 위한 계획표를 별도 관리해야 한다. 마지막으로 자신이 세운 목표에 자신이 제대로 맞추어서 가고 있는지 중간 관리가 필요하다. 예를 들어 문제집을 하루에 한 장씩 풀기로 했는데 힘들다면 줄여야 하고, 영어 단어를 20개씩 외우는 게 힘들다면 15개로 줄이거나 쉽다면 늘리는 것처럼 목표 관리를 해야 한다.

구체적 과목별 공부법은 어떻게 해야 될까? 예를 들어 내신과목의 성적은 족보를 구해라. 그리고 그 문제가 100점이 나올 때까지 풀어야만 한다. 또 암기과목의 경우 암기를 연상하면서 외울 수 있도록 자신만의 연상암기 노트를 만드는 것이 중요하다. 그냥 외우다 보면 지치고, 지치면 결국 처음부터 다시 외워야 한다. 암기 연상을 통해서 외울 수 있는 자신만의 방법을 계발해야 한다. 수학 같은 과목의 경우 오답노트의 활용이 절대적이다. 오답노트란 자신이 틀리는 문제만을 뽑아서 따로 적어놓는 것을 말하는데, 재미있게도 자신이 잘 안다고 생각하는 문제는 두 번 이상 틀렸을 경우 그 문제는 자신이 이해를 못하거나 아직 숙지를 못했다고 생각하면 된다. 결국 오답만을 모아서 오답노트를 만들어서 풀어보고 거기서 다시 한 번 오답노트를 만들어서 정리를 하면 수학 같은 과목은 오답률을 많이 줄일 수 있다.

대학으로 가는 길은 여러 가지가 있다. 예전만 해도 대학을 가는 길은 정말로 없었다. 그냥 수능 봐서 가는 게 거의 다였다. 그러나 요즘은 수시에, 특차에 여러 가지가 많다. 책에서 예를 든 것을 보면 대학과 과학고를 특차로 가는 좋은 방법은 각종 경시대회에서 입상을 하는 것이라고 한다. 그런데 여기서도 중요한 것은 도움이 되는 경시대회가 있고 아닌 것이 있기 때문에 잘 알아보고 준비를 해야 한다. 또 다른 방법으로는 수시가 있는데, 수시는 수능 성적과 관련 없이 가는 것이 있고, 수능 성적에 따라서 당락이 결정되는 것이 있기 때문에 대부분 수능을 준비하게 된다. 그런데 수시를 하게 될 때는 반드시 남들과는 다른 무언가를 준비해야만 한다. 비록 특차는 아니더라도 수시 또한 특차처럼 그 과에서 혹은 학교에서 필요한 학생을 뽑는 과정이기 때문에 일찍부터 대학을 정하고, 그 대학이 원하는 바를 준비하지 않는다면 힘들 수도 있다. 그리고 진짜 목표는 대학보다 대학을 졸업한 이후 진로이기 때문에 반드시 자신의 미래를 설계하는 생각으로 원하는 과를 가는 게 정말로 중요하다.

나를 바꾼 한 권의 책
얼짱, 몸짱을 뛰어넘는 마음짱

꼴 / 허영만

상 좋은 것이 몸 좋은 것만 못하고,
몸 좋은 것이 마음 좋은 것만 못하다.
- 상서 -

    이번에는 허영만의 '꼴'이라는 만화책이다. 나는 만화를 엄청 좋아한다.
    허영만 씨가 유명한 만화가인 줄은 모두 다 알 것이다. 그런데 제목이 '꼴'이라는 것은 무슨 뜻일까?
    이 책은 관상을 주제로 만든 만화이다. 그런데 관상을 순 우리말로 하면 꼴이 되기 때문에 그렇게 쓴 것이다.
    이 책은 관상 보는 법에 관한 책이라고 할 수 있다. 그럼 책에선 관상을 뭐라고 했을까?
    일반적으로 사람의 얼굴은 그냥 다르게만 생겼다고 생각을 하지만, 사람의 얼굴은 오장육부의 기운으로 이루어져 있어서 그 사람의 속을 들여다보는 것이라고 이야기를 한다. 그래서 얼굴을 보고 마음을 읽는다는 것이다.

    관상을 어떻게 봐야 하는지에 대해 설명하고 있는데, 얼굴의 각 부위 눈, 코, 입, 귀, 이마, 눈썹, 턱 등의 모양과 크기, 조화 등을 보면서 설명을 해준다. 예를 들면 어떤 코는 좋고 나쁘다. 눈은 어떻게 이렇게 구체적으로 설명을 해주는 것이다. 얼굴의 조화에 대해서 먼저 살펴보면 사람의 얼굴은 크게 세 등분으로 나누어서 볼 수 있는데, 이마, 코, 그리고 입을 포함한 턱이라고 한다. 이마는 태어나서 30세까지의 운을 보고, 코 부분은 50세까지, 그리고 마지막 부분은 말년의 운을 본다고 한다.

일반적으로 관상에서 코가 굉장히 중요하다고 하는데 어떤 코가 좋은 코일까?

코는 적당하게 큰 코가 좋다고 한다. 특히 광대가 조금 나와서 그 중에서 코가 중심으로 잘 이루어져 있는 코를 제일로 친다. 여기서 코는 중심이고 나 자신을 말하며, 광대나 이마는 주변의 사람들을 말한다고 한다. 그래서 코가 너무 크고 높은 사람은 주변에 사람이 전혀 없고, 너무 낮은 사람은 남의 말에 잘 끌려 다닌다고 설명하고 있다.

그럼 눈과 눈썹에 대해선 어떻게 나올까?

눈은 요즘에 유행하는 동그랗고 큰 눈은 별로 좋지 않다고 한다. 좋은 눈은 가늘고 긴 눈꼬리를 가진 눈이 좋다고 한다. 그리고 눈빛이 살아 있는 눈이 정말로 좋다고 한다. 눈썹은 형제를 말한다. 눈썹이 짙은 사람은 부모덕을 많이 보는 사람이고, 눈썹의 숱은 그 사람의 인덕을 말한다고 한다. 그래서 눈썹이 짙고 많은 사람은 형제와 친구가 많을 것이라고 한다.

입을 포함한 턱 부분은 어떤 것이 좋을까?

요즘 여성들이 브이라인이라고 갸름한 턱을 선호하다 보니 턱을 깎는 수술을 많이 하는데, 이것은 자신의 복을 깎아먹는 행위라고 한다. 턱은 땅이라고 한다. 땅이 넓고 커야 식물도 자라고 동물도 자란다. 마찬가지로 사각으로 넓은 사람은 주변사람들이 많고 도와주는 사람이 많다고 한다. 그런데 턱을 깎으면 그 사람들이 머물 곳이 없어서 떠난다고 한다. 그리고 의학적으로도 턱이 사각인 이유는 턱뼈보다는 턱 근육 때문이라고 한다.

그런데 이런 인상들을 다 합친 사람이 있을까?

물론 우리 주변에선 볼 수가 없다. 위의 것들은 관상학적으로 좋다는 것들만을 모아놓은 것이기 때문이다. 이 모습은 사실 절에 가면 부처님한테서 볼 수가 있다. 부처님상은 가늘고 긴 눈에 큰 코와 사각형의 턱을 가지고 있다.

이것도 다 관상학적으로 완벽한 인간의 모습을 그려내고자 하는 노력이다. 그런데 여기서 가장 중요한 것은 어디 한 군데의 생김이 아니라 세 군데가 거의 크기가 같은 균형을 이루는 것이 가장 좋다. 만약 코만 잘생기고 눈이 이상하다던가 아니면 귀는 잘생겼는데 턱이 이상하다던가 하면 좋은 관상이라고 할 수 없다.

사실 나는 허영만의 팬이다. 어떤 만화를 만들던 정확한 표현과 디테일을 놓치지 않는 그의 만화는 정말로 재미있는 것 같다. 이번에 꼴이라는 만화에 대해서 소개하면서 내 얼굴은 어떤 형일까 라는 궁금증을 갖게 되었다
그리고 이 책을 읽고 나니 주변 사람들의 관상을 보게 되었다. 사실 책의 내용을 100% 신뢰를 할 수 없는 것이 이랬다저랬다 하는 부분이 좀 많이 있다. 그래도 재미로 보는 것이니까 하면서 아내와 아버지, 어머니, 동생, 친구 등등의 관상을 유심히 살펴보는데 책에서 한 말이 맞는 것도 있고 틀린 것도 있었다. 그런데 재미있는 사실은 이런 이야기를 하니까 다들 하나같이 맞다고 이야기하는데 역시 관상이라는 것은 믿는 사람의 마음이 가장 중요하구나 라는 생각을 했다.

관상 중에서 가장 중요한 것은 바로 얼굴 전체의 조화라고 한다. 아무리 코가 크고 눈이 크고 턱이 커도 얼굴의 조화가 무너지면 아무런 소용이 없다는 것이다. 얼굴 어딘가를 손을 대서 고치기 전에 자신의 생활 습관을 바꾸어서 얼굴의 조화를 이루는 게 중요하지 않을까 생각을 해본다.

나를 바꾼 한 권의 책

살아남기 위한 CEO는 마키아벨리를 배워라

마키아벨리의 군주론 / 윤원근

> 인간이란 자기를 지켜주지 않거나 잘못을 바로잡을 힘이 없는 자에게는
> 충성을 바칠 수 없는 존재이다.
> – 마키아벨리 –

이번에는 만화로 나온 '마키아벨리의 군주론'에 대해서 소개하기로 하겠다. 이 책은 우선 만화로 쉽게 설명이 되어 있는데, 마키아벨리를 맥 아저씨라고 소개를 하면서 옛날이야기 하는 형식으로 이야기를 끌어가고 있다.

책에 대해서 살펴보면, 군주론이란 어떤 책인가, 그리고 마키아벨리는 누구이고 왜 이 책을 썼는지를 설명하고 있다. 그 다음에 본격적인 내용으로 위대한 군주가 되는 방법, 군주군의 종류, 그리고 마지막으로 이탈리아를 구원할 위대한 영웅을 기다리며 라는 내용으로 구성이 되어 있다.

우선 마키아벨리는 이탈리아에 있는 피렌체의 귀족 가문의 자손이었다. 아버지는 변호사였지만 집안은 가난했다. 당시 이탈리아는 5개의 도시국가로 나누어서 서로 전쟁을 벌이고 있는 터라 주변의 큰 나라들의 등쌀에 힘들게 살고 있었다. 이런 시기에 마키아벨리는 이탈리아의 중흥을 위해서 이런 군주가 필요하다고 생각해서 쓴 것이 바로 군주론이다.

500년 전의 군주들이 보고 듣고 배우는 통치 철학은 대부분 성경과 도덕에 기준을 둔 것이었다. 마치 군주가 모범을 보여야만 국민들이 믿고 따른다는 내용이었다. 하지만 군주론의 내용은 전혀 다르다. 강한 군주만이 국민들이 따른다는 것이다. 따라서 군주에게는 나쁜 성품과 좋은 성품을 다 가지고 있어야만 한다고 말을 한다. 나쁜 성품 중에 첫 번째가 바로 인색함이다. 군주가 후하면 그 돈은 전부 국민들의 수중에서 나오기 때문에 결국 국민들에게 원성을 사게 되므로 군주의 인색함은 국민을 위한 것이다.

두 번째는 필요할 때는 엄한 다스림으로써 사람들의 두려움의 대상이 되어야 한다는 것이다. 만약 군주가 너무 인자하다면 많은 곳에서 반란이 일어날 것이기 때문에 처음부터 엄한 다스림을 통해서 사람들의 마음을 잡는 것이 중요하다는 것이다.

세 번째는 약속은 상황에 따라서 지켜야 한다는 것이다. 군주는 전체를 보아야만 한다. 그래서 필요에 따라서 약속을 깨는 행위를 해야만 한다. 그러나 대중에게는 약속을 지키는 사람처럼 보여야만 한다. 그래서 많은 책략이 필요하다고 설명을 하고 있다. 그런데 이런 내용들은 전부 전에 이탈리아 통일에 실패한 군주들의 특징들을 뽑아서 설명을 하다 보니 이해가 된다.

그럼 군주가 명성을 얻는 법은 어떤 것이 있을까? 우선 전쟁이 났을 경우 중립을 택하지 말고 어느 한편을 들어야만 한다는 것이다. 만약 중립을 하다가 어느 한쪽이 지게 되면 그 두 배의 군사들과 싸워야 하는 경우가 생기기 때문이다. 만약 전쟁에서 진다 하다라도 직접적인 전투를 벌인 것이 아니기 때문에 국토의 피해를 최소화할 수 있다는 것이다.

두 번째는 우수한 특수 기술을 가진 사람들을 특별 대우를 해주는 것이다. 옛날이나 지금이나 과학기술이나 농업기술은 아무나 가질 수 없는 특수 기술이었다. 그런데 많은 왕들은 자신들이 그런 것들에 대해서 관심이 없었기에 천하게 여겼다. 그래서 군주론에선 그런 사람들을 중용해야만 나라가 크게 일어날 수 있다고 이야기하고 있다.

세 번째는 그 지역의 특색에 맞는 정책을 펼쳐야만 한다. 그중 한 가지가 바로 무기이다. 당시에는 집집마다 무장을 하고 있었다. 그런데 왕이 어느 날 무장해제를 시키자 그 지역에서 무장해제를 반대하는 반역이 일어나게 된다. 그래서 그들의 무장과 땅과 권리를 보호해 주면 그들은 왕에게 충성을 다하게 될 것이라고 한다.

이 책은 단순히 500년 전의 고전으로 본다면 재미가 없겠지만 현재의 생존 전략으로 본다면 굉장히 재미있게 볼 수 있을 것 같다. 사실 군주는 약속을 지킬 필요가 없다는 부분 때문에 금서까지 되었던 책이긴 하지만 급변하는 사회 속에서 CEO들이 살아남기 위해선 어떻게 생각을 해야 할지 알려 줄 수 있는 책이 아닐까 싶다.

우선 만화책으로 되어 있지만 이 책 속의 내용을 그대로 받아들이기는 어려웠다. 사실 대부분의 책이 공자님 말씀처럼 좋은 생각과 말이 좋은 결과를 가져온다고 믿고 그런 종류의 책만 읽었던 나에게는 조금 이해가 가지 않는 부분이 많았다. 그러나 책을 떠나서 현실로 와서 생각을 해보면 지극히 이해가 가는 부분들이 많았다. 우리 집은 가족끼리 사업을 하는 패밀리 비즈니스 집안이다 보니 어떤 경우에는 가족끼리 의견 대립으로 싸울 때가 있다. 그런데 만약 남과 같이 동업을 하는 경우 헤어지면 그만이지만 가족은 서로 한배를 타고 있는 사이라 그럴 수 없을 때가 많다. 이처럼 어려운 경우 사실 두 사람이 싸우게 되면 한쪽 편을 들어야지만 더 편해지지 사이에 끼어서 조정을 하다 보면 더 어려운 경우가 많다는 사실을 알게 되고선 전쟁이 나면 한쪽 편을 드는 게 현실적인 방법이라는 사실을 몸으로 배우게 되었다.

두 번째로는 엄한 다스림의 경우에도 사장의 입장에서 종업원들을 편하게 해주는 것은 좋다. 그러나 편하게 해준다고 해서 지각을 해도 아무런 벌칙도 없고 물건을 분실해도 아무런 패널티를 가하지 않으면 문제가 생긴다는 사실을 깨닫게 되었다. 사람들은 자신들이 어려워해야만 일을 열심히 한다는 사실을 알게 되고 나서부터 엄한 다스림은 나라에만 있는 것이 아니라 지금 직장에서도 가정에서도 필요하다는 사실을 알게 되었다.

세 번째로는 약속은 상황에 따라서 지켜야 한다는 부분인데, 전작인 리젝트 파워에서도 쓴 이야기지만 약속을 했다고 다 지키려고 하면 안 된다. 약속을 한 상황이 존재하고 그리고 내가 약속을 이행하려고 할 때 상황이 다른 경우는 얼마든지 있다. 예를 들어 돈을 빌려준다고 약속을 했지만 지금 당장 내가 파산할 지경인데 돈을 빌려준다고 약속을 했기 때문에 빌려준다면 어떻게 될까? 파산할 것이다. 이처럼 상황이 다르면 안 된다. 그리고 내가 모르는 정보가 존재한다면 그것 또한 안 되는 것이다. 우선 약속을 하기 전에 꼼꼼히 살피는 것은 중요한 일이지만 약속을 지킬 때도 정확한 정보와 상황을 바탕으로 지키는 것이 중요하다는 사실을 알게 되었다.

이 책은 소개를 할 때 많은 내용 중에서 가장 마음에 와 닿는 세 가지를 뽑아서 이야기를 정리했다. 그리고 나서 이렇게 군주가 피해가는 법만 보여주어서는 안 되겠다싶어서 군주가 명성을 얻는 법을 세 가지로 정리를 해 보았다. 두 번째 군주가 명성을 얻는 법이 조금 약하기는 한데 책 속에선 다른 부분의 이야기들도 많이 나오고 있기 때문에 직접 읽어보기 바란다.

나를 바꾼 한 권의 책

운명은
사람을 차별하지 않는다

나는 내 성격이 좋다 / 윤태익

> 사람들은 제각기 그 운명을 스스로 만든다.
> 즉 운명이란 결코 하늘이나 신이 지배하는 것이 아니고
> 각자 자신의 손으로 자신의 운명을 만드는 것이다.
> – 네포스 –

이번에 소개할 '나는 내 성격이 좋다' 라는 책은 성격에 대한 일반적인 관점이 아니라 생각의 틀을 바꿔서 기획하였다. 지금까지 나온 많은 실용서들이 자신의 성격을 바꿔야만 성공할 수 있다고 이야기를 한다. 그런데 이 책은 성격이란 타고나는 것이지 함부로 바꾸는 것이 아니라고 하고 있다. 단지 어떤 사람들이 어떤 성격을 가지고 대처해야 하는지 아는 것이 더 중요하다는 것이다. 이 책에선 세 가지로 사람들을 분류하고 거기에 따라서 부부 관계와 업무 관계에 어떻게 대처해야 하는지 설명을 하고 있다.

성격을 세 가지로 분류한다는데, 어떻게 분류를 할까?
- **머리형** – 모든 것을 계획하고, 분리한다. 그래서 쉽게 에너지를 많이 써서 금방 지쳐버린다.
- **가슴형** – 항상 사람들 사이에 있는 것을 좋아하고, 이성보다는 감성을 써서 일을 한다.
- **장형** – 먹는 것을 좋아하고, 체면을 중시한다. 배짱이 있고 인내를 잘한다.

일반적으로 일상생활에서 겉으로 드러난 성격을 보고 상대방의 성격을 단정짓는다. 그러나 환경이 달라지면 예상치 못한 성격이 나타나기도 하는 것이 사람이다.

사실 사람들마다 이 세 가지 형태가 섞여 있어서 쉽게 분리를 하기는 어렵다고 한다. 그런데 가장 쉽게 분리를 할 수 있는 방법이 바로 몸이 아플 때 어떻게 하느냐는 것이다. 예를 들어 몸살에 걸렸다고 하자. 머리형의 경우는 우선 잠을 자고 일어난 다음 혼자서 쉰다고 한다. 가슴형의 경우는 몸이 아파도 사람들을 만나서 이야기를 하는 것을 좋아해서 일단 쉬더라도 일어나서 사람들을 만나서 충전을 하러 간다. 마지막으로 장형의 경우는 먹어야 한다. 나 같은 경우는 우선 쉬는 게 좋아서 머리형으로 생각되는데, 일단 혼자서 쉬는 것을 좋아하고 쉽게 방전이 되는 경우가 많다.

그런데 이 책으로 어떻게 인간관계를 증진시켜 줄까?
문제는 사람은 일반적으로 자신을 기준으로 상대를 평가하는 데 있다. 예를 들어 가슴형과 머리형이 만났을 때 싸움을 가장 많이 한다고 한다. 나의 경우는 머리형이고, 아내는 가슴형에 해당된다. 나 같은 경우 밥은 그냥 한 끼를 때우는 것으로 생각하기 때문에 혼자서도 잘 먹는다. 그런데 아내는 그러면 큰일 나는 줄 안다. 그래서 옆집아주머니하고라도 같이 먹어야 한다. 또 옷을 입는 것에도 차이가 많이 난다. 나는 보통 편한 복장을 좋아해서 어디를 가도 그냥 입던 옷을 입고 가고 또 갖추어 입어도 별로 갖추어 입은 표가 나지 않는다. 그런데 아내 같은 경우 어디를 간다고 하면 기본이 한 시간에 또 마음에 안 들면 다시 준비를 하면 30분이 더 걸린다. 이래저래 서로를 이해 못하니까 싸울 때가 많다. 그런데 이 책에선 그런 종류의 사람들은 원래 그러니까 조금씩 서로에 대한 이야기를 해서 양보를 하면 된다고 한다. 사실 쉽지는 않다.

이 책은 가정뿐만이 아니라 사회생활에도 유용하다.
리더들이 사람들을 활용할 때 이러한 성격을 알고 쓰면 더욱 좋다. 예를 들어 머리형의 부하 같은 경우 혼자서 일을 다 하려고 든다. 옆에서 도와주려고 하면 화를 낸다. 반대로 가슴형의 경우 혼자서 일을 하라고 하면 어떻게 해야 할지 전혀 갈피를 못 잡는다. 마지막 장형의 경우 일단 일을 벌이고 보는 경우가 많아서 머리형의 상관인 경우 골치 아파할 때가 많다. 그러나 이러한 성격들의 차이를 안다면 서로 이해를 하기가 쉽다.

그런데 이러한 성격으로 어떻게 성공을 한다는 것일까?

우선 재테크로 이야기를 하면 머리형의 경우 철저한 준비와 계획으로 많이 벌지는 못하지만 절대로 손해를 안보는 재테크를 한다고 한다. 그리고 가슴형의 경우 일단 쓰고 모자라면 빌리고 남의 말 듣고 투자해서 손해를 많이 보는데 이 경우 믿을 수 있는 사람에게 맡기는 것이 최선이라고 한다. 장형의 경우 요행수를 바라지 않고 끊임없는 노력으로 성공으로 가는 경우가 많은데 사업을 하는 것이 체질에 맞다. 단 망할 때도 크게 망하지만 쉽게 일어선다는 장점이 있다.

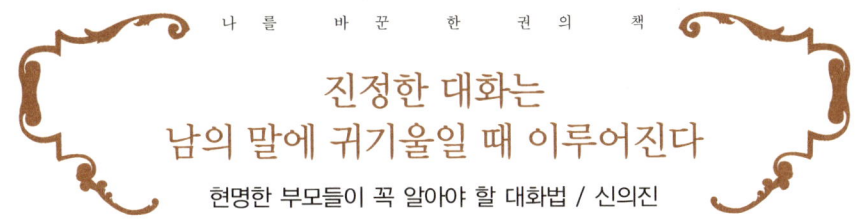

진정한 대화는
남의 말에 귀기울일 때 이루어진다

현명한 부모들이 꼭 알아야 할 대화법 / 신의진

> 진정한 웅변은, 필요한 말을 전부 말하지 않고,
> 필요하지 않은 것은 일체 말하지 않는 것이다.
> - 라 로슈코프 -

이번에는 '현명한 부모들이 꼭 알아야 할 대화법'이라는 책을 소개하겠다.
요즘 아이들이 말을 잘 안 듣는다. 이 말은 이집트의 피라미드에도 적혀 있다. 이처럼 아이들에게 먹히는 말을 한다는 것이 얼마나 어려운 것인지 아이들을 키우는 부모들은 모두 다 공감하는 이야기이다. 이 책은 의사 엄마인 저자가 자신의 아이들을 키우면서 자신이 배운 것과 실제 상황을 비교해 가면서 아이들과 대화하는 법에 대해서 적고 있다. 특히 0세에서 만 4세까지와 5세에서 초등학교 2학년까지 아이들을 대상으로 적은 책이다.

그럼 어떻게 해야 아이들이 부모 말을 잘 들을까?
관점의 변화를 할 필요가 있다. 일단 질문 자체가 벌써 어떻게 부모의 말을 아이들에게 주입을 시킬 수 있느냐 라고 생각하는 것 자체가 문제라고 저자는 말을 하고 있다. 아이들은 자라면서 독립된 인격체가 되어 간다. 그러기 때문에 말을 안 듣는 것인데 그것을 어떤 수단을 써서라도 듣게 만들려고 하기 때문에 폭력을 쓰고 소리를 지르게 된다. 결국 아이들의 발달 과정을 이해하고 아이들의 눈높이에서 이야기를 해야 한다고 말한다. 예를 들면 이런 것이다. 아이가 문지방 위에 서 있었다. 그래서 아빠가 너 거기 서 있지 마라고 이야기를 했다. 아이가 왜 그러시냐고 묻자 아버지는 문지방에 올라가면 재수가 없다고 대답한다. 그러자 아이는 싫어 나는 문지방 위에서 서 있을 거야 라고 말을 한다. 일단 생각해 보면 문지방 위에 올라가면 나쁜 일이 있을 것이라는 것 자체가 아버지가 어려서부터 받은 교육을 아이에게 그대로 가르치는 것이다.

그러다 보니 좋은 말로 타이르기보다는 안 돼가 먼저 나오는 것이다. 우선 먼저 가르치기보다 아이의 생각을 들을 수 있는 자세가 필요한 것이다.

그럼, 어떻게 해야지 아이들의 생각을 들을 수 있을까?
책에 좋은 예가 나오는데, 남자하고 여자는 뇌 구조가 달라서 대화의 형식이 다르다. 즉, 남자는 문제 해결 위주로 생각을 해서 질문을 하거나 답변을 하는 것이 아니면 별로 대화를 나누고 싶어하지 않는다. 그런데 반대로 여성의 경우에는 대화 자체로 스트레스를 풀고 생각을 변화시켜 나가기 때문에 남자와의 대화에서 문제가 생긴다. 이처럼 부모와 아이들 사이에서도 같은 문제가 발생한다. 부모는 아이가 대화하고자 하면 우선 어떤 문제가 있는지 또 그것을 어떻게 해결해 줘야 하는지에 중점을 두고 대화를 풀어간다. 그리고 항상 마지막에는 교훈적인 이야기로 마무리를 한다. 그런데 이런 식의 일방적인 대화에 익숙한 아이는 수동적인 아이가 되기 때문에 결국 창의적인 사고를 하는데 한계를 가지게 된다는 것이다. 그래서 아이하고 대화를 하는 데는 우선 아이의 말을 듣는 데 80%를 할애하고, 나머지 20%에 문제를 해결해 주는 이야기를 해주는 것이 좋다. 예를 들어 아이가 학교에서 친구한테 맞았다고 이야기를 하면 부모들은 걱정부터 한다. 왜 싸웠나 하면서 말이다. 하지만 아이한테 그 애하고 무슨 일이 있었니? 라고 물으면 한 가지씩 왜 그런 일이 있었는지 이야기를 한다. 듣다 보니 그냥 한 대 치고 도망간 것인데 그것을 마음에 담고 있었던 것이다. 그러고 나서 아이한테 다음에는 싸우지 말고 잘 해줘라 라는 식으로 마무리를 하면 아이의 마음을 달래주고 해결도 해줄 수 있다는 것이다.

그렇지만 말처럼 쉽게 아이들을 대하게 되지는 않는다. 우선 소리부터 지르고 보는 경우가 비일비재하다.

그래서 책에서 과잉행동 장애에 걸린 아이들의 이야기가 나온다. 그런데 대부분의 경우 부모에게 문제가 있는 아이들이었다. 일단 때리고 보는 엄마, 혹은 아이를 꼼짝도 못하게 하는 엄마, 폭력적인 아버지 등등 많은 문제들이 있었다. 그래서 자신의 힘으로 안 되면 전문가의 치료를 부모와 아이가 같이 받는 것도 중요하다고 이야기를 해준다. 마치 정신과가 이제는 우울증을 치료하는데 감기약을 먹는 것처럼 아이가 과잉행동을 하는 것도 혹은 부모가 과잉반응을 해서 우울증이 걸렸을 때는 부끄러워하지 말고 소아 정신과를 찾아가서 도움을 받는 것이 좋다고 이야기를 한다. 아이를 키우면서 가장 나쁜 자세는 바로 내가 하는 방식이 가장 좋고 옳다는 생각을 버려야 한다는 것이다. 아이는 나와는 다른 인격체로 성장해 가는 인간이다. 따라서 문제가 발생하는 것이 당연하다. 그것을 협상하고 타협하고 때로는 혼도 내 가면서 부모도 같이 성장해 나간다는 사실을 알아야만 할 것이다.

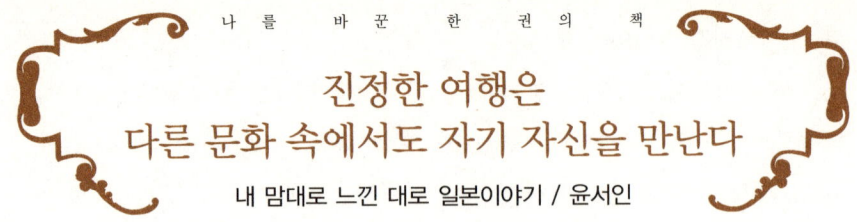

진정한 여행은
다른 문화 속에서도 자기 자신을 만난다
내 맘대로 느낀 대로 일본이야기 / 윤서인

정처 없이 여행을 해 보라. 늘 아는 길만 다니는 것은 안전하기는 해도 지루하다.
모르는 길을 헤매면서 새로운 것을 많이 배운다.
- 박광철 -

'내 맘대로 느낀 대로 일본이야기' 라는 책은 일본 박사 조이 윤서인이라는 사람이 쓴 책이다. 일본에 15번 이상 여행을 갔다 오면서 보고 느낀 점을 만화와 사진으로 표현을 했는데, 인터넷상에 올려서 많은 팬들이 있다고 한다. 이 책은 그 내용 중에 일부를 편집을 해서 만든 것이다.

일본과 한국의 문화 차이와 필자가 만난 일본 문화에 대한 생각이 적혀 있다. 책을 읽어 보니 일본은 정말 우리와 쌍둥이 같은 문화를 가지고 있으면서도 차이가 많은 나라이다. 그 중에서 특히 목욕탕, 식당, 핸드폰에 관한 부분이 흥미로웠다.

우선 목욕탕은 어떤 점이 다를까?
남자나 여자 둘 중에 한 명이 욕탕을 오가면서 청소를 한다고 한다. 다른 점은 목욕하는 사람들이 수건을 들고 몸을 가리면서 한다는 점이고, 놀라운 사실은 한류 열풍으로 때밀이가 생겼다는 점인데 남탕이든 여탕이든 여자들이 해준다는 사실이다. 그런데 가격이 비싸서 하기가 힘들다고 한다.

그리고 식당에선 일본 사람들은 일반적으로 혼자서 식사를 하는 것을 좋아한다고 한다. 그래서 식당이 좁고 불편할 때가 많은데 심지어는 라면집의 경우

도서관처럼 칸막이가 되어 있는 경우가 많다. 그러나 가격이 싸고 맛있기 때문에 많이 찾게 된다. 그리고 고기 문화가 그렇게 발달되어 있지가 않다. 13세기 이후에 일본에서는 고기를 금하는 법이 시행이 되어서 20세기가 되어서 풀렸다고 한다. 그러나 짧은 역사에 비해 많은 발전을 했는데 그 중에 한 가지가 바로 우리나라의 굽는 고기 문화가 그대로 들어갔다고 한다. 그런데 차이점은 우리는 나무나 자기 젓가락으로 대충 고기를 구워먹는데 일본은 반드시 공용 젓가락으로 먹어야만 하며 남이 젓한 고기는 먹지 않는다고 한다. 많이 다르다.

특히 핸드폰 문화의 경우 우리나라와는 전혀 다른 것을 알 수 있는데 우리나라의 경우 도서관이나 상갓집처럼 아주 중요하고 조용한 장소 외에는 대부분 전화를 다 받는다. 그런데 일본에서는 전철, 버스 등의 공공 교통 기관 내에서 전화를 하는 것을 안좋게 생각한다. 그래서 대부분 벨소리를 진동으로 해놓고 전화를 하기보다는 전화로 채팅을 주로 한다.

나는 개인적으로 자동차 부분에 관심이 많이 갔다. 일본에는 자동차 메이커가 많기 때문에 가격이 싼 자동차도 많다. 거기다 연비도 상당히 좋은 편이어서 우리나라 자동차가 일반적으로 10km/l인 반면에 일본의 자동차는 15km/l 정도라고 한다. 요즘 같은 고유가 시대에 우리나라도 이런 자동차를 만들면 좋겠다는 생각을 하게 되었다. 그런데 여기서 저자가 일본 여행을 갔더니 거의 모든 주차장은 유료인데 비싸고 고속도로 톨게이트비가 워낙에 비싸서 그 돈이 더 들어간 것 같다는 이야기가 나온다.

우리나라와 일본은 식민지 문제와 일본의 역사 왜곡 문제 등으로 감정이 좋지 않다. 더군다나 요즘은 독도 문제로 트러블이 많은데 무조건 미워할 것이 아니라 일본이 어떤 나라인지 냉철하게 보는 눈이 필요하지 않나 싶어 독자들에게 추천하고 싶다.

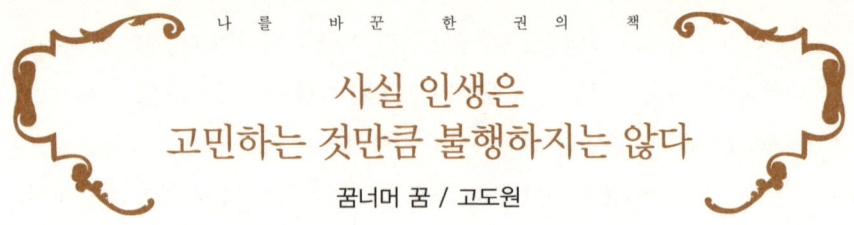

사실 인생은
고민하는 것만큼 불행하지는 않다

꿈너머 꿈 / 고도원

인간이 불행한 것은 자기가 행복하다는 것을 모르기 때문이다. 이유는 단지 그것뿐이다.
오직! 그것을 자각한 사람은 곧 행복해진다. 순식간에.
- 도스토예프스키 -

이번에는 아침편지로 유명한 고도원의 '꿈 너머 꿈'이라는 책을 소개하려고 한다. 우선 고도원 하면 아침편지로 유명한데, 그 아침편지라는 게 시작은 별것이 아니었다. 2001년 8월 그가 책을 읽으면서 밑줄을 그어 놓았던 좋은 글귀에 짧은 단상을 덧붙여 주위 몇몇 사람들에게 이메일로 보내기 시작한 것이 그 시작이었다. 이 아침편지에 대한 소문이 인터넷을 통해 네티즌들에게 퍼져나갔고, 이제는 180만 명이 넘는 사람들이 매일 아침을 고도원이 전해 주는 행복 바이러스와 함께 시작하고 있다고 한다. 이 책에선 고도원이 아침편지를 하기 전의 자신의 삶과 편지를 쓰면서 변화된 자신의 삶의 이야기를 담고 있다.

그런데 왜 제목이 꿈 너머 꿈일까? 저자가 카이스트에 가서 강연을 하게 되었다. 강연 도중 맨 앞자리에 앉아 있는 학생에게 이런 질문을 던졌다. "자네 꿈이 뭔가?" 그러자 학생은 세계적인 과학자가 되는 것이라고 답변을 했다. 그리고 다시 물었다. "그 다음 꿈은 뭔가?"라고 묻자 대답을 못했다. 그런데 한 학생만이 부자가 돼서 잘 먹고 잘살겠다는 이야기가 전부였다. 모두 다 꿈을 이룬 다음에 다음 꿈이 없었던 것이다. 저자는 여기서 이렇게 말을 한다. 우리는 꿈 너머 꿈이 있어야만 한다. 만약 어떤 사람이 대통령이 되는 것만 꿈꾸어서 대통령이 되었는데 그 다음 꿈이 없다면 그 나라의 미래는 없을 것이다. 마찬가지로 우리는 지금 가지고 있는 꿈 너머의 꿈을 가져야만 한다고 이야기를 한다. 과학자가 되어서 인류에 어떻게 기여할 것이고, 부자가 되어서 가난한 사람을 어떻게 도울 것인가 하는 구체적인 꿈을 말이다.

하지만 내가 개인적으로 재미있게 읽은 부분은 고도원의 자신의 인생에 관해서 쓴 부분이다. 저자는 1952년 4월 29일 전라북도에 태어났다. 연세대학교 신학과를 졸업하고 연세대학교 대학원 정치학과와 미국 미주리대 언론대학원을 졸업한 수재였다. 그러나 언론통제법 때문에 편집국은 문을 닫았고, 감옥에 갇히는 신세가 된다. 그래서 어디 취직할 수도 없는 처지가 된 것이다. 그러다 뿌리 깊은 나무라는 출판사에 취직을 하지만 뿌리 깊은 나무는 5년 만에 폐간이 되는 아픔을 겪는다. 또한 장사를 해볼까 하다가 사기를 당하고 아내는 유산을 두 번이나 하는 아픔까지 겪게 된다. 그러나 1998년부터는 대통령비서실 공보수석실 연설담당 비서관(1급)으로 5년간 일했으며, CBS 라디오 '고도원, 이효연의 행복을 찾습니다'의 진행을 맡기도 했다. 현재는 다른 모든 것을 뒤로하고 아침편지의 주인장을 하고 있다.

이분의 인생이 정말 파란만장했다. 그런데 어떻게 아침편지를 하게 되었을까? 앞에서 이야기한 것처럼 처음에는 몇 명의 지인에게 편지를 보내는 것이 소일거리처럼 시작이 된 것이었다. 이것이 점점 회원이 많아지다 보니 돈이 점점 들어가게 되었다. 나중에는 서버에 기술자까지 고용해야만 하는 경우가 생기게 되었다. 그래서 더 이상은 무료로 하면 안 되고 회비를 걷어야겠다고 하자 집안에서는 반대가 심하게 일었다. 드디어 장사를 시작하느냐고 말이다. 그래서 우선은 회원들에게 도움을 요청하는 편지를 써서 보내게 되었다. 사정이 이러이러하니 조금씩만 도와주십쇼 라고 말이다. 그런데 놀랍게도, 첫날 600만 원이 모이게 된 것이다. 그래서 더 많은 돈이 모이겠거니 하고 기다렸는데 전체 회원의 3%만 돈을 보냈다는 사실을 알게 된다. 그래도 그후 많은 사람들이 돈을 모아 주어서 현재의 아침편지의 형태가 완성이 되고 후에는 사업을 확장해서 그 글들을 모아서 책까지 내게 되어서 현재 우리가 이 글들을 서점에서 읽을 수 있게 되었다. 그리고 고도원의 꿈 너머 꿈은 모든 사람을 평안하게 하는 명상원을 만드는 것이라고 한다.

　이번에 소개한 꿈 너머 꿈은 사실 고도원의 자서전과도 같은 책이다. 자신이 일생동안 있었던 일을 간단하게 정리해 놓고 그 중에서 자신이 아침편지를 하게 되고, 그러면서 가지게 된 꿈에 대해서 쓴 자서전 말이다. 제목인 꿈 너머 꿈에서 왜 꿈 너머 꿈인지를 알게 되고 나서 약간 충격을 받았다. 그 전에는 시크릿이나 꿈꾸는 다락방같이 믿으면 이루어진다는 생각을 많이 가지고 있었다. 당시에는 그런 종류의 책이 많이 나와서 실제로 적고 읽어보고 말해 보고 다시 수정하고 했던 기억이 난다. 그런데 모든 소원이나 꿈에는 항상 대가가 따른다는 것을 알았다. 그래서 꿈이 이루어지는 순간 기쁘지만 다른 한편으로는 허무감이 밀려오게 되어 있다. 마치 복권에 당첨이 되면 기쁘지만 막상 하고 싶은 일들을 다 해 보고 나면 자신의 자리는 없어지고 돈만을 쓰고 있는 목적 없는 삶을 살고 있는 나를 발견하고 있는 것과 같다고 생각한다.

　나는 이 책에서 말하는 꿈 너머 꿈을 이렇게 생각한다. 우선 꿈 너머 꿈은 첫 번째로 자신이 일단 이루고 싶은 꿈의 연장선상의 끝을 바라보아야만 한다는 것이다. 앞에서 말한 것처럼 의사가 된다는 꿈을 가진 사람은 아픈 사람들을 돕는다는 원대한 계획이, 대통령이 되려는 사람은 경제나 통일 혹은 문화를 발전시키겠다는 생각 등을 가져야 한다는 것이다. 두 번째로 나를 위한 것이 아니어야 한다고 생각을 한다. 남을 위한 것 특히 자신과 관련이 없는 아픈 사람이나 어려운 사람들을 위한 것이어야 한다는 것이다. 세 번째로는 자신만이 그 꿈을 이룰 생각을 하지 말고 다른 사람에게 전파하고 그 사람이 나보다 더 나으면 그 사람을 통해서 자신의 꿈 너머 꿈이 이루어질 수 있도록 해야 한다는 것이다. 그렇게 하면 자신의 꿈을 나 혼자뿐 아니라 많은 사람들이 공감하고 이루도록 노력하기 때문에 더 쉽게 이루어질 수 있을 것이다.

나를 바꾼 한 권의 책

기억력이 좋은 머리보다
무딘 연필이 낫다

메모의 기술 / 사카토 켄지

나는 상황이나 환경을 믿지 않는다.
이 세상에서 성공한 사람들은 자리에서 일어나 그들이 원하는 상황이나 환경을 찾는 사람이다.
찾지 못할 경우에는 그들이 만든다.
- 버나드 쇼 -

'메모의 기술'이라는 책은 현대사회를 살아가는 데 있어서 가장 중요한 메모의 기술을 알려주고 있다. 이 책은 크게 세 부분으로 나누어서 설명을 할 수가 있다.

첫 번째는 메모란 무엇이며 왜 필요한가?

두 번째는 메모를 잘 하기 위한 준비는 어떻게 해야만 하는가?

세 번째는 실전 메모의 기술에 대해서 설명을 하고 있다.

그럼 첫 번째 메모란 무엇일까? 메모란 잊어버리지 않기 위해서 하는 것이다. 그러나 역설적으로 메모란 잊어버리기 위해서 하는 것이다. 우리는 하루에도 수십 가지의 일을 하고 또 잊어버리고 살아가고 있다. 그런데 사람은 일반적으로 한 번에 7가지 이상을 기억할 수 없다고 한다. 그것도 정신을 집중했을 때만 가능하다. 일반적으로 스쳐지나가는 것에 대해서는 3가지 이상을 기억하기가 힘들다. 그런 것을 일일이 집중해서 외우지 말고 메모하고 잊어버리면 뇌의 기능을 확장할 수 있을 뿐만 아니라 순간순간의 아이디어들을 모아서 생활과 일을 변화시킬 수 있다. 암기는 똑똑한 사람을 만들지만 메모는 정확한 사람을 만든다는 사실을 잊어서는 안 될 것이다.

두 번째 메모를 잘 하기 위한 준비는 어떻게 해야만 할까?

첫 번째로는 볼펜과 메모지를 항상 지참하는 습관을 들여야 한다. 이때 메모지는 언제라도 주머니에 넣을 수 있는 작고 얇은 것을 택하고 볼펜도 작고 잘 써지는 것을 가지고 다녀야 한다.

두 번째로는 언제 어디서나 적는 습관을 가지고 있어야 한다. 사람들의 눈치를 보거나 조금 있다가 적겠다는 생각을 가지면 영원히 적을 수 없다. 어느 순간에서라도 바로 적을 수 있는 습관을 들여야만 한다. 언제나 아이디어는 번개처럼 지나간다. 아이디어의 꼬리를 잡는 것은 마치 번개의 꼬리를 잡는 것과 같다. 아이디어의 꼬리를 잡는 것보다는 메모를 통해서 아이디어를 가두어 놓는다면 언제든지 쓸 수가 있다.

세 번째로는 메모를 적지 않더라고 항상 들여다보는 습관을 들여야 한다. 만약 아무리 메모를 잘 했다 하더라고 아이디어를 발휘할 상황을 지나쳐버리면 후회하게 될 때가 많다. 사실 이건 나도 많이 겪는 일 중에 한 가지이다. 그리고 우리가 일상이 매일매일 새로운 것 같지만 사실 매일매일 똑같은 일의 반복인 것을 누구나 알고 있다. 단 그것을 시간이 지나면 잊어버리게 되는 것이다. 작년 이맘 때 적은 메모를 읽어본다면 무엇을 실수했는지 알 수가 있기 때문에 미래를 준비할 수도 있게 된다. 메모를 꼭 읽어보자.

세 번째 실전 메모의 기술에는 어떤 것들이 있을까?

첫 번째는 상황별 메모의 기술이 있다. 회의, 강연 등에 참석할 때는 시간이 짧기 때문에 자신만의 약자와 기호로 간단하게 정리를 해야 하고, 독서나 강의 등을 준비할 때는 정확한 용어와 출처를 적은 습관이 필요하다.

두 번째는 메모지 자체의 사용법이다. 메모지를 4단계를 분리를 해서 제일 중요하고 급한 일부터 적는 습관, 그리고 날짜별 다이어리 사용, 목표를 설정해서 관리하는 방법까지 이용하는 법이 있다.

마지막으로 메모를 확장하는 법이 있다. 메모를 따로 정리해서 엑셀로 작업을 하거나 후에 메모를 모아서 따로 책으로 써서 자신의 메모를 일기처럼 활용하는 방안도 있다.

이 책은 내 인생을 바꾼 책 중의 한 권이다. 메모를 통해서 많은 책을 정리하고 아이디어를 만들어서 실생활에 응용을 해서 성공했으며, 책을 소개할 때도 메모를 많이 이용하고 있다.

내가 이 책을 읽기 전에도 메모는 꾸준히 하고 있었다. 큰 다이어리, 작은 수첩, 그리고 여기저기 굴러다니는 종이쪽지에 많이 했다. 그때마다 어디에 적었는지 찾지 못해서 얼마나 헤맸는지 모른다. 그리고 왜 꼭 메모를 해야 할 때는 메모지가 없는지, 메모지가 있으면 왜 볼펜이 없는지를 이 책을 읽고 깨닫게 된다.

그 이유는 바로 내가 준비가 되어 있지 않았기 때문이었다. 책에선 마치 군인이 전쟁을 준비하는 마음처럼 언제 어디서나 바로 메모를 할 수 있는 준비를 하라고 이야기를 하고 있다. 그래서 그날로 당장 메모지와 볼펜을 준비해서 주머니에 꼽고 다녔다. 그래서 나는 주머니 세 개가 항상 불룩하다. 지갑, 핸드폰, 메모지와 볼펜으로 말이다. 그래도 메모지를 항상 가지고 다니면 많은 일을 할 수 있기 때문에 걱정이 없다. 그리고 책에서 말한 것처럼 적고 나서는 잊어버려도 되기 때문에 혹시 내가 중요한 일을 잊어버린 것은 아닌가 하는 불안감에서 해방도 되었다. 사실 건망증이 심해서 뭐든지 쉽게 잊어버리는 타입이다. 그래서 이 책은 내 인생을 바꾼 책 중에 한 권인 것이다.

그런데 책의 내용이 세 가지가 다가 아니다. 사실 어떻게 이 세 가지만 가지고 책을 한 권을 쓸 수가 있겠는가. 하지만 다른 내용들을 다 쓰다 보면 어설프게 말이 길게 늘어질까 봐 싹 잘라서 세 가지만 적은 것이다. 기억력에 자신이 없다고 생각하는 분들은 꼭 한 번 읽어보고 자신만의 메모법을 개발해 보기 바란다.

나를 바꾼 한 권의 책

회사라는 한 배에서 살아남는 방법은 믿음이다

회사가 당신에게 알려주지 않는 50가지 비밀 / 신시아 샤피로

> 모든 개인은 경영자의 시각을 가지고 미래에 회사가 있어야 할 위치에 대해 계획을 세우고, 그것을 표현할 필요가 있다. 조직 구성원들이 그 비전에 동의할 때, 모든 노력이 같은 방향으로 집중된다.
> – 로드 챌리 –

이번에는 샐러리맨들을 위한 실용서를 살펴보자. 제목이 '회사가 당신에게 알려주지 않는 50가지 비밀'이다.

회사에 무슨 비밀이 이렇게 많을까?

우선 한 가지 예를 들어보자. 회사는 똑똑한 사람을 원치 않는다. 라는 부분인데, 한 중소기업에서 대기업으로부터 많은 월급을 주고 사원을 스카우트했다. 그래서 회사에서는 그 사람에게 많은 기대를 하고 업무에 변화를 꾀하려고 노력을 한다. 그래서 사원은 정말로 최선을 다해서 회사의 시스템을 개선하기 위해서 노력하게 되는데 정말로 많은 아이디어를 내게 된다. 이게 바로 문제로 연결이 된다. 왜냐하면 문제가 너무 많아서 시스템 전체를 개선해야만 했기 때문이다. 결국 회사에서는 비용을 빌미로 이 직원의 의견을 묵살하더니 일 년이 지난 후에는 결국 업무 실적이 없는 것으로 돼서 정리해고를 당하게 된다. 회사는 사장이 운영을 하는데 잠깐의 도움이 필요한 것이지 업무 전반을 할 사람을 필요로 하는 것이 아니다. 너무 많은 개선은 회사에 대한 도전으로 받아들여지게 되기 때문에 이런 일이 벌어지게 된 것이다.

그럼 회사에서 똑똑한 척하지 않으면서 업무로 인정받을 수 있는 방법은 어떤 것이 있을까?

1. 당신의 의견을 물을 때 견해를 제시한다 – 일을 찾아서 하라. 단 실행은

대답을 들은 후에 하라.
2. 상사가 당신의 제안을 무시하면 입을 다물어라 – 당신이 아무리 잘났어도 상사에게 우선권이 있다.
3. 이미 갖추어진 시스템에 대해서 호의와 존경을 표시하라 – 우선은 호감을 얻는 것이 중요하다.
4. 팀에 공헌할 수 있는 아이디어라면 팀장에게 그 공을 돌려라 – 그러면 당신은 그 이상을 받게 될 것이다.

생각지도 못한 부분인데 50가지 중에서 몇 가지만 알려주겠다.
1장 당신은 안전하다고 믿는가? – 능력이 있다고 해서 안전한 것은 아니다.
2장 당신은 중대한 실수를 저지르고 있지 않은가? – 남의 말을 옮기면 조직의 배신자로 낙인이 찍힌다. 회사는 당신의 업적을 오래 기억하지 않는다.
3장 회사에 대한 통념을 벗기다 – 외모는 생각보다 훨씬 중요하다. 책상은 당신의 위치를 설명해 준다.
4장 있으나마나한 직원에서 없어서는 안 될 직원으로 – 고용주의 신임을 얻어라.
5장 드디어 다 왔다고 생각하는 순간 – 누구에게나 좋은 사람이 되면 존경을 받을 수 없다.

이 가운데 특히 4장에 있는 고용주의 신임을 얻어라 라는 부분이 더욱 중요하다. 이 책에 나온 모든 이야기를 종합해 보면 여기로 결론이 난다. 회사는 일을 잘 한다고 해서 당신을 정리해고 명단에서 빼주지 않는다. 다른 사람들이 얼마든지 당신의 일을 대신해 줄 수 있기 때문이다. 그리고 당신이 회사에 큰 공을 세웠다고 해서 두고두고 칭찬을 하고 승진을 시켜주지 않는다. 회사는 매일매일이 위기이고 기회이기 때문에 당신의 공은 쉽게 잊혀질 것이다. 그런데 이것 한 가지만은 변하지 않는다. 고용주와 당신의 상사에게서 신임을 받으면 당신은 정리해고 순위에서 빠져나와 회사에 꼭 필요한 인물로 남아 있을 수 있다. 그 이유는 회사라는 조직을 이해하면 된다. 우선 회사는 거대한 배와 같다. 항로를 정하고 엔진을 가동하고 선장이 키를 돌리면 그 방향으로 나아가기 때문이다. 결국 그 안의 부품들 중에 아무리 훌륭한 것이 있다고 해도 서로 유기적으로 연결이 되지 않는다면 문제가 생기는 것처럼 선장의 방향이 무엇인지 제대로 읽고 상사의 생각을 따라서 움직인다면 회사에서 인정을 받을 수 있다는 것이다.

주위를 빛내는 희망
Hope

인생에서 가장 중요한 청소년 시기에 나를 바꾼 한 권의 책

희망은 땅 위에 길과 같다. 희망은 본래 없지만 한 사람이 가고 다른 사람이 가다 보면 희망이 되는 것이다. 그리고 희망은 잃는 사람에게만 생기는 것이다. 그런데 살다보면 사람은 지치고 어렵고 절망에 빠지게 될 때가 왔다. 그 사람이 가난뱅이건 백만장자건 말이다. 무엇인가 마음에 들지 않고 절망에 빠질 때 우리는 희망을 찾는다.

나를 바꾼 한 권의 책

우리가 가지고 있는 무기는
바로 희망이다

당신이 희망입니다 / 고도원

> 지금부터 새롭게 꿈을 키우기 시작하라. 그리고 그 꿈을 되도록 크게 생각하라.
> 그런 위대한 일은 그런 생각을 갖고 있는 사람만이 이루어낼 수 있다.
> – 실러 –

    이 책은 많은 책들을 읽고 소개를 해주는 저자가 자신이 읽은 글 중에서 좋은 글귀들과 희망을 알려주는 글들을 모아서 만든 책이다. 그리고 글만 나오면 심심하니까 유명한 만화가 황중환의 그림을 넣어서 글과 그림이 조화가 아주 잘 어울리는 그런 책이 되겠다.

> 삶에는 내가 들 수 있을 만큼의 무게가 있다.
> 지나친 의욕으로 내가 들 수 없는 무게를 들 수 있다고 과장해서도 안 되고,
> 자기가 들어야 하는 무게를 비겁하게 자꾸 줄여가기만 해서도 안 되고,
> 자신이 들어야 하는 무게를 모두 남에게 떠맡긴 채 무관심하게 돌아서 있어서도 안 된다.
>
> 김명수의 〈역기를 들면서〉

    그런데 이 글 옆에 이런 글이 또 나온다.
    아프리카에는 얕은 강이 하나 있다고 한다. 그런데 그 강은 얕아도 물살이 세다고 한다. 그래서 사람들은 강을 건너려면 모두 무거운 돌을 하나씩 짊어지고 건넌다고 한다. 혹시 지금 지워진 삶의 무게가 너무나도 힘들다고 생각을 한다면 그것은 어쩌면 내가 강에 휩쓸려 내려가지 않도록 도와주는 고마운 돌일지도 모른다.
    그러면서 상단에 이 이야기에 대한 네 컷 만화가 나온다.

희망이란 제목의 글이 이 책을 대표해 주고 있다.
희망이란 본래 있다고도 할 수 없고 없다고도 할 수 없다.
그것은 마치 땅 위의 길과 같은 것이기 때문이다.
본래 땅 위에는 길이란 없는 것이다. 그러나 한 사람이 걸어가고
그 길을 따라 많은 사람이 걸어가면 길이 되는 것이다.

_ 루쉰의 고향 중에서

이 글 밑에선 이렇게 말을 한다. 그렇다. 희망이란 그 자체로 있는 것도 없는 것도 아니다. 희망은 희망을 갖는 사람에게만 생겨나고 희망을 믿는 사람에게만 생긴다. 없다고 생각하는 사람에게는 없는 것이 희망이다.

'우리 아빠' 라는 4컷 만화에 나오는 글을 소개하겠다.
우리 아빠는 집을 지으신다.
전에 우리 아빠 어깨가 빨간 적이 있다.
그래서 나랑 누나랑 물어보았더니 오늘 벽돌을 많이 져서 그랬다고 그랬다.
아빠는 아프다고 그랬다. 나는 아빠가 불쌍했다.
아빠는 높은 집도 짓는다고 그랬다.

이 짧은 글을 읽고 왠지 가슴이 뭉클해지는 것을 느낄 수가 있었다. 내가 아이를 낳아 키워보고 아버지에 대한 생각을 하다 보니 그런 생각이 드는 것 같다. 우리 애는 커서 내가 힘든 걸 알까 라는 생각도 든다.

'우리는 어떻게 살고 있는지' 라는 짧은 글을 소개하겠다.
무엇이 되느냐와 어떻게 사느냐는 마치 동전의 양면과 같다. 동전의 앞면에는 위인이나 상징이 그려져 있지만, 그 동전의 진짜 가치는 뒷면에 새겨져 있기 때문이다. 즉, 무엇이 되려고 사는 것은 동전의 앞면처럼 상징을 뜻하지만 어떻게 사느냐는 동전의 뒷면처럼 삶의 진정한 가치를 뜻한다는 것이다.

이 책은 2009년 말에 나와서 2010년에 베스트에 올라간 책이다. 책을 소개할 당시에 뭐랄까 시집과 만화의 만남 같은 느낌을 들었다. 책을 소개하면서 내용을 보여줄 수 없어서 답답했지만 나중에 TV에 출연을 할 때 그림을 보여주면서 책을 소개했었다. 그래서 그런지 라디오 할 때보다 TV에서 반응이 더 좋았던 것이 기억이 난다.

책은 전반적으로 좋은 글들로 가득 차 있다. 그중에서도 기억에 남는 글을 골라서 소개를 했다. 처음에 나온 '역기를 들면서'는 삶의 무게에 관한 이야기를 하는데 그 자체가 내가 얼마만큼을 들고 살아야 적당한 것인가 하는 생각을 들게 했다. 그리고 두 번째로 아프리카의 얕은 강을 건널 때 돌을 들고 건너야 한다는 이야기를 들었을 때는 혼자 살면 편하지만 자살율도 높은 이유 중에 한 가지가 아닌가 하는 생각을 하게 한다. 사람은 살아가는데 무슨 평계를 세우고 살아야 하는데 그 중에서 가장 큰 것이 바로 가족이다. 마치 혼자 사는데 가족들은 자신을 이해하지 못한다고 생각하지만 정작 자신이 가장 어려울 때는 필요한 존재임을 깨닫게 되는 것처럼 말이다.

이 책에서 가장 감명 깊게 읽은 글은 바로 이 책의 제목인 희망이었다. 희망은 땅 위에 길과 같다. 희망은 본래 없지만 한 사람이 가고 다른 사람이 가다 보면 희망이 되는 것이다. 그리고 희망은 믿는 사람에게만 생기는 것이다. 그런데 살다보면 사람은 지치고 어렵고 절망에 빠지게 될 때가 있다. 그 사람이 가난뱅이건 백만장자건 말이다. 무엇인가 마음에 들지 않고 절망에 빠질 때 우리는 희망을 찾는다. 그러나 그 희망이라는 것은 믿는 자의 것이지 절망하는 자의 것은 아니란 사실을 알려주는 글이었다.

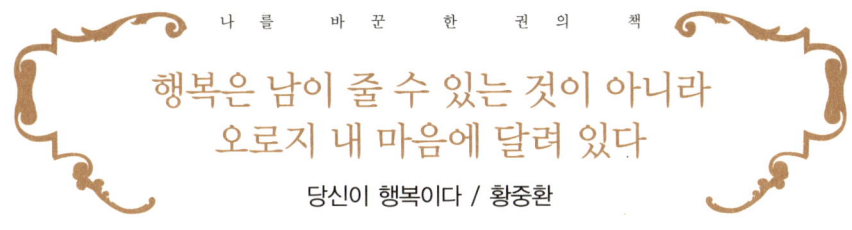

행복은 남이 줄 수 있는 것이 아니라 오로지 내 마음에 달려 있다

당신이 행복이다 / 황중환

> 행복을 사치한 생활 속에서 구하는 것은
> 마치 태양을 그림에 그려놓고 빛이 비치기를 기다리는 것이나 다름 없다.
> – 나폴레옹 –

이 책은 '당신이 희망이다'의 후속편격으로 이번에는 만화가 황중환이 글과 그림을 모두 그리고 썼다. 이 책은 글과 그림으로 구성이 되어 있는데, 만화로는 짧은 생각을 할 수 있는 이야기가 들어가 있고 그 옆에는 삶에 대해서 생각해 볼 수 있는 글들이 나와 있다.

책 중에 기억에 남는 이야기가 '기다리면 기회는 와' 라는 글이다.
살면서 일이 잘 풀리지 않으면 조급해서 일을 더 크게 벌이는 경우가 있습니다.
그러나 좋지 않은 상황에서 일을 벌이면 더 잘 안 풀리는 법입니다.
그러면 결국 자기 인생에 나쁜 수를 두게 됩니다. 일이 잘 풀리지 않을 때에는 묵묵히 자신의 길을 가며 기다리세요. 늘 튀던 인생의 공이 잠시 방해물에 걸려 있다고 생각하세요.
기다리면 바람이나 빗물이나 혹은 지나가던 어느 인연이 그 공을 다시 빼줄 것입니다.
포기하지 말고, 성급하게 굴지 말고, 기다리세요. 기다리면 기회는 반드시 옵니다.

행복에 관한 이야기 중에 이런 이야기가 나온다. 제목은 '아주 가까이' 이다.
어쩌면 행복은 우리 이마 위에 앉아 있는 것이 아닐까?
그런데 그것을 보지 못하고 있는 것이 아닐까?

대부분의 행복은 우리가 이미 가지고 있지만 잃어버린 후에야 그것이 행복인 줄 알 때가 많다.
부모님이 살아계셨을 때는 몰랐지만 살아계셔서 행복했던 것을 돌아가신 후에야 알게 되고,
배부르게 먹고 살 때는 몰랐지만 사업이 망해서 작은 단칸방에서 그때가 행복했던 것을 알게 되고,
심지어는 안경이 고마운 줄 몰랐다가 안경을 잃어버리고 다시 맞춘 후에야 그것이 행복인 줄 알게 된다.

이 글은 행복에 대한 심리에 대해서 설명을 해주는 글이다. 사실 사람이란 동물이 간사해서 좋은 것은 금방 잊어버리고 자기가 아쉬운 것에 대해선 금방 그리워하는 본능을 가지고 있다. 그러다 보니 아무리 행복해도 그 순간이 지속되면 결국 지루해지고 다른 것을 목마르게 찾게 된다. 즉, 행복이란 지속되는 감정이 아니라 순간의 감정일 뿐이라는 사실이다. 그래서 행복해지는 데는 두 가지 방법이 있는데, 첫 번째는 계속해서 더 행복해지기 위해서 노력을 하는 것이고, 두 번째는 현재 가지고 있는 행복을 발견해 나가는 것이다. 사람이 살아가는 데는 두 가지 다 필요가 있지만 사람이 항상 발전만 할 수 없기 때문에 책에서 이런 행복을 발견하는 길을 택하고 싶다.

이번에는 연필의 특징이라는 글을 하나 소개하겠다.
가끔 가던 길을 멈추고 연필을 깎아야 한다. 당장은 아파도 심을 더 예리하게 쓸 수 있다.
실수를 지울 수 있는 지우개가 달려 있다. 잘못된 일을 바로 잡는 건 부끄러운 일이 아니다.
연필에서 중요한 것은 외피를 감싸고 있는 나무가 아니라 그 안에 들어가 있는 심이다.
연필의 마지막 특징은 연필은 항상 흔적을 남긴다. 네가 살면서 행하는 일 역시 흔

적을 남긴다.

파울로 코엘료의 〈흐르는 강물처럼〉 중에서

　연필이 가지고 인생을 이야기를 하고 있는데 이 글을 책에선 이렇게 해석을 한다.
　사람은 가끔씩 자기 점검을 해야만 한다. 내가 옳은 길을 가고 있는지, 밥을 많이 먹고 있지는 않은지, 지금 만나고 있는 사람들은 괜찮은 건지 등등 말이다. 그리고 그것이 잘못 되었을 때는 고쳐야만 한다. 그리고 연필에서 중요한 것이 나무가 아니라 심이듯이 우리도 인생에서 중요한 것은 우리를 둘러싸고 있는 환경이 아니라 우리의 마음이라는 사실을 알아야만 한다. 그 마음이 움직이면서 우리의 인생을 만들고 흔적을 남기기 때문이다. 그리고 올해 혹시 잘못된 일로 마음 아프면 지우개로 깨끗하게 지우고 새로 시작하면 좋을 것 같다.

나를 바꾼 한 권의 책

새는 날기 위해서
가장 먼저 날개를 움직인다

핑계 / 신인철

당신이 갖고 있는 것이 불만스럽게 생각된다면
세계를 소유하더라도 당신은 불행할 것이다.
- 세네카 -

이번에는 당신이 날아오르지 못하는 이유 - '핑계' 라는 책을 소개하겠다. 우리가 원하고 있지만 항상 할 수 없다고 핑계를 대기 때문에 하고 싶은 일도 못하고 성공도 할 수 없다는 이야기이다. 이 책에선 닭도 핑계를 버리면 날 수 있다는 구절과 함께 핑계를 버리고 도전에 성공한 사람들의 이야기가 나온다.

우리가 흔히 하는 핑계들이 있다. 다시 하기에는 너무 늦었어. 부모한테서 물려 받을 것이 없어서, 남자를 잘못 만나서, 학벌이 좋지 않아서, 왜 아무도 나를 인정해 주지 않는 거야, 혹은 일이 적성에 맞지 않아서 라는 핑계 등등. 그런데 이 책의 주인공들도 모두 이런 핑계를 대지만 결국 자기 자신을 이겨내고 핑계를 버리고 성공한다.

그럼 구체적으로 어떤 사람들이 있는지 들여다보자. 65세의 한 노인이 있었다. 그는 대출을 받아서 가게를 시작하려고 한다. 그런데 그는 40살에 성공한 음식 사업가였다. 그러나 개업한 지 10년 만에 가게에 불이 나서 모든 것을 잃고 말았다. 바로 직전에는 아들을 잃었고, 아내도 다른 사업을 하려다 병에 걸려 죽는다. 결국 홀로 폐인처럼 지내다가 한 노숙자 여인이 부르는 말도 안 되는 찬송가의 한 구절을 듣고선 다시 사업을 시작하려 한다. 이렇게 대출 받은

105달러를 가지고 시작한 체인점은 급속하게 성장을 해서 미국 제일의 프랜차이즈 회사가 되었다. 이 노인이 바로 우리에게 친숙한 KFC의 할아버지 마스코트 하렌드 샌더슨이다. 그리고 책의 마지막에는 이렇게 써 있다. 나이는 숫자에 불과하다. 그러나 나이 속에 핑계를 넣어둔 것은 아닐까 라고 말이다.

이번에는 학벌에 관한 이야기도 해보자. 어느 집안의 막내는 꼭 S대를 가야 한다는 강박관념을 가지고 있었다. 아버지도 두 형도 모두 S대를 나왔기 때문이다. 그런데 도저히 자신의 실력으로는 안 되는 것 아닌가. 그래서 3수를 하고 나서 서울에 있는 아무 대학이나 갔다. 그래서 집안에서는 아들로 인정도 안하는 분위기가 되고 말았다. 그런데 한 객원교수를 만나고 나서부터 그의 인생이 바뀌게 된다. 그 교수는 학생이 그토록 가길 원하던 S대를 나온 사람이었다. 그런데 교수가 말하길, "자네 스리랑카에서 제일 좋은 대학이 어딘지 아나?" 이렇게 묻는 게 아닌가? "아니 그걸 제가 어떻게 압니까?"라고 말하자 "이봐 내가 미국에서 공부를 하는데 한국에서 제일 좋은 대학은 몰라도 스리랑카의 대학은 알더군. 그리고 어디를 나오던 실력만 있으면 알아주더라고 이 좁은 사회에서만 인정받으려 하지 말게."라고 말을 한다. 여기서 충격을 받은 학생은 프랑스로 가서 다시 공부를 시작해서 그 교수에게 편지를 한다. "좁은 눈을 넓게 해주셔서 감사한다."라고 말이다.

이번에는 여성에 관한 이야기가 나온다. 항상 일등만 하던 여성이 있었다. 한 번도 이등을 해본 적이 없던 사람이었다. 당연히 우리나라의 최고 회사에 일등으로 들어갔다. 그런데 처음 시키는 일은 복사와 커피 심부름이었다. 당황스러웠다. 상사에게 이야기를 했지만 돌아오는 것은 로마에서는 로마법을 따르라고 한다. 그래도 참고 기다렸다. 어느 날 워드를 치는 상사를 보았다. 영타를 독수리 타법으로 치고 있었다. 그래서 대신 쳐드릴까요 라고 시작을 해서 나중에는 단순히 받아 치는 정도가 아니라 자신이 모든 보고서 양식의 기준을 만들어서 쳐서 복사까지 해서 정리까지 해놓으니 아무도 무시할 수 없는, 회사에 꼭 필요한 사람이 되었다. 지금 그녀는 국내 굴지의 벤처기업의 사장으로 일하고 있다. 만약 그녀가 굴욕감에 그 일을 그만 두었다면 지금의 자리도 없었을 것이다.

　내일은 누가 만들어서 내게 주는 것이 아니라 내가 스스로 만들어서 인정을 받는 것이다.

　못하는 일과 안하는 일의 차이를 아는가? 못하는 일에는 이유가 있고, 안하는 일에는 핑계가 있다는 것이다. 더 구체적으로 말하면 할 수 있어도 안하는 것은 핑계고, 할 수가 없어서 못하는 것은 이유다 라는 것인데 이 책은 그 사실을 뒤집고 있다. 우선 핑계를 세우고 있기 때문에 당신이 발전하지 못한다는 것이다. 책 속에선 위의 세 사람 말고도 많은 사람들의 이야기가 나오지만 우리 사회에서 가장 많이 나오는 세 가지 핑계를 생각해서 골라봤다. 아마도 우리나라에서 가장 잘 먹히는 핑계 세 가지가 나이, 학벌, 성별이 아닌가 하는 생각에서 말이다. 오죽하면 "이 나이에 내가 하리?", "나 이대 나온 여자야.", "여자는 밥이나 해."라는 생각이나 말들이 전혀 어색하지 않게 들리지 않는가?

　사실 대부분의 사람들이 그 범주 안에서 살아간다. 그러나 닭도 야생에서 살다보면 날 수 있듯이 이런 생각에서 먼저 벗어나야 지금의 지긋지긋한 현실에서도 벗어날 수 있지 않을까? 그 세 가지 에피소드 중에서도 마지막에 자신의 인정을 받은 여성사장의 이야기가 가장 마음에 와 닿았다. 편견이 아무리 강해도 자신이 일단 인정을 받기 시작하면 그것은 아무것도 아닌 것이 된다. 그것을 벗어나기 위한 노력을 어떻게 했느냐가 더 중요하지 않을까?

나를 바꾼 한 권의 책

말을 잘하는 것보다 어려운 것은 잘 듣는 것이다

경청 – 마음을 얻는 지혜 / 조신영, 박현찬

> 말재주가 있거나 공부를 잘하는 것은 실제로 그다지 중요한 덕목이 아니다.
> 진실로 중요한 것은 사려 깊은 분별력이다. 왜냐하면 지혜와 인격을 갖추지 않은 능력자들은
> 오히려 이 세상에 악과 부정함을 보탤 뿐이기 때문이다.
> – 소크라테스 –

이번에는 마음을 얻는 지혜에 관한 책 '경청'이라는 책을 소개하겠다.

이 책은 듣기의 기술을 말하는 것이 아니라 듣기가 사람과 조직을 어떻게 변화시키는지를 알려주는 소설식 자기 계발서이다. 그런데 그 전에 나온 책들보다도 훨씬 구체적이고 실질적인 내용을 가지고 구성을 했다.

내용을 소개하면, 별명이 이토벤인 이청 씨는 바이올린회사에서 몸 바쳐 충성을 다했는데 어느 날 어지러움증과 함께 난청을 겪게 된다. 그런데 병원에 가보니 두 달 정도 밖에 살 수 없는 뇌줄기 암선고를 받았다. 그는 평소에 귀머거리 베토벤처럼 남의 말을 안 듣는다고 해서 이토벤이라고 불리우며 자기 말만 하고 사는 사람이었다. 그런데 생의 마지막으로 아들에게 자신이 만든 바이올린만큼은 남기고 죽겠다는 생각에 바이올린 제작에 들어간다.

우선 이토벤이 잘 못 듣게 되면서 독순술을 배우게 된다. 독순술이란 사람의 입술을 읽는 기술을 말하는 것이다. 그때 독순술 선생이 이런 말을 한다. 듣는다는 것은 단순히 말을 귀로 듣는 것이 아니라 자신을 비우고 들어야만 하는 것이라고 말을 한다. 그래서 바이올린을 배우기 위해서 제작 3팀으로 간다. 그런데 3팀은 회사에서 능력은 있지만 독선적인 사람들이 모여 있는 곳이라서 적응하기가 굉장히 힘들었다. 그러나 이토벤은 경청의 마음으로 그들의

말을 들어주다 보니 사람들은 어느새 그에게 집중을 하게 되었다. 그후 3팀은 힘을 합쳐서 새로운 바이올린 제작 기술을 선보여서 회사의 운명을 바꾸려는 생각을 하게 되었다. 이때 이토벤이 그들을 돕기 위해 좋은 바이올린 재목을 구하기 위해서 원주에 있는 치악산으로 향한다.

스트라디우스 바이올린은 세계적으로 유명하다. 그 이유 중의 한 가지가 밀도가 높은 단단한 나무를 써서 만들었기 때문이다. 그런데 강원도 치악산에 나무노인이라는 분이 살며 그분이 가문비나무 군락지를 관리하고 있다는 이야기를 듣고 찾아 나서게 된다.

이토벤은 노인을 찾으러 갔다가 그만 어지러워서 산에서 실종이 되고 만다. 그리고 나무노인이 발견을 하게 된다. 노인과 차를 마시면서 이런저런 이야기를 하는데, 자신이 시한부 인생을 선고받고 아들을 위해서 바이올린을 만들기 위해서 여기까지 왔다는 말을 하자 노인은 가문비나무 군락지를 가르쳐 준다.

나무를 구해온 뒤 많은 일들이 벌어진다. 회사는 중국으로 옮기려다가 다시 한국을 거점으로 할 생각을 하고 새로 만든 바이올린으로 시장을 개척하려고 하는데 많은 물량이 그만 크레임이 들어온다. 그리고 사장과 기술진의 결단으로 위기를 모면하게 된다. 그리고 그 사이에서 이토벤은 그만 쓰러지고 만다. 결말은 여러분이 책에서 직접 보는 게 좋을 것 같다.

이 책에서 가장 기억에 남는 말이 있다. "말하기는 지식을 뜻하지만 듣기는 지혜를 뜻한다." 그래서 말하는 데는 3년이면 충분하지만 듣기는 60년이 걸리더라는 노인의 말이 가장 기억에 남는다. 나도 살아가면서 남의 말을 들으려고 노력하지만 대부분의 경우 아무 생각 없이 내 말만 하는 경우가 많다는 것을 알게 되면서 이 말이 기억에 남는 것 같다.

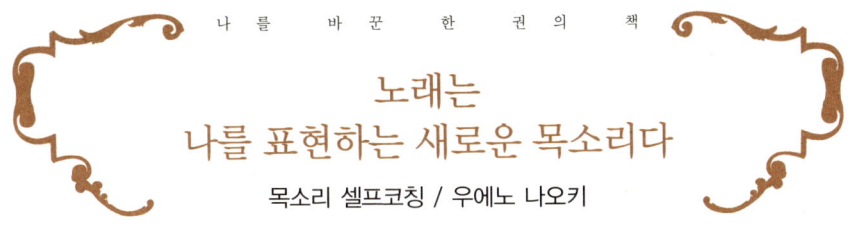

노래는 나를 표현하는 새로운 목소리다

목소리 셀프코칭 / 우에노 나오키

음악은 우리에게 사랑을 가져다 주는 분위기 좋은 음식이다.
- 셰익스피어 -

'목소리 셀프코칭'이라는 책을 읽다 보면, 5분씩 매일같이 연습을 해야지만 목소리가 변한다고 한다. 그 외에도 좋은 목소리란 무엇이며, 좋은 목소리를 만드는 방법과 훈련법 등을 소개하고 있다. 특히 덧붙여서 노래방에서 노래를 잘 부를 수 있는 10가지 방법이 나와 있어서 노래를 좋아하는 한국인들의 마음을 잘 읽고 쓴 책이라는 것을 알 수 있다.

목소리를 전반적으로 다 좋게 해주는 연습 방법은 없다. 그러다 보니 각 증상별로 목소리 훈련이 다르다. 예를 들면 작은 목소리 같은 경우 목 근육이 약해서 목소리를 크게 내지 못하고 작은 경우가 많은데, 입을 크게 벌리고 혀를 말아서 크게 말하는 턱을 만들고 목 근육을 강화시켜서 크게 소리를 낼 수 있도록 연습을 한다.

두 번째로 가성으로 말을 하는 사람의 경우, 자신이 가성으로 말을 하는 것 자체를 모르는 경우가 많다. 가성은 말을 할 때 목젖이 움직이면 그건 가성이라고 한다. 한 번 직접 해보면 차이를 알 수 있을 것이다. 이런 경우 목젖을 움직이지 않고 말하는 연습을 하면 고칠 수 있다.

발음이 부정확한 경우는 여러 가지 경우가 있을 수 있다. 혀의 문제일 수도, 얼굴 근육의 문제일 수도 있고, 아니면 자라온 환경에서 잘못된 발음이 학습이 되어서 그럴 수도 있다. 그런데 그중에서 가장 많이 문제가 되는 것은 말을 정확하게 하지 않고 되는 대로 발음을 하다 보니까 잘못된 발음이 몸에 배고 익숙해져서 그런 것이다. 이런 경우 여러 가지 방법이 있는데, 가장 처음의 방법은 말을 정성껏 하고 발음을 정확하게 하는 것이다. 녹음을 해서 들어보고 다시 하는 과정을 반복해서 연습하는 것이다. 그 다음에는 전통적으로 많이 쓰는 볼펜이나 나무젓가락을 물고 하는 것이다. 그 외에도 이쑤시개 사용법, 호흡을 훈련하기 위해선 페트병을 쓰는 방법까지 다양하게 나오고 있다.

노래방에서 노래를 잘 부르는 10가지 방법 중에 3가지만 적어보면,
제1조, 입을 크게 벌리고 노래하지 않는다. - 목소리가 크다고 입이 큰 것은 아니다.
제2조, 솔직하게 본 목소리로 노래한다. - 가성을 쓰지 마라. 조절하기 힘들다.
제3조, 편안한 자세로 노래한다. - 전화를 할 때의 자세를 생각해 보라.
그 외에도 많은 이야기가 나오니까 책을 재미있게 읽을 수 있을 것이다.

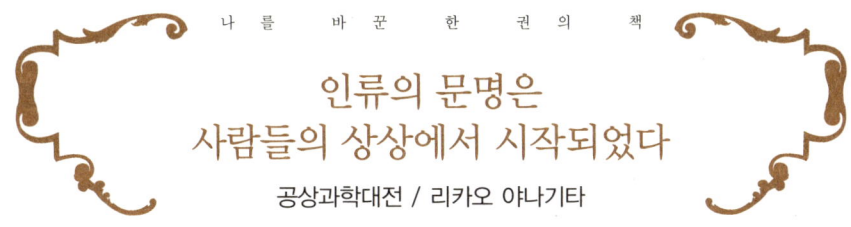

인류의 문명은 사람들의 상상에서 시작되었다

공상과학대전 / 리카오 야나기타

> 아무리 큰 배일지라도 지레의 법칙을 사용하면 움직일 수 있다.
> 발판만 있으면 지구도 움직일 수 있다.
> – 아르키메데스 –

공상 세계에서 나오는 로버트들을 과학적으로 분석한 만화책이 나왔다. 제목은 '공상과학대전' 만화편이다.

공상과학대전 만화편은 로버트들이 나오는 만화책이다. 그러나 이 책은 과학의 벽이라는 기상천외한 생각을 두고 만든 책으로 만약 정말로 거대한 로버트를 만들어서 도시 한가운데서 싸우면 어떤 일이 일어날 것인가를 과학적으로 분석을 해서 만들었다.

거대 로봇들의 대전을 과학적으로 분석을 한다. 우리가 알고 있는 마징가Z나 태권V 같은 경우 조종사가 로봇에 탑승을 해서 격투를 하고 달리고 날아다닌다. 그런데 마징가Z의 경우 키가 20미터 정도 되는데 달리기가 시속 40km라고 했을 때 조종석이 상하로 50cm를 움직이게 된다. 더욱이 격투를 해서 받는 충격은 1~2톤 정도가 된다. 사람이라면 살아남을 수가 없다.

그럼 얼마 전에 나온 영화 트랜스포머처럼 로봇이 알아서 움직이거나 원격조정을 하면 되지 않을까? 원격조정의 경우 가장 좋은 수신기의 거리가 100m~200m 정도밖에 되지 않는다. 그 이상의 거리에서는 전파 간섭을 할 경우 얼마든지 전파 차단이 가능하다. 그런데 로봇의 크기가 40m라고 하면 거의 붙어서 움직인다고 생각하면 된다. 또 한 가지 문제는 에너지의 문제인데 자동차를 한 대 움직이는데도 엄청난 양의 기름이 필요한데 거대한 로봇을 움직이려면 거대한 화력발전소 한 개 분량이 필요하다는 사실이다. 그래서 만화책에서는 거대한 발전소에다 전원을 연결해서 움직이는 로봇을 만들게 된다. 문제는 싸우다가 전원이 끊기면 8분 정도 밖에 움직일 수 없다는 것이다.

원자력 엔진이나 다른 효율이 좋은 원료를 쓰면 되지 않을까?
물론 효율이 좋은 연료들은 많이 개발이 되어 있다. 예를 들면 수소라든지 핵이라든지 말이다. 문제는 효율이 좋은 만큼 위험성이 커진다는 사실이다. 만화에서는 결국 우리가 쓰는 전지를 거대하게 만들어서 로봇에게 활용을 한다. 만약 피해를 입어서 폭파가 되더라도 주변에 피해가 없게 말이다. 문제는 그런 식으로 하다 보니 건전지가 엄청나게 많이 필요하게 된다는 사실이다. 그것보다도 더 큰 문제는 사람처럼 두 발로 걷는 로봇을 거대하게 만든다는 것 자체가 엄청난 모험이다.

사람처럼 두 발로 걷는 로봇이 만들기 힘들다는 것은 안다. 그런데 휴보처럼 이미 만들어진 로봇을 그냥 크게 만들면 되지 않을까 생각할 수 있다. 그러나 그렇지가 않다. 일본의 아시모가 걷기까지는 거의 30년의 시간이 걸렸다. 거기서 뛰기까지는 10년 정도가 더 걸렸다. 그런데 로봇이 커질수록 더 많은 기술이 필요하다. 무게중심의 이동의 문제 때문이다. 거대한 로봇은 단순히 작은 로봇을 크게 만든 것이 아니라 거대한 구조물을 만드는 것을 의미한다. 예를 들어 작은 건물 미니어처를 만들었다고 거대한 건물을 그대로 만들 수가 없는 것과 같은 이치다. 물체가 커지면 거기에 따른 강도와 질량 부피가 전혀 달라지기 때문이다. 이것은 마치 개미가 10m에서 떨어져도 무사하면 사람도 100m에서 떨어져도 무사하다고 생각하는 것과 같다.

그렇지만 언젠가는 사람들이 실제로 이러한 로봇을 만들지 않을까?
그 기간을 일본에서는 2012년 정도로 보고 있다. 그래서 지금부터 투자를 받아서 만화에서 나오는 마징가Z의 광자력 연구소와 마징가가 발진을 하는 거대한 수영장을 만들고 있다.

이 책은 먼저 글로 된 책으로 나온 다음 만화로 나온 책이다. 그냥 책 속에선 이런저런 이론적인 이야기를 담아서 만들었지만 만화책은 그 내용을 지구를 침략하러 온 외계인들과 싸우는 지구인들을 한 편의 이야기로 엮어진 것이었는데 대부분의 내용은 비슷하다. 실제로 거대 로봇을 만들어서 싸우는 남자들의 로망을 담고 있다. 그런데 거대한 로봇을 만드는 것 자체가 별로 쓸데없는 일이라는 이야기로 시작을 해서 전개가 된다.

우선 내용은 이렇게 전개가 된다. 외계에서 지구를 정복하기 위해서 거대한 생명체를 투입한다. 키는 초고층 빌딩만 하다. 그래서 지구상에 내려놓았는데 그만 땅 속으로 꺼져 버린다. 그렇게 거대한 생명체라면 지구에 내려놓는 순간 지구의 중력으로 인해서 걸을 수도 없다는 사실이다. 일단 걸을 수가 없는 것은 거대한 바퀴를 써서 대신한다고 한다. 그래서 거대한 바퀴를 타고 가는데 속도가 너무 느리다. 일단 도시까지는 왔다. 그런데 도시의 지반은 너무 약해서 도저히 들어갈 수가 없다. 이때 도시의 붕괴를 막기 위해서 정의의 로봇이 출동을 한다. 그런데 로봇의 무기들, 즉 로켓 펀치는 한 번 쏘면 돌아오지 않고 팔 전체를 파괴하고 몸이 뒤로 넘어간다. 그리고 레이저 광선은 출력이 너무 약해서 적에게 타격을 입히지 못한다. 그래서 이런 것을 막기 위해서 거대한 발전소를 연결해서 공격을 하는데 그만 그 출력을 이기지 못하고 파괴되고 만다. 그리고 적 괴수도 자신의 무게를 이기지 못하고 땅 속으로 꺼져버리는 해프닝으로 끝난다. 만화에선 위의 내용을 이렇게 전개한다.

그런데 이 거대 로봇이라는 게 우리가 어려서부터 세뇌가 되어 있어서 그런지 포기를 할 수 없나 보다. 일본에서 아시모를 비롯해서 거대 건담과 마징가Z의 본부까지 만들고 있다니 말이다. 일단 과학적이던 아니던 어린 시절의 꿈을 쉽게 버릴 수 없는 것이 아닌가 싶다. 사실 나도 어렸을 때 꿈은 로봇을 만드는 과학자였다. 여기선 다른 생각을 한 가지 하는 것이 바로 어렸을 때 가진 꿈을 쉽게 포기하지 못하는 사람들의 심리를 이용해서 많은 기업들이 어린이 마케팅을 한다는 점이다. 우리가 어려서부터 이미 해온 것은 쉽게 받아들이지만 다른 것은 쉽게 받아들이지 못하기 때문이다. 이처럼 문화의 힘이 강하니까 우리나라도 많은 어린이 컨텐츠를 개발해서 수출을 해서 전 세계 어린이들의 꿈을 이루어서 문화를 판매할 수 있으면 좋겠다.

나를 바꾼 한 권의 책

나이를 따지면 살아남지 못한다

짬 / 주호민

> 나이를 먹은 것만으로 사람은 늙지 않는다.
> 이상을 잃었을 때 비로소 노화되는 것이다.
> – 사뮤엘 울만 –

이번에는 솔직 담백한 군대이야기가 들어가 있는, '짬'이라는 책이다.

작가가 군대에 입대를 해서 제대할 때까지의 이야기를 만화로 풀어낸 책이 되겠다. 책 속에 보면 군대시절의 기억이 모락모락 나는 이야기들이 많이 나온다. 특히 저자는 박격포 부대 수송병으로서 지낸 이야기들을 그대로 풀어 내는데, 재미있게 읽을 수 있다.

기억나는 부분은 입대를 해서 신병교육대에서 전혀 다른 군대란 곳의 경험을 하는데, 처음 베개를 받고 베개에 낙서가 가득해서 베고 자면 머리가 녹아 버릴 것 같다는 표현이 재미있다. 그리고 처음 행군을 하는데 날이 매우 추운 날 철모를 벗었는데 머리하고 철모 안에서 김이 모락모락 나는 표현이 나온다. 그만큼 몸이 덥고 날이 춥다는 이야기인데 정말 해보지 않은 사람은 모를 것이다. 그리고 드디어 훈련을 마치고 자대에 배치를 받았을 때 긴장을 많이 했는데 잘 대해 주는 부대원들을 보고 안심을 한다. 그리고 얼마 안 있다가 휴가를 4박5일 나가게 되는데, 그 4박5일이 마치 하루도 안 되는 꿈과 같은 날들이었다는 이야기가 나온다. 그리고 다시 현실로 돌아오면 힘든 군대생활이 기다리고 있다.

사실 군대에선 훈련보다 더 많이 하는 게 있다. 바로 작업이다. 작업에 관한 에피소드가 많이 나올 수밖에 없다. 진지 공사를 하는데 삽으로만 진지 공사를 다한다. 그러다가 혹시 뱀을 발견하면 삽으로 해결을 하고, 시멘트를 섞거나 또 그 외에 모든 작업도 거의 삽 하나로만 다한다. 그리고 이 부대에는 수영장이 있는데 전투 수영이라고 해서 여름철이 되면 다른 부대에서 이 부대로 와서 수영을 하기 때문에 페인트 칠을 다시 해야 한다. 그래서 일주일 정도를 거기에 매달려서 페인트 칠을 하는데 페인트가 잘 벗겨지지 않아서 페인트 칠이 다 끝난 다음에는 사람 몸의 색깔이 바뀔 정도가 되었다는 이야기가 나온다. 그런데 선임의 말을 들으면 이 정도는 아무것도 아니라고 한다. 사실 이 수영장도 20년 전에 중장비가 아닌 병사들이 삽만 가지고 만들었다는 이야기를 듣고 입을 다물지 못한다.

군대 이야기 중 휴가 이야기가 가장 재미있다. 저자가 운전병이다 보니 군종병을 데리고 교회에 갈 일이 있었다. 자신은 불교 신자라서 가기 싫었는데 그래도 갈 사람이 없어서 억지로 갔다. 가보니 교회에서 목사님이 오늘 처음 오신 형제분 손들어보세요. 라고 하자 혼자서 손을 들었다. 그랬더니 나와 보라는 것이다. 이거 큰일인데 하면서 억지로 나갔는데 갑자기 목사님이 봉투를 주시면서 앞으로 교회에 열심히 나오라고 4박5일 휴가권을 주는 게 아닌가? 그래서 포상 휴가를 갔다는 것이다. 그리고 두 번째 포상 휴가는 정훈병에 관한 것이다. 저자가 정훈병인데, 정훈병이란 원래 정훈 장교를 도와서 장병 정신교육을 시키는 보직인데 사실 국방일보 정리하는 것 말고는 하는 일이 없다. 부대에서 골든벨을 포상 휴가를 걸고 하는 게 아닌가? 그런데 문제가 전부 국방일보에서 나온 것이다. 그래도 정훈병이라도 한 번씩 읽어본 저자가 포상 휴가를 타서 나가게 된다. 그래서 인생에선 하는 일에 최선을 다하는 거라는 이야기를 한다.

PT체조를 할 때 8번이 온몸 비틀기라고 가장 힘든 부분이다. 그런데 이 힘든 부분에서 조교들이 꼭 어머님의 은혜를 부르라고 한다. 그때는 정말 눈물이 나고 어머님의 은혜가 온몸으로 느껴진다. 그런데 제대를 할 때쯤 되면 그런 생각들은 다 날아가고 제대하고 뭘 하고 살아야 하나 하는 걱정을 하는 부분이 공감이 많이 간다. 이 책은 군대를 갔다 오신 분들에게는 추억을, 못 가본 사람들에게는 군대의 생활을 알려 줄 수 있는 책이 될 것 같다.

이 책은 처음 봤을 때 좋은 소재 같다는 생각으로 잡았다. 그리고 군대이야기를 읽는데 너무나도 생생해서 많이 놀란 생각이 아직도 난다. 특히 나도 ROTC로 군대생활을 했지만 시간이 지나면서 많은 부분이 잊혀지고 왜곡되는 현상을 스스로 느낀다. 그런데 책 속에 있는 내용은 정말로 어제 군대생활을 한 사람이 한 글자 한 글자 적은 것처럼 만화로 자세하게 표현이 되어 있어서 오랜 만에 재미있는 만화를 읽었다는 생각을 했다. 그리고 책을 정말 빨리 봐서 재미있게 읽기는 했는데 문제는 책을 어떻게 소개를 해야 할까 하는 고민에 사로잡히게 된다.

사실 군대이야기에서 가장 많이 나오는 게 뻥이다. 한마디로 허풍이 심해서 재미는 있지만 이렇게 사실 그대로 이야기를 하다 보면 잔잔한 이야기는 많아서 좋은데 결정적인 한방이 부족하기 때문에 차라리 내용 중에서 가장 일반적인 것으로 하자는 생각으로 책에서 소재를 뽑아 보았다. 가장 기억에 남는 부분은 역시 신병교육대 이야기이다. 누구나 처음에는 들어가서 훈련을 받으면서 적응을 하는 게 가장 힘들기 때문이다.

군대라고 해서 매일 훈련만 하느냐 하면, 사실 훈련은 뒷전이고 매일 작업만 한다. 6·25 이후로 우리나라 군대는 삽만 가지고 못 만드는 게 없는 만능 일꾼이었다. 책 속에선 수영장을 관리하는 이야기가 나오는데 내가 근무하던 부대에서는 수해에 떠내려간 부대를 부대가 삽으로 복구를 하는 엄청난 일이 있었다. 그래서 부대 내에 수해의 상처가 많이 있어서 비만 오면 대피하고 돌아와선 복구 작업하는 일이 허다했다. 그리고 상급 부대에선 훈련 안한다고 검열 뜨면 훈련하는 척하고 해서 병사들이 작업을 하다가 검열이 오면 총 들고 훈련하는 척하는 웃기지도 않은 상황이 연출되기도 했었다.

그리고 마지막으로 휴가에 관한 이야기를 넣어 봤다. 휴가에 대해서 병사로 다녀오신 분들은 모두 다 아련한 추억이 있기 마련이다. 어머니가 아파서 혹은 사격을 잘 해서, 아니면 장기자랑을 잘 해서 갔다 왔다 하는 이야기들은 하나씩 있는데 나 같은 경우에는 그런 적이 단 한 번도 없었다. 간부는 휴가가 없고 외박밖에 없었다. 원래는 있었지만 휴가를 다녀올 만큼 여유가 없는데다가 안 가는 분위기의 부대가 많았기 때문이다. 지금 생각하면 정말로 힘들었던 시기였던 것 같다. 하지만 가끔씩 그때의 일들이 어제 일처럼 생각나는 때가 있는데 생각해 보면 정말 재미있는 일들도 많았던 것 같다.

나를 바꾼 한 권의 책

물방울은 힘이 아니라 꾸준함으로 바위를 뚫는다

기적의 사과 / 이시카와 다쿠지

> '나무는 행동의 상징이다' 내일 당장 변화가 오지 않더라도 약간의 차이는 분명 생긴다.
> 작은 차이의 첫 걸음은 나무를 심는 것이다.
> – 왕가리 마타이 –

이번에는 '기적의 사과'라는 책이다. 이 책은 이미 30년 전에 무농약·무화학비료 사과를 시도해서 거의 10년 만에 성공한 농민의 이야기를 다루고 있다. 기무라 아키노리라는 사람인데, 이 사람의 사과는 인터넷에 올리면 3분 만에 다 팔리고, 이 사과로 만든 수프를 먹고 싶으면 1년을 기다려야 한다는 이야기가 돌 정도로 엄청난 인기의 사과를 생산하고 있다. 현재는 사과 판매 이외에 자연농법으로 여러 가지 채소와 과일을 재배하는 법을 일본 각 지역을 다니면서 가르치고 있다.

사과라는 과일은 인류가 오랫동안 키워온 작물이니까 라고 쉽게 생각했다. 윌리암텔이 쏜 사과도 사과고, 뉴턴 시대에도 사과는 있었다. 그런데 사과라는 작물이 당시에는 귤만한 크기에 단단하고 맛도 떫고 당도도 떨어지는 그런 과일이었다고 한다. 그래서 주로 즙을 짜서 주스로만 먹었다고 한다. 그런데 신대륙이 발견되고 사과를 그곳에 있는 식물과 접목을 해서 전혀 다른 지금의 사과처럼 크고 달고 맛있게 만들었다. 따라서 그때의 사과와 현재의 사과는 전혀 다른 식물이라고 보면 된다.

그런데 달고 크고 맛있다 보니 사람말고도 벌레들이 꼬여서 사과를 쉽게 파먹게 되고 나무 자체도 멀리 신대륙과 구대륙의 잡종이 다른 나라에 와서 심어지다 보니 병해충에 약해질 수밖에 없었다. 그런데 이런 문제를 한 번에 해

91

결한 것이 있으니 그것은 바로 농약이었다. 농약은 대단한 발명품이었다. 사람들의 일손을 엄청나게 줄여 주었기 때문이다. 예전에는 벌레를 잡기 위해 한 사과밭에 38명 이상이 아침부터 저녁까지 붙어서 벌레를 잡아야 했고, 그러다가 사과나무가 병에 걸리면 손도 못 쓰고 말라 죽게 되었다. 따라서 현재의 사과는 농약을 치지 않고서는 먹기가 힘든 작물이 되었다는 것이다.

기무라 씨는 원래 사과나무를 키우는 농사꾼의 둘째 아들이었다. 가업을 형이 이어받아서 자신은 회사에 취직을 해서 살다가 형이 안한다고 하자 회사를 그만두고 고향으로 돌아왔다. 그런데 형이 다시 일을 한다고 해서 자신은 다른 농사짓는 집에 가서 데릴사위로 일을 하게 된다. 거기서도 사과농사를 했기 때문에 농약을 쳐야만 했다. 그런데 아내가 농약에 너무 약한 체질이라 농약만 뿌리면 며칠을 앓아눕는 것을 보고선 자신은 옥수수재배에 전념을 하였다. 그런데 어느 날 서점에서 책을 내리다가 잘못 내려서 다른 책을 떨어뜨려서 망가뜨렸다. 그래서 그 책을 사게 됐는데 잊고 지내다가 우연히 책을 펼쳤는데 그 책의 제목이 자연농법이었다. 이 책이 그의 인생을 바꾸게 된 것이다. 그 책에선 자연은 있는 그대로 두어야 한다, 농약이나 화학비료는 작물을 망가뜨릴 뿐이라고 하면서 자신이 직접 쌀농사를 한 것을 이야기해 주었다. 기무라 씨도 여기에 감명을 받아서 무농약 사과 재배를 시작하는데 처음에는 겁이 나서 밭을 4개로 나누어서 실험을 했다. 그후 괜찮을 것 같다고 생각해서 완전 무농약 재배를 시작하는데 이것이 그의 고행의 시작이었다.

일단 사과에 사과나무꽃이 펴야 하는데 피지를 않는 것이다. 어찌어찌 핀 꽃도 금방 지고 말았다. 그리고 내년에 펴야 할 꽃이 펴서 그 다음해까지 사과농사를 망치게 된다. 그리고 100년 전에 농민들이 한 것처럼 한 손에는 비닐봉지와 한 손에는 젓가락을 들고선 벌레를 잡으러 다녔다. 아침부터 저녁까지 꼬박 잡아도 벌레는 끊임없이 나왔고 식구들은 모두 힘들어서 원망하게 된다. 그리고 잡초도 하루종일 뽑고 거기다 농약을 뿌리지 않으니 대신 다른 것이라도 뿌려 보고자 별것을 다 뿌려 본다. 간장, 우유, 된장, 식초 등등 음식 중에 약이 될 만한 것으로 다해 보지만 별소용이 없었다. 그렇게 몇 해가 지나자 돈도 바닥이 나고 점점 자신이 없어서 자살을 할 결심으로 산으로 올라간다. 그런데 산속에서 사과나무를 보게 된다. 그 사과나무는 너무나도 실해서 놀라고 만다. 그런데 자세히 보니 그것은 사과나무가 아니라 도토리 나무였다. 그래서 어떻게 해서 그 도토리 나무가 산 속에서 아무런 비료도 농약도 없이 잘 자라게 되었는지 연구를 시작한다.

도토리 나무의 비밀은 바로 흙에 있었다. 기무라 씨는 나무가 잘 자라도록 하기 위해서 나무 자체만을 보았지만 사실은 나무 아래에 있는 뿌리가 더 중요하다는 사실을 모르고 있었던 것이다. 그래서 일단 흙에 대해서 연구를 하기 시작했다. 도토리 나무 아래에는 많은 잡초와 미생물들이 살고 있었던 것이다. 그래서 뿌리에 인공적으로 양분을 주지 않더라도 잘 자랄 수 있었던 것이다. 그런 반면 기무라 씨의 사과나무의 흙은 단단하고 미생물이 전혀 없는 그런 죽은 흙이었던 것이다. 결국 나무를 자연에서 고립을 시켜놓고 있다 보니 더 많은 해충과 병이 달라붙었던 것이다. 그래서 그때부터 잡초도 깎지 않고 내버려 두고 대신에 뿌리에 도움이 될 수 있는 콩을 심었다. 그 결과 9년 만에 사과나무에 꽃이 가득 피게 되었고 그해 첫 수확을 거두게 된다.

그러나 성공한 것은 아니다. 일단 사과가 너무 작았다. 그래도 당도가 높아서 주스 공장에 팔았다. 그리고 나름대로 유기농 사과라고 해서 장에 가서 팔아보려고 했는데 당시에는 아직 그런 개념이 없어서 많은 사람들이 팔아주지 않았다고 한다. 그래도 그때 생긴 팬들이 지금까지 사과를 팔아주고 있다고 한다. 현재는 크고 맛있는 유기농 사과를 많이 생산하고 있다.

이 책에서 인간이 자연에서 얼마나 멀어지고 있는지 알게 되었다. 그리고 그 인공적인 것들이 다시 우리 인간을 공격하고 있다는 사실을 알게 되었다.

사실 잡초가 사과를 잘 자라게 해주는 것인데 우리는 그것을 파괴해서 농작물을 얻고 다시 자연을 파괴하는 삶을 살고 있다. 그러나 이 책의 저자처럼 자연을 살리는 방법이 우리 인간에게도 이득이 되는 방법을 터득하는 그런 지혜를 얻었으면 좋겠다.

이 책은 사실 TV에서 먼저 보고 나서 책을 소개하게 되었다. 그런데 TV에선 거의 끝부분 밖에 보지 못해서 전체적인 내용이 궁금해서 보게 되었는데, 책 속에는 어려운 이야기들이 하나도 없는 아이들의 동화 같은 그림들과 이야기들로 가득 차 있었다. 이 책의 주인공인 기무라 아키노리라는 사람은 정말 대단한 사람이다. 그런데 책의 앞장에 활짝 웃는 할아버지의 사진이 붙어 있는데 이빨이 하나도 없다. 이빨이 왜 하나도 없는지 궁금했는데 책을 읽다 보니 알게 되었다. 사과나무가 하도 안 돼서 읍내 술집에서 아르바이트를 하게 되었는데 야쿠자와 시비가 붙어서 맞았는데 그게 잘못 맞아서 앞니가 한 개가 빠진 게 한 개씩 흔들거리더니 다 빠져 버렸다고 한다. 그래도 긍정적으로 씹을 수 있는 것만 씹고 산다고 이야기를 하니 대단한 사람이라는 생각이 들었다.

이 책을 소개하려고 내용을 쓰다 보니 전체 내용을 다 써서 원고의 내용이 방송 분량보다 초과해서 줄였던 기억이 아직도 난다. 그중에서 한 가지가 앞에서 말한 이가 한 개도 없는 이유이고, 또 한 가지는 이 사람이 데릴사위로 갔다고 말씀을 드렸는데 그러다 보니 자신의 원래 성을 버리고 장인의 성을 따라서 이름을 바꾸었다 한다. 유교적인 한국사회에서 자란 나에게는 충격이었다. 그런데 중국도 데릴사위의 경우에는 성을 바꾸었다고 한다. 아마도 우리나라도 그랬다가 조선시대에 그런 풍습이 사라진 게 아닌가 하는 생각을 한다.

책을 소개하면서 내용을 충실히 전달하려고 노력을 했다. 책의 내용이 워낙에 좋아서 내용을 줄여서 설명한 것 외에는 별다른 자료 수집을 하지는 않았다. 그런데 이 책을 읽고 나니 그런 생각이 들었다. 우리가 먹는 것들이 이미 모두 공산품화되어 있는데 우리가 건강하게 살아가려는 것 자체가 부질없는 짓이 아닐까 하는 생각 말이다. 결국 조금만 먹고 사는 게 가장 건강하게 사는 게 아닌가 하는 생각을 하게 되었다. 그리고 여기서는 사과만 성공을 했지만 더 나아가서는 배나 그 외의 작물 등도 모두 유기농으로 전 세계가 풍족하게 수확을 할 수 있는 세상이 왔으면 좋겠다. 그리고 실제로 노력을 하면 가능할 것도 같다.

나를 바꾼 한 권의 책

물은
그릇 모양 대로 따른다

환경보고서 물 / 김맹수

우리가 환경을 파괴하는 생활을 계속한다면
우리는 진정 '짧고 굵게 살다 간 종'으로 기록되고 말 것이다.
- 최재천 -

이번에는 '환경보고서 물'을 살펴보겠다.

책에서는 많은 이야기가 있지만 앞에서는 크게 세 가지로 나누어서 설명을 하고 있다.

첫 번째, 지구 생태계와 인간 생활에서 차지하는 물의 중요성!

두 번째, 물 오염의 원인과 실제 상황, 그로 인한 심각한 피해 사례

세 번째, 물을 살리는 다양한 해결 방안 등이 나오고 있다.

첫 번째, 지구 생태계와 인간 생활에서 차지하는 물의 중요성에선 현재까지 생명이 사는 것으로 확인된 별은 지구 밖에 없다. 지구가 다른 별과 다른 것은 바로 액체 상태로 된 물이 있어서 생명이 살 수가 있기 때문이다. 게다가 인체를 비롯해서 살아 있는 동물들의 대부분은 물이 차지하고 있다. 사람의 경우 70% 이상이 물로 되어 있기 때문에 물이 없는 삶은 불가능하다고 할 수 있다. 사람은 물 없이는 3일 이상 살 수가 없다. 그런데 그렇게 중요한 물이 절대적으로 부족하다는 데 문제가 있다. 지구상의 물 중에서 1%만이 담수이고, 그중에서도 일부 국가들만 물을 독점하고 있기 때문에 국가 간의 문제부터 오염으로 인한 많은 문제까지 생겨나고 있다.

두 번째 물의 원인과 실제 사례에 대해서는 일본에서 있었던 두 가지 사건

이 나오고 있다. 미나마타병과 이타이이타이병이 있는데, 미나마타병은 수은 중독이 원인이 되었다. 미나마타 현에 있는 공장에서 수은을 버렸는데 그것이 그 동네 바다에 살고 있는 갑각류와 플랑크톤을 중독시켰다. 당시에는 굉장히 작은 양이어서 사람들은 당장 문제가 생기지 않아서 신경을 쓰지 않았다. 그런데 그것이 먹이사슬에 의해서 수은이 농축되고 시간이 흘러서 부작용이 생기기 시작한 것이다. 그래서 1000명이 넘는 사람이 이 병에 걸리고, 그 중에서 430명이 죽게 된 사건이다. 그리고 이타이이타이병은 일본말로 아프다아프다라는 뜻인데, 이것은 폐쇄된 아연공장에서 흘러나온 폐수가 강으로 흘러들어가서 오염을 시킨 것이다. 그 오염된 강에서 나온 물고기를 오랫동안 잡아먹은 사람들이 이 병에 걸려 뼈가 약해져서 금방 부러지는 일이 생기게 된 것이다. 그 외에도 블루베이비증후군이라고 물 속에 질소가 많아서 생긴 병, 하수도에 버린 제초제로 인해서 강 전체가 죽음의 강이 된 이야기도 나오고 있다.

그런데 우리나라의 사례는 없을까? 내가 어렸을 때만 해도 그냥 수돗물을 식수로 쓰는 집이 많았다. 현재는 대부분의 사람들이 사먹거나 정수를 해서 먹고 있다. 그렇게 된 계기가 있다. 1991년 어느 화학공장에서 페놀이 흘러나와 영남 지방의 상수원인 낙동강을 오염시킨 사고가 있었다. 페놀에 오염된 강물이 수돗물에 들어가 악취가 나자 큰 소동이 났다. 1994년에는 더 큰 사고가 터졌는데, 산업폐수가 상수원인 낙동강에 흘러들어 또 수질을 오염시킨 것이다. 강물에서는 독성 물질과 발암 물질인 벤젠과 톨루엔이 검출되었고 심지어 기름띠가 둥둥 떠다니고 있었다. 수돗물은 뿌옇게 흐려졌고, 악취가 코를 찔렀다. 수돗물을 쓸 수 없게 된 사람들은 마실 물을 구하지 못해서 큰 고통을 겪었다.

세 번째 물을 살리는 다양한 해결 방안에는 영국의 템즈강 이야기가 나오는데, 영국의 템즈강은 1800년대부터 산업혁명으로 많은 사람들이 모여 살면서 식수로 쓰고 있었다. 그런데 너무 많은 사람들이 모여 살다 보니까 오염이 심해지기 시작했다. 그래서 1849년에는 오염된 식수를 쓰던 사람들이 콜레라에 걸려서 수천 명이 떼죽음을 당하는 경우가 생겼다. 그러고도 산업의 발달로 오염은 점점 더 심해져서 1949년에는 또 다시 콜레라로 2만 명 이상이 사망한 사건이 발생을 했다. 1952년에는 런던 스모그 사건이 발생하였는데 그때 1만2천 명의 사람이 다시 사망을 했다. 그 참혹한 결과를 본 사람들은 1960년대부터 강력한 환경 정책을 시행했다. 1974년부터는 템즈강이 수질이 좋아져서 현재는 물고기가 살 수 있는 강으로 바뀌었다. 그때 시행을 했던 것이 바로 오염총량제도, 수질개선부담금, 물이용 부담금 등을 통해서 개선을 했다. 그럼에도 불구하고 가장 중요했던 것은 바로 각 가정의 오염물질을 줄이는 노력이었다. 음식물쓰레기를 줄이고 친환경적인 세제와 샴푸를 쓰며, 쓰고 남은 기름 등을 하수구에 버리지 않는 노력 등이 그것이다.

우리나라가 물 부족 국가인 것은 여러 매체에서 하도 이야기를 많이 해서 모르는 사람은 없을 것이다. 그런데 왜 아무도 물이 부족한 것을 모르고 지낼까? 그것은 우리가 물의 양에 대해 착각을 하고 있기 때문이다. 우리나라에 내리는 담수, 즉 쓸 수 있는 물의 양만 가지고서는 우리나라 인구가 다 먹을 만큼의 곡식을 생산할 수 없기 때문이다. 예를 들어 포도 한 알을 생산하는 데 1년에 1L의 물이 필요하다고 했을 때 우리나라 인구 전체가 먹을 수 있는 전체 포도를 한 알씩만 쳐도 사천만 리터가 될 것이다. 그런데 그만큼을 수입하기 때문에 우리는 물이 부족한 줄 모르고 쓸 수가 있는 것이다. 즉, 우리가 사들이는 모든 농산물에는 그만큼의 물을 담아서 수입을 한다고 생각하면 된다. 그래서 과거에 곡식의 양을 계산해서 인구를 줄이기 위해서 산아제한 정책을 추진했던 것이다. 사실 이 내용은 이 책에선 나오는 것이 아니지만 물의 중요성을 알리기 위해서 다시 한 번 정리한 것이다.

그런데 책에선 이렇게 중요한 물을 오염시킨 사례들 위주로 이야기를 전개하고 있다. 영국과 미국, 일본 등등 이미 선진국에선 이런 일들로 많은 사람들이 죽었다. 그리고 현재도 개발도상국이나 후진국에서 환경오염 제품을 만들면서 이런 일들이 다시 벌어지고 있다. 단 우리가 언론을 통해서 들을 수 있는 것은 한계가 있기 때문에 알 수가 없을 뿐이다. 그렇지만 앞으로는 인구가 증가하고 절대적인 물의 양이 줄어들게 된다면 물로 인한 전쟁을 피할 수 없을 것이다. 그리고 물 부족 국가인 우리나라 역시 그 전쟁에서 자유로울 수 없을 것이다. 따라서 물을 확보하고 현재 있는 물을 깨끗하게 쓰는 것은 국가적인 차원을 넘어서 전 지구적인 문제라고 생각이 된다.

이 책에선 될 수 있으면 가장 큰 사례들을 골라서 이야기를 전개했다. 그러다 보니 많이 들어본 예가 나와 있어서 지루한 감도 있을 수 있지만 독자들이 보다 쉽게 접근을 할 수 있는 이야기들이다. 그래서 책을 소개한 후에 물 자체가 왜 부족한지 설명해서 이야기를 보충하였다.

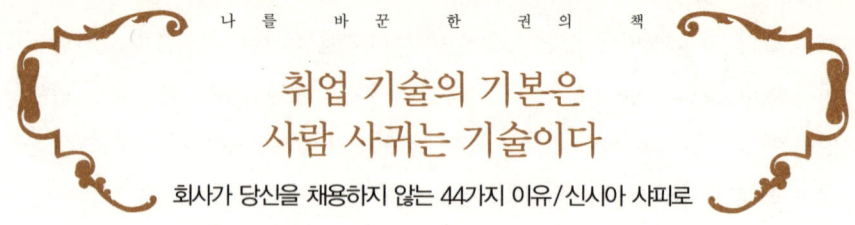

나를 바꾼 한 권의 책
취업 기술의 기본은
사람 사귀는 기술이다
회사가 당신을 채용하지 않는 44가지 이유 / 신시아 샤피로

우물쭈물하다가 환경의 변화에 재빠르게 대응하지 못하면
계획은 계획으로 끝날 수밖에 없다.
- 고바야시 마사히로 -

'회사가 당신에게 알려주지 않는 50가지 비밀'의 신시아 샤피로가 이제 '이직과 취업'의 비밀에 대해서 알려주는 책이다. 우리가 일반적으로 알고 있는 취업할 때 무엇이 필요한지에 대한 생각을 뒤집는 그런 책이다.

그럼 어떤 생각들을 뒤집는지 한 가지씩 설명을 해보면 다음과 같다.
우선 첫 번째 - 채용 과정은 가장 능력이 뛰어난 지원자를 찾는 과정이다. 라고 생각들을 하는데 그렇지 않다.
반대로 누구를 더 빨리 떨어뜨리는가 하는 과정이다. 따라서 마치 먹이를 찾는 육식동물이 사냥감을 고르듯이 그 사람들의 약한 점을 찾아서 공격을 한다. 그래야만 어느 정도 능력이 되는 사람들 중에서 고를 수가 있기 때문이다. 따라서 이력서나 면접에서 약한 점을 찾아서 빨리 채워야지만 가능하다.
두 번째 - 아무도 당신의 실수를 지적하지 않는다.
자신도 모르게 저지른 사소한 실수 때문에 취업에 실패했다면 누군가 지원자에게 그 사실을 지적해 주어야 하지 않을까? 그의 미래를 위해서 어느 정도 암시라도 해주면 좋지 않을까? 라고 생각을 한다. 인사 담당자는 당신의 이력서가 왜 탈락되었는지, 전화 심사에서 회사를 불안하게 한 발언이 무엇인지, 면접에서 어떤 대답을 잘못했는지 이야기해 주지 않는다. 그냥 몇 주 지나서 무미건조한 불합격 통보를 할 뿐이다. 이러는 이유는 사원을 채용할 때 잘못해서 회사 내에 불만만 토로하거나 문제를 일으켜서 해고시킬 때 회사 내에 손실을 입혀서 몇 배의 비용이 들뿐만 아니라 채용 고소라도 하면 큰 손해를 입히기 때문이다.

책에선 이런 면접의 기술이외에도 이력서 작성법이나 면접의 기술 등에 대해서도 상세하게 나온다.

우선 이력서를 작성하기 전에 이력서에 대해서 상식적으로 알아두어야 할 것이 있다. 우선 이력서의 대부분을 다 읽는 면접관은 거의 없다. 그들은 당신의 이력서 말고도 해야 할 일이 산더미처럼 많다. 결국 기억에 남는 이력서 몇 장을 빼고선 다른 것은 모두 다 쓰레기통 신세다. 그래서 나온 이력서의 기술은 다음과 많다.

- 일관성 있게 써라 – 이력서의 서식을 일관성 있게 유지하면 읽거나 훑어보기가 훨씬 쉽다.
- 이력서를 들쑥날쑥하게 만드는 일자리에는 미련을 버려라 – 지원하는 회사와 관계된 당신의 경험을 일목요연하게 묶어보는 것이(굳이 시간의 흐름에 따르지 않아도 된다) 매우 효과적이다.
- 공백기를 주의하라 – 공백기가 있으면 그 공백이 최대한 긍정적으로 보이게 해야 한다. 공백이 불행한 사태였으며 장기 실직의 시기였다고 쓰지 말고, 일부러 공백을 의도했던 것처럼 보이게 만들어야 한다.
- 재직 기간을 주의하라 – 3개월에서 6개월 사이의 짧은 재직 기간이 있으면 이 또한 감점 요인이다. 어쩔 수 없이 짧은 기간 동안만 근무해야 했다면, 반드시 이에 대한 긍정적인 이유를 제시해야 한다.

그럼 면접의 기술에는 어떤 내용들이 있을까?
면접을 볼 때 면접관들이 떨어뜨리려고 일부러 사용하는 몇 가지 방법들이 있다.

1. 면접관이 당신을 살짝 유인하여 스스로 불리한 정보를 털어놓게 만든다.

2. 업무 습관이나 행동을 면접관들이 직접 목격할 수 있도록 면접 자리에서 그런 행동을 유발하는 상황을 만든다.
3. 말보다 몸짓을 더 유심히 관찰한다.
4. 면접관에게 질문하는 것은 위험할 수도 있다.
5. 답변이 자격 조건이나 업무 처리 능력보다도 더 중요하다.

이런 이야기들로 시작해서 3장에서는 면접관들이 가장 자주 쓰는 전략들을 소개하고 면접자에게서 어떤 점을 찾는지 알려주고자 한다.

그리고 보너스 부분이 있는데, 12장 당신을 추천해 줄 지원군을 찾아라 라는 부분이다.

인사 담당자들이 최종 후보자 세 명을 놓고 더 이상 그들에 대한 쓸 만한 정보를 얻을 수 없어 막막해 하는 경우는 매우 흔하다. 이때 당신이 최종 후보자 가운데 한 명으로, 유일하게 당신을 추천해 줄 사람의 리스트를 적어놓았다면 가장 유리한 고지를 차지하게 된다.

추천자는 당신이 지원하는 회사가 찾는 무언가가 당신에게 있다고 말해 줄 수 있는 사람이어야 한다. 당신이 사원으로서, 직장인으로서, 팀의 멤버로서 어떤 사람인가를 이야기해 줄 수 있는 사람이어야 하는데, 다음은 추천인 목록을 작성하는 4단계이다.

1단계 – 이력서에 추천인으로 올리고 싶은 사람들을 한 사람씩 직접 연락하여 추천인으로 써도 될지 양해를 구한다.

2단계 – 추천인들에게 당신이 어떤 회사의 어떤 직책에 지원하는지, 당신의 어떤 장점이 강조되었으면 하는지, 특히 어떤 일이 언급되지 않길 원하는지 구체적으로 밝혀라.

3단계 –그들이 추천인을 필요로 할 경우가 생기면, 반드시 당신이 추천인이 되어주겠다고 직접 약속한다.

4단계–추천인들이 공적인 자격이 아닌 개인적인 자격으로 추천하는 것임을 명확히 밝혀라.

실제로 이력서에 추천인들을 제시하는 것은 매우 중요하다. 신중하게 추천인을 선택하고 그들이 당신을 위해 어떤 이야기를 해주었으면 하는지 분명히 밝혀야 한다. 그저 근무하던 회사 이름을 이력서에 써넣는 것으로 마음을 놓는 것은 기회를 망치는 위험한 일이다. 그들은 전화를 해서 알아볼 수도 있다.

이 책은 미국식이라서 우리나라와는 조금 다른 취업의 단계를 보여주고 있다. 그런데도 이 책을 소개한 이유는 바로 우리나라도 점점 미국식으로 바뀌고 있기 때문이다. 특히 추천서를 서로 교환한다는 것은 굉장히 어려운 일이다. 왜냐하면 우리나라에선 교수님이나 그 업종에 유명한 사람들이나 추천을 할 수 있고 사실상 그 추천을 받아 왔다고 해도 믿을 수 있는 경우가 많지 않기 때문이다. 그래서 사실상 우리나라에서는 어떤 인맥이나 학연, 지연 등을 빼놓고선 취직을 말할 수가 없다. 일단 학연에서 앞서지 않으면 좋은 기업은 들어갈 수도 없고 들어가서도 승진을 할 수가 없다. 내가 아는 동생 하나도 대기업에 들어가서 매일 밤을 새다시피 해서 물건을 만들어 놓으면 다음 프로젝트만 죽어라 쫓아다니다가 승진에서 도태가 되었고 승진해서 팀장이 된다고 해도 얼마 기간 안에 성과를 내지 못하면 책임을 지고 옷을 벗어야 하는 시스템이다 보니 견디지 못하고 나오게 되었다. 일단 거기까지는 너무 나가는 것 같고 이번에는 한국식 취업의 기술에 대해서 이야기를 해드리겠다.

한국식 취업의 기술이라고 하면 아마도 솔깃한 분들이 많을 것이다. 그런데 대단한 것은 아니고 요즘은 많은 학생들도 하는 것이다. 좋은 곳에 취업하길 원하는 분이라면 이것을 생각해야만 한다. 내가 다니는 학교와 내가 갈 수 있는 기업 간의 거리가 얼마나 되는지, 그리고 궁극적으로 내가 어떤 인생을 살면서 돈을 벌고 인생을 즐길 수 있는지 생각을 해 봐야만 한다. 취업에 나선다고 해서 아무데나 가선 안 된다. 취업이란 자신의 인생을 책임져줄 회사를 찾는 것이기 때문이다. 그렇다면 공기업이나 대기업이 가장 안정적이고 좋지만 사실 공기업은 이젠 고시가 되었고 대기업은 들어가기는 힘들지만 나오기는 쉽다. 그럼 어디가 좋으냐 생각을 하면 일단의 원천 기술이나 오랜 시간 동안을 경영을 해온 중소기업을 찾는 것이 좋다. 모든 대기업이 다 좋은 것이 아니듯이 모든 중소기업이 다 나쁜 것은 아니다. 그중에선 분명이 건실하고 전망 있는 회사가 있다. 그래서 대학교를 다니면서 그런 회사를 찾는 것이 중요하다. 그런 회사를 찾았다면 그 회사에 대한 취직을 준비해야만 하는 것이다. 이것은 최소 1년 정도가 걸린다. 그래서 학교를 졸업하기 전에 이미 자신이 갈 곳을 준비해야만 한다.

그럼 회사가 정해졌으면 그 회사에 대해서 면밀하게 분석을 해야만 한다. 대부분의 정보는 그 회사의 웹사이트에 나오기 때문에 그것만 알아도 나중에 면접에 가서 설명만 해도 좋은 플러스 알파가 된다. 그런데 그것만 가지고선 부족하다. 가장 중요한 것은 당장 실전에 배치가 돼서 일을 할 수 있느냐 하는 것이다. 그래서 최소 일 년 정도의 시간이 필요하다고 한 것이다. 중소기업은 대기업처럼 좋은 인재들을 데려다가 알바처럼 부리고 그중에 한 명만 고를 수가 없다. 일하기는 싫지만 억지로 온 친구들을 데리고 월급만 주다가 일할 만하면 나가버리기 때문에 모시고 사는 곳이 많다. 그래서 회사가 정해지면 일 년에 두 번 정도 아르바이트를 할 수 있는 기회가 주어진다.

대부분의 일은 회사가 바쁠 때 비정규직으로 들어가서 노동집약적인 일을 하는 것이 대부분이다. 그런데 거기서 회사의 말단의 일을 배울 수가 있다. 이때 중요한 것은 그런 말단의 일을 바탕으로 회사 내부에 대한 분석을 하는 것이 중요하다. 회사가 아무리 외견이 좋아도 회사에서 일하는 사람들이 내일 당장 회사가 망해도 좋다는 식으로 일하는 회사는 절대로 들어가서는 안 된다. 그래서 꼭 두 개 이상의 회사를 정해보고 일을 하는 것이 좋다. 그리고 그 회사의 매니저급과 친하게 지내는 게 중요하다. 그래서 명함을 받고 나중에 연락을 주고 받는 것이 중요하다.

그리고 졸업할 때 즈음해서 명함에 적힌 전화번호로 연락을 해서 그 회사에 취직을 하고 싶은데 추천을 해줄 수 있냐고 물어보는 것이다. 이때 일을 열심히 했어야지만 추천을 받을 수 있다. 이 경우 이 사람이 다른 곳에 가 있어도 추천을 받는 데는 별로 문제가 없다. 그래서 회사가 공채를 하거나 할 때 면접을 가서도 물어볼 때 자신감 있게 무슨 일을 하는지 어떻게 하는지 안다라고 이야기를 하면 회사는 항상 실무에 필요한 사람을 뽑기 때문에 우선 채용 대상이 된다.

면접을 할 때 중요한 것은 건실한 생활 모습을 보이는 게 가장 중요하다. 우선 시간을 잘 지키고, 외모는 단정하게, 그리고 대답은 최선을 다해서 이야기를 하는 것이다. 너무 긴장하거나 여유가 있으면 안 된다. 그리고 질문에 대해서 최선을 다해서 대답을 하되 모르는 것은 모른다고 이야기를 한다. 단 잘 할 수 있는 것을 이야기하는 답변을 빼 놓아선 안 된다.

그럼 일단의 이론은 접어놓고 실예를 들어보자. 친한 후배하나가 이런저런 경험을 쌓고 취직을 하려고 하는데 회사는 많이 알아놓았는데 한 회사를 정해서 가려고 했다. 그런데 앞에서 말한 것처럼 그 회사에 들어가려고 하면 일단 그 회사에서 일한 경력이 있어야 하는데 마음에 두고 있는 회사는 알바를 뽑지 않아 그럴 기회가 없었다. 게다가 그 회사는 사원의 숫자가 얼마 되지 않아서 대부분 추천으로 사람을 뽑고 공채를 하지 않았다. 그런데 이 회사를 들어갔다. 우선 대학교 다닐 때 그 회사 물건에 대해서 알아보고 다른 나라에서 이런 물건을 소개해 주겠다고 해서 받았던 명함이 있었는데 바로 그 회사의 매니저였다. 게다가 다른 나라에 나가서 이 회사 물건을 소개해서 팔아준 적이 있었기 때문에 그 매니저는 이 친구를 매우 좋아했다. 그래서 매니저의 소개로 일단의 면접을 보게 되었다.

일단 매니저가 소개를 했는데 문제는 그 회사 업무에 대해서 전혀 아는 것이 없어서 어떻게 하면 경영진에 어필을 할 수 있을까 고민을 하던 중 모든 답은 현장에 있다는 생각을 하게 되었다.

그래서 그 회사 물건을 쓰는 곳을 찾아다니면서 그 회사에 대해서 설문지를 받았다. 설문지의 내용은 국내용에는 없어서 외국의 것을 번역을 해서 다니면서 설문을 받는데 일단의 음료수를 들고 다니면서 내가 대학생인데 졸업 리포트를 써야 한다고 하면서 설문지를 받았다.

그리고 면접 당일 설문지를 보여주면서 이렇게 이야기한다. 회사에 대해서 많이 알지 못해서 알기 위해서 설문을 준비했다. 분석한 내용을 보고서로 작성을 했으니 읽어보기 바란다. 라고 이야기를 했다. 일단의 보고서를 내자 자신이 원하는 형태의 질문이 들어왔고 완벽하게 대답한 이 친구는 일주일 뒤에 그 회사에 취업을 하게 되었다.

이렇게 취업이라는 것을 막연히 벽을 밀어서 뚫을 생각을 하지 말고 정확한 포인트와 전략으로 필승의 전략을 생각해 낸다면 분명히 길은 있을 것이다.

나를 바꾼 한 권의 책

상상이 현실이 된다

김밥 파는 CEO / 김승호

> 세상이 자기를 버렸다고 생각하지 마라. 세상은 날 가진 적이 없다.
> 당신은 당신이 생각하는 대로 살아야 한다.
> 그렇지 않으면 당신은 머지않아 사는 대로 생각하게 된다.
> - 폴 발레리 -

　이번에는 '김밥 파는 CEO'라는 책이다. 미국에서 김밥을 팔아서 재벌이 된 아저씨의 이야기다.

　저자에 대해서 먼저 소개를 하면, 20대 중반에 미국으로 건너가서 사업을 여러 차례 시도하다가 망한 적이 있다. 2004년 JFE사를 6억 원에 '인수액 분납조건(OWNER FINANCING)'으로 거의 빈손으로 인수해 현재 시가총액 700억 원대 회사로 키워냈다. 그는 미국 본토의 식품시장을 정면으로 돌파한 최초의 동양인이라는 평가를 받고 있는데, 직원 14명으로 2년 반 만에 연매출 130억 원을 돌파하는 등 미국의 거대 유통체인 크로거를 비롯한 여러 회사에 130여 개 매장을 가동하면서 미국 주류사회에서 성공신화를 일구고 있다.

　그의 성공을 말하기 전에 그가 실패한 이야기를 먼저 하겠다. 저자는 1987년 미국 사회에 진출한다. 20대 중반 무일푼 처지의 그가 선택한 일은 아버지의 식품점 일을 돕는 것이었다. 조금씩 장사에 눈을 뜨면서 자리를 잡아갈 무렵, 하루도 쉬지 않고 일에 매달려야 하는 가족 단위 사업의 한계를 극복하고자 컴퓨터 판매업에 도전하지만 이내 쓴 결과를 맛본다. 뒤이어 증권거래 회사를 차려 주식과 선물옵션에 나서지만 자본력의 한계에 다시 좌절하고, 2000년경 유기농 식품회사를 인수해 착실히 성공의 발판을 이어가던 중, 9·11 테러라는 암초를 만나 또 한 번의 위기를 맞는다. 테러의 여파를 극복하는 듯했던 그의 사업은 8개월여의 매장 앞 도로확장 공사로 파국을 맞고 만다. 그런 그가 다시 장사에 도전하게 된다.

그렇게 실패한 그가 어떻게 성공을 하게 되었을까?
바로 김밥을 만나게 되면서이다. 마트 안에 있는 좁은 매장 속에서 재료비에 비해 높은 이익을 낼 수 있음에도 불구하고 아이디어의 부재로 판매가 안 된다고 생각한 그는 한 번 도전할 생각을 한다. 그리고 크로거라고 불리우는 대형 유통매장 체인에 끊임없이 연락을 한다. 결국 크로거 측에선 그의 끈질긴 연락에 매장 한 군데를 내서 시범적으로 해보라고 한다. 그래서 시작을 하는데 첫 날 매출에 2개 팔고 34개를 버리게 된다. 그는 문제점을 파악하고 즉시 고친다. 사람들 앞에서 김밥을 말아서 시식을 시키는 쇼를 한다. 결국 이런 시식쇼는 히트를 하고 단숨에 매장에서 최고 베스트셀러가 된다. 그 여세를 몰아서 그는 크로거 내부와 그 외 여러 군데서 김밥체인을 하고 있는 JFE라는 회사에 인수를 제의한다. 그 당시 그의 주머니에는 2300달러가 전부였다. 그런데 그때도 매장 하나를 얻어서 매출을 단숨에 올리는 시범을 보여주고는 할부로 400만 달러짜리 회사를 인수한다. 일 년 안에 회사의 금액을 전부 갚겠다는 조건으로 말이다. 그리고 8개월 만에 전부 갚아버린다.

그럼 그의 성공 비결을 무엇이었을까? 많은 성공 비결들과는 동떨어진 이야기가 나온다.

첫 번째 비결 : '모든 거래는 시간이 많은 자가 이기게 되어 있다.'
주식이든 부동산이든 돈이 두 번째 문제이다. 첫 번째 문제는 누가 더 시간의 여유를 가질 수 있느냐이다. 마찬가지로 크로거 식품유통회사에 입점하기 위한 저자의 경험담을 예로 들었는데 미팅 날짜를 잡는 데에만 무려 열 달이 걸렸다는 점이다. 그의 끈질긴 근성에 결국 사업 설명회를 열었고 거대 기업과의 거래에서 성공할 수 있었던 요인은 바로 시간의 여유에 있다는 점이다.

두 번째 비결 : '지금 내가 이룬 모든 것은 상상으로부터 시작됐다.'

저자는 상상이 현실이 된다는 사실을 믿고 있었다. 자신이 좋아했던 여자를 내 여자로 만들겠다고 생각하고 100일 동안 100번씩 외우고 나서 그 여자와 결혼을 했고, 자신이 원하는 땅을 무일푼으로 사고 싶다고 주문을 외워서 사고, 자신이 성공하고 싶은 사업을 키우게 되었다. 이 모든 것의 바탕에는 상상력과 끊임없는 주문이 있었다. 결국 끝까지 꿈꾸지 않는 자는 성공할 수 없다는 이야기를 하고 있다.

세 번째 비결 : '성실한 직원만이 나와 자신을 도울 수 있다.'

책에선 이런 경우가 많이 나온다. 자신이 영어를 잘 못하다 보니 영어를 잘 하는 직원을 구해야 하는데 영어를 잘 하는 한국인은 대부분 게으르다고 한다. 직장을 구하기 쉬우니까. 그런데 저자는 단호하게 영어를 못하더라도 성실한 직원을 고용한다. 그래서 성공을 하게 된다. 한 아줌마를 고용했는데 자신보다 영어를 더 못하는 사람이었다. 그런데 그 아줌마는 회사를 살리는 아이디어를 대부분 제공하게 된다. 그래서 매장을 확장하기에 이르는데 후에 부사장이라는 직책을 주어서 회사의 업무를 대부분 맡기게 된다. 결국 업무 능력보다는 얼마나 자신을 위해서 최선을 다하느냐가 사람 관리의 최선이라고 알려주고 있다.

이 책은 읽으면서 진짜로 이런 것이 가능할까 라는 의문을 여러번 하면서 읽었던 책이다. 내가 알기로는 미국이라는 나라에서 성공을 해서 돈을 버는 것은 거의 불가능에 가깝다는 사실을 알고 있기 때문이다. 뭐 미국이 공산주의 사회도 아닌데 성공하는 게 불가능에 가깝냐?라고 생각하는 분들도 많겠지만, 극도의 자본주의 국가의 경우 마치 공산주의처럼 거대한 회사들이 모든 사업을 독점하고 있다. 예를 들어 작은 동네에 슈퍼나 식당조차 없는 경우가 많다. 다 거대 회사들의 프랜차이즈 그것도 주인이 경영하는 것이 아니라 회사에서 나온 점장들이 운영하는 회사들이 대부분이다. 즉 개인이 회사

설립을 해서 경영을 하려고 해도 일단 장사만 된다면 무조건 돈을 들고 와서 사서는 공중분해해 버리는 게 미국의 스타일이다. 그래서 안철수 씨도 몇 번의 회유에도 불구하고 팔지 않았다고 한다. 그런데 그런 미국에서 자신의 브랜드를 만들어서 성공을 하다니 정말 대단한 사람이 아닐 수 없다.

저자의 실패담 가운데 재미있는 일화가 한 가지 더 있어서 소개하겠다. 저자는 한 번도 남의 밑에서 일할 생각을 해본 적이 없다고 한다. 그래서 더 많은 실패를 했던 것 아닌가 하는 생각도 든다. 왜 그런가 하면 일단 생각 자체도 안 했지만 일단 남의 밑에서 돈을 받아서 생활하다 보면 타성에 젖어서 거기에 만족하고 살게 될 것 같다는 것이다. 죽이 되든 밥이 되든 자신이 밀어붙여서 성공하겠다는 생각을 가지고 있었던 것이다. 참 재미있게도 우리나라의 많은 CEO들도 남의 밑에서 있다가 성공한 사람들보다는 창업주의 경우 자신이 수많은 시행착오를 거듭하면서 회사를 세운 사람들이 많은 것으로 보아 정말로 그런 사람들이 있기는 있는가 보다. 그리고 마지막에 나온 직원에 관한 이야기는 자신이 써본 직원들에 대해서 설명을 해주고 어떤 직원이 되어야지 성공할 수 있는지 설명을 해주고 있다.

나를 바꾼 한 권의 책

위기와 고통은
내 안에서 시작된다

꿈꾸는 토르소맨 / KBS 스페셜 제작팀

비관주의자가 별들의 비밀을 알아낸 적이 있던가.
무인도를 향해 배 저어 간 적이 있던가.
인간 정신의 새 출구를 열었던 적이 있던가.
– 헬렌 켈러 –

이번에는 '꿈꾸는 토르소맨'이라는 책이다.

2008년 봄, 유튜브에 놀라운 동영상이 한 개 떴다. 사람들은 합성이냐 아니냐를 놓고 격론을 벌였다. 그 내용은 팔다리가 없는 장애 소년이 일반 비장애 선수들과 동등한 경기를 치러 멋진 승부를 보여 준 것이다. 소년의 이름은 더스틴 카터. 오하이오 주 힐스보로 고등학교 3학년이었다. 더스틴은 3학년 한 해 동안 42승 4패라는 놀라운 전적을 이루었다. 그는 아쉽게 오하이오 주의 대표선수는 되지 못했지만 전 관중과 심판, 선수들의 기립박수를 받았다. 미국에서만도 NBC, ABC, Fox TV, 뉴욕타임스 등의 언론이 더스틴을 취재했고, 우리나라의 방송도 더스틴의 일상을 밀착취재해 책이 나오게 되었다.

더스틴 카터는 다섯 살 이전만 해도 누구보다 건강하게 뛰어노는 천진한 꼬마였다. 그러던 그가 갑작스럽게 혈류에 바이러스 감염이 되었고, 그로 인해 괴사되어 가는 팔다리를 잘라내야 했다. 하지만 더스틴의 부모는 아들의 목숨을 살린 것만으로도 감사하다고 했다. 그리고 더스틴이 스스로 모든 일상을 영위할 수 있기를 바랐다. 더스틴은 2년의 시간이 걸려 혼자 밥을 먹게 되었고, 화장실도 가게 되었다. 그리고 의족과 의수를 거부하고 더스틴만의 '신체 사용설명서'를 하나씩 완성해 나갔다고 한다. 하지만 더스틴도 사춘기를 맞는데, 학교에 적응을 못했으며, 성적은 엉망이었다. 친구도 없이 감자

칩이나 먹으며 텔레비전 앞에 앉아 있는 것으로 대부분의 시간을 보냈다.

그런 그가 우연히 형을 따라갔다가 레슬링에 빠져들었다. 그리고 레슬러가 되겠다는 꿈을 갖게 된다. 레슬링을 하고부터 더스틴은 변화되어 갔다. 짧은 팔로 덤벨과 바벨을 수십 번씩 들어 올리고, 수영으로 체력을 단련했다. 특별히 고안된 기구로 엉덩이 힘과 팔 힘을 길렀고, 방어형 선수가 아닌 공격형 선수가 되기 위해 짧은 팔다리를 이용한 기술들을 고안해 냈다. 그래서 비장애인들과 대등한 경기를 펼치게 되었고, 절친한 친구들도 많이 사귀고, 학교 성적도 향상되었으며, 고등학교도 무사히 졸업하여 대학까지 갈 수 있었다.

일본의 오체불만족의 저자인 오토다케와 비슷한 것 같은데, 팔다리가 없는 것은 비슷하지만 오토다케의 경우 선천적으로 팔다리가 짧은 장애를 가지고 태어났기 때문에 자신은 별로 팔다리가 없는 몸통 쓰는 것의 문제점을 알지 못했다고 한다. 그리고 어렸을 때 아이들하고 싸울 수 있을 정도로 자신의 몸을 가눌 수가 있었던 것이다. 하지만 더스틴의 경우에는 조금 다른 것이 팔다리를 사용하다가 병으로 인해서 절단한 것이기 때문에 더 힘들었다고 한다. 그리고 오토다케의 경우에는 직접 운동 선수들하고 부딪치는 것이 아니라 코치로서 조언을 해주는 정도였지만, 더스틴의 경우 실제로 건장한 선수들과 레슬링을 펼침으로써 장애인도 노력만 하면 비장애인과 별로 다를 바가 없다는 것을 몸소 보여준 케이스라고 할 수 있다.

사실 나도 책을 보기 전에 TV에서 이 프로그램을 보았다. 운동 하는 모습을 보니까 정말 놀라웠다. 특히 비장애인들과의 레슬링경기는 직접 보지 못하면 믿지 못했을 것이다. 그런데 더 놀라운 것은 그의 정신이 너무 강인해서 다른 친구들이 그를 존경한다는 사실이었다. 많은 사람들이 힘들어 하는데 진정한 위기와 고통은 외부에서 오는 것이 아니라 포기하는 내 자신으로부터 온다는 사실을 깨닫게 해주는 사람이었던 것이다.

나를 바꾼 한 권의 책

누군가를 위해 등불을 밝히면 나도 밝혀주게 된다

시골의사의 아름다운 동행 / 박경철

> 인생을 다시 한 번 살아봤으면 하고 바랄 때가 있다.
> 그럴 수만 있다면, 내가 다른 사람들에게 보여줄 수 있는 친절,
> 다른 사람들에게 해줄 수 있는 좋은 일들을, 나는 지금 당장에 보여주고 해줄 것이다.
> 미루거나 소홀히 하지 않을 것이다. 다시는 그 길을 걸을 수 없을 것이므로.
> – 윌리엄 펜 –

이번에는 '시골의사의 아름다운 동행'이라는 책이다.

이 책은 주식저널리스트로 유명한 박경철 씨가 자신이 의사생활을 하면서 겪었던 에피소드를 들려주는데, 의사란 직업이 얼마나 어렵고 힘든지 또 어려운 상황을 만나게 되는지 이야기를 해주는 책이다. 책에선 충격적인 사건 사고서부터 너무 힘들었던 레지던트 1년차에 병원에서 도망간 에피소드, 그리고 희망을 안고 살아가는 사람들을 보면서 의사로서 보람을 느끼는 이야기까지 많은 이야기들이 나오고 있다.

박경철 씨는 외과의사 중에서도 흉부외과의다. 그래서 응급실에서 죽음 직전의 환자들을 많이 만나게 되는데, 이런 이야기들이 나온다. 시골에서 농사를 짓고 사는 모자가 있었는데 아들이 제초제를 마시고 자살을 기도했다. 그런데 제초제의 성분은 도저히 살릴 수가 없다는 것을 알고 어머니한테 알리니까 어머니는 그냥 집에 가서 죽게 우리를 놔두라고 하면서 입원을 거부하고 집으로 돌아간다. 그 돌아가는 길이 하도 안 되서 차비라도 하시라고 7천원을 드렸는데도 그냥 걸어서 1km를 걸어서 버스를 타고 집으로 돌아가는 이야기도 나오고, 청송보호 감호소에 있는 중죄인이 자신의 가슴을 칼로 그어서 출혈이 심해서 병원으로 후송되어 왔는데 출혈 부위가 너무나도 커서 양쪽에서 꿰매야만 하는데 정확하게 맞추지 않으면 나중에 문제가 생길 수

있었다. 그런데 가슴에 용문신이 있어서 쉽게 봉합수술을 했다는 이야기도 나온다. 그 외에도 차마 말할 수 없을 정도로 충격적으로 죽어가는 사람들의 이야기가 나오는데 의사로서 그들을 구하지 못한 좌절에 대한 이야기들도 많이 나온다.

병원에서 가장 힘든 시기가 레지던트 1년차라고 한다. 응급실에 들어오는 중환자들에 대해 기초적인 치료를 하고 나서 다른 전문의를 부르는 게 일이다 보니 일단 대기를 해야만 한다. 그리고 당시 병원에서 간이식수술을 위해서 개를 가지고 연습을 하는데 그 개를 담당하게 되어서 잠도 못 자고 끌려 다니던 어느 날 갑자기 정신이 있는 상태로 쓰러진다. 몸이 한계에 다다른 것이다. 그래서 몰래 잠깐 빠져나와서 자장면을 시켜서 먹었다. 그런데 갑자기 사방에서 삐삐가 울리고 전화가 오고 방송이 나오면서 자신을 찾는 게 아닌가? 알고 보니 자신이 자장면을 든 채로 쓰러져서 잠들었던 것이다. 그리고 얼마 있다 깨어나서는 그 엎어진 자장면을 먹으면서 이렇게 있다간 죽겠다는 생각에 병원을 탈출한다. 그런데 다행히 병원에서도 너무 심했다고 생각을 했는지 잘 달래서 돌아왔다는 에피소드가 있다.

한 여성이 교통사고로 들어왔다. 다리 부분이 뭉개져서 도저히 살릴 수가 없었다. 그런데 마침 보호자도 없는 상황이라 어떻게 할 수가 없어서 그 병원에 의사들의 연대서명을 받고 절단 수술을 했다. 그리고 거의 살 가망이 없었던 그 여성이 살았다. 그렇지만 걱정을 했다. 혹시 보호자들이 고소를 하지 않을까 하고 말이다. 그런데 보호자들은 살려줘서 고맙다고 하고 애인 역시 고맙다고 했다. 그러나 당사자는 절망하고 우울증에 걸리고 말았다. 그리고 시간이 점점 흐르고 나서 애인의 모습이 보이지 않는 것을 보면서 미안한 마음을 가지게 되었다고 한다. 그런데 어느 날인가 병원에 와서 진료를 받는데 미니스커트를 입고 왔다고 한다. 그래서 자신감을 되찾은 것을 보면서 역시 인생은 현실의 문제가 아니라 관점의 문제로구나 라는 생각을 했다.

처음에 이 책을 그냥 의사들의 에피소드 정도로만 생각하고 읽었다. 그런데 이 책의 내용은 전쟁터 응급실 상황 같았다. 그래서 의사라는 직업에 대해서 다시 한 번 생각을 하게 되었다. 책에 이런 말이 나온다.
'의사란 직업은 일반인의 수십 수백 배의 희노애락을 짊어져야 한다. 그럼에도 자신만의 감성을 유지한다는 것이 정말로 힘들다.'
이 책을 많은 분들이 읽어보면 좋겠지만 누구보다도 의사란 직업을 동경하고 있는 학생들과 그 부모님들이 꼭 한번 읽어보기 바란다.

사실 이 책을 소개하기 전에 황금어장을 보고 나서 이 책을 소개할 생각을 하게 되었다. 그런데 책을 읽어보니 도대체 어느 정도까지 소개를 해야 할까 할 정도로 잔인한 이야기들이 많이 나왔다. 물론 재미있는 이야기들도 많았지만 재미있는 이야기들보다는 상상만 해도 끔찍한 일들이 써 있는데 보면서 이렇게까지 힘든 직업을 선택해야 하나 라는 생각이 들 정도로 의사란 직업에 대한 생각이 바뀌게 되었다.

그중에 한 가지가 치매에 걸린 노모와 같이 사는 부부의 이야기였는데, 이 부부는 맞벌이를 하지 않으면 안 되어서 아이를 치매에 걸린 노모에게 맡기고 나가는 게 보통이었다. 그런데 이 노인이 낮에는 멀쩡해서 아이를 잘 봐주는데 밤에는 이상한 소리를 자꾸 해서 그만 묶어놓고 잠을 갔다고 한다. 그리고 여느 날처럼 나가서 일을 하고 돌아왔는데 노인네가 곰탕을 해서 주는 게 아닌가? 그래서 고기를 이렇게 사온 적이 없는데 곰탕을 끓였어요? 라고 묻는 순간 아들은 부엌으로 뛰어갔다. 거기에는 아기가 솥에서 끓어져서 형체를 알아볼 수 없게 되었다고 한다. 그래서 그 아이의 시체를 들고 응급실로 뛰어 왔는데 담당간호사가 어찌할 줄을 모르고 계속 울면서 의사를 찾았는데 저자도 순간 얼어서 어떻게 해야 할지를 모르고 있었던 이야기가 나온다. 이 이야기는 사실 방송에서 너무 잔인할 것 같아서 소개를 못했던 에피소드인데 머릿속에서 떠나지 않는 이야기이기도 하다. 그리고 끝에 이런 말을 남기고 있다.

'왜 가난하고 힘든 사람들은 더 비참한 일들이 생기는지 모르겠다.'

이런 잔인한 이야기만 나오는 것이 아니라 자신이 선택한 흉부외과와 거기서 돈을 벌어서 독립을 하겠다는 부분의 이야기도 많이 나온다. 혼자서 병원을 열었는데 돈을 갚기가 막막하니까 그야말로 24시간 내내 환자를 돌본 것이다. 그러다 보니 무리를 해서 몸이 망가졌던 일 또는 돈이 없는 사람들이 더 많이 아프니까 도와주려고 왕진을 가서 도와주었던 일 등등 일일이 다 말할 수 없는 이야기들이 나온다. 그런데 거기서도 역시 가난하고 힘든 사람들만 왜 그렇게 아픈지 세상이 진짜로 공평한 것인지 등에 대한 철학적인 이야기들도 많이 나온다. 그리고 정말로 이럴까 싶어서 아는 의사선생님 한 분께 물어보았는데 일단 의사들은 수련의 과정을 거치는데 이런 아수라장을 거치지 않으면 될 수가 없다고 이야기를 하였다. 결국 자신이 본 것을 잊어버리고 노력했던 시간이 있었다는 말까지 들을 수 있었다.

책을 소개하면서 새로운 세계에 대해서 들여다본 것 같다. 세상의 진실이라는 것이 항상 이렇게 아프고 쓰리다는 사실을 보면서 어떻게 살아야겠다는 마음을 다시 한 번 가지게 했던 책이다. 못 읽어본 분들은 꼭 한 번 읽어보고 자신의 생각을 다듬는 계기가 되었으면 좋겠다.

나를 바꾼 한 권의 책

어리석음과 현명함은 눈으로 오는 것이 아니다

낭군 같은 남자들은 조금도 부럽지 않다 / 장재화

모든 것은 마음가짐에 따라 이루어진다.
사악한 마음으로 말을 하거나 행동을 한다면 괴로움이 그 사람을 따라다닌다.
반대로 깨끗한 마음으로 말을 하거나 행동을 한다면 행복과 보람이 그 사람을 따라다닐 것이다.
— 법구경 —

　이번에는 고전소설인 박씨전을 현대적으로 풀이한 '낭군 같은 남자들은 조금도 부럽지 않다' 라는 책을 소개하겠다.
　아마 박씨전들은 한 번씩 들어 본 적이 있을 것이다. 원전으로 길게 해설이 되어 있는 책은 별로 없는 것 같다. 이 책은 박씨전을 청소년을 위해서 만들어진 책으로, 많은 삽화들로 채워져 있으며, 중간중간 대화에 나오는 어려운 말들을 설명을 해줌으로써 재미있게 읽을 수 있도록 되어 있다.

　내용을 간단하게 소개하면 영의정 이득춘이라는 사람이 있었다. 그는 글과 그림, 바둑에 능통하였는데 어느 날 박처사라는 사람을 만나게 된다. 박처사는 산에 사는 도인 같은 사람이었는데 그 재주가 뛰어나서 이득춘의 마음을 사로잡는다. 그런데 박처사는 자신에게 박복한 딸이 있다면서 이득춘의 아들인 시백과 결혼을 시키면 어떻겠냐고 말을 한다. 이득춘은 승낙을 하고 아들 시백은 장가를 가기 위해서 박처사의 집을 찾아가게 된다. 그런데 박처사의 집은 산골 어디에 있는지 찾지를 못하고 헤매다가 돌아가려는 순간 박처사가 나타나서 자신의 집으로 안내를 한다. 그리고 시백과 박처사의 딸은 혼인을 하고 첫날밤을 맞이하게 되는데 이시백은 기절을 하게 된다.
　아내 될 사람이 너무나도 못생긴데다가 몸에 병이 있어서 같이 있을 수가 없었기 때문이다. 시백은 아버지의 결정을 두고두고 미워했고 박처사의 딸이 시댁에 왔을 때 시어머니를 비롯한 친척들이 모두 새며느리를 싫어했다. 심지어는 그 집의 하인들도 주인으로 따르려 하지 않았다. 남편 시백은 아내가 보기 싫어서 아예 바깥에서 잠을 자고 왔으며, 시어머니는 쫓아버리려고 밥도 조금만 주었다. 그런데 아버지 이득춘은 며느리에게 그러면 벌을 받는다면서 아들과 아내를 설득을 한다. 그럼에도 불구하고 나아지지 않자 결국 별당을 내어서 며느리를 그곳으로 보낸다. 박처사의 딸은 남편에게 급제를 하면 첩을 둘 수 있게 해줄 테니 열심히 글공부를 하라고 한다.

시백은 급제를 하게 되는데 박씨는 급제한 시백을 보고선 둔갑술을 써서 아름다운 모습으로 변한다. 여태껏 구박만 하고 같이 잠자리에 들지 않던 시백은 말도 못하고 미안해서 어찌할 바를 모르게 된다. 박씨가 모든 것을 용서할 테니 이것만은 알아두라고 말을 한다. "조강지처는 내치는 것이 아니라고 했는데, 자신의 마음만 가지고 처를 내치는 당신을 보고선 안 된다는 생각을 하니 낭군 같은 남자들은 조금도 부럽지 않다."라고 말을 한다. 여기서 제목이 나왔다.

남편 시백은 출세를 하여 조정에 중용이 된다. 그리고 명나라에도 파견을 가서 공을 세운다. 그런데 세력이 커진 후금이 쳐들어오기 전에 박씨를 죽이기 위해서 첩자를 보내는데 박씨는 이 첩자를 쫓아버린다. 그리고 전쟁이 터지기 전에 동해로 쳐들어올 것을 알고 조정에 알리지만 김자점이라는 영의정의 반대로 무산이 되고 만다. 결국 전쟁이 터지고 왕은 남한산성으로 피난을 떠났지만 결국 항복을 하게 된다. 그 과정에서 적장 용골대의 동생 피골대가 박씨의 처소에 쳐들어갔다가 죽임을 당한다. 결국 용골대는 왕의 충고를 무시하고 박씨를 공격한다. 박씨는 도술을 부려서 용골대를 물리치고 세손이나 다른 사람들은 데리고 가도 어쩔 수 없지만 중전만은 데리고 가지 말라고 경고 한다. 용골대는 인질들을 데리고 귀환을 하다가 임경업을 만나서 대패하게 되고, 왕은 지난날을 반성하며 박씨를 절충부인으로 봉한다.

어려서 읽었을 때는 그냥 재미있는 이야기다 생각을 하면서 읽었는데 다시 읽으니까 결국 무능한 조선의 남성들을 비판한 글이었다는 생각이 든다. 더 나아가 현재도 무능한 남자들 때문에 힘들게 사는 여자들이 있는데 현대 사회에서도 무능하면서도 자신의 기득권만을 주장하는 남성들의 오만함을 꼬집은 수작인 것 같다.

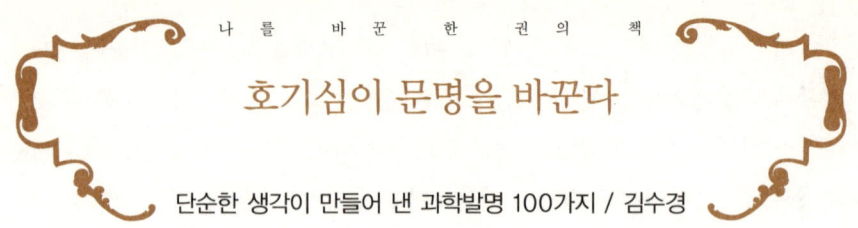

나를 바꾼 한 권의 책

호기심이 문명을 바꾼다

단순한 생각이 만들어 낸 과학발명 100가지 / 김수경

호기심은 활발한 지식인이 죽을 때까지도 변함없이 갖는 성격적 특성 중의 하나이다.
- 사무엘 존슨 -

이 책은 인류의 역사를 바꾼 발명품들부터 현재 발명되어서 사용이 되고 있는 제품에 이르기까지 소개하고 있다. 크게 필요에 의해 발명된 것, 실수에 의해 발명된 것, 최근에 발명된 제품들이 가나다 순으로 소개되어 있다.

우선 필요에 의해서 만들어진 발명품들부터 보자.
요즘 건물을 지을 때 필요한 철근 콘크리트는 원래 화분을 단단하게 만들려는 한 모니에라는 남자의 아이디어에서 시작이 되었다. 화초를 옮기다보니 꼭 화분이 깨져서 화분에 뼈를 넣으면 단단해지겠지 라고 생각을 하고 철사로 골격을 만들고 시멘트로 만들다 보니 깨지지 않는 화분을 만들었는데 이것이 건축의 기초가 되어서 100층이 넘는 건물을 만들 수 있게 되었다.

지우개 달린 연필은 원래 가난한 하이만이라는 사람이 초상화를 그려서 생계를 유지하다가 책상에서 떨어진 지우개를 줍기가 너무 귀찮았는데 어느 날 아무 생각 없이 연필 뒤를 지우개에 꽂았다가 아이디어를 얻어서 지우개 달린 연필을 개발하게 되었다. 결국 특허를 내서 백만장자가 된 것이다.

실수로 발명한 발명품들이 있다.
첫 번째 실수로 발명한 발명품은 청바지이다. 청바지는 질기고 파란 천으로 되어 있다. 원래 청바지의 천은 텐트를 만드는 천이었다고 한다. 스트라우스라는 사람은 텐트를 만들어 파는 사람이었다. 어느 날 군대에서 대규모 납품이 들어왔는데 그만 염색을 잘못해서 파란색이 되어서 납품을 못하게 되었다. 결국 남는 천을 버릴까 생각하다가 광산에서 일하는 사람들이 바지가 항상 잘 터진다는 생각을 하고선 바지를 만들어서 팔게 되었는데 그것이 지금의 청바지의 시초라고 한다.

두 번째 실수 발명품은 물에 뜨는 비누이다. 원래 비누는 물에 가라앉는데 비누를 만드는 공장에서 일하는 사람이 그만 졸다가 너무 끓여서 거품이 넘쳐버렸다고 한다. 그런데 거품이 너무 아깝다고 생각한 공장직원이 그 거품을 모아서 비누를 만들었다. 그 결과 물 위에 뜨는 비누가 탄생한다. 사람들은 물 속에 들어가서 찾을 수 없는 비누보다 이 비누를 선호하게 되었다고 한다.

세 번째 실수 발명품은 포스트잇이다. 포스트잇은 원래 강력접착제를 만들 목적으로 풀을 만들다가 실패해서 탄생하게 되었는데 원래 본드나 풀은 강력하게 부착이 된 다음 금방 말라야 하는데 실패한 접착제는 강력하게 부착도 안 되고 그렇다고 빨리 마르지도 않아서 이것도 저것도 아닌 제품이었다. 그렇다면 생각을 바꿔서 붙이는 메모지로 만들어 보자는 실버와 아트플라이라는 사람이 연구를 해서 현재의 포스트잇이 만들어지게 되었다.

그 외에도 첨단 발명품에 대해서도 나오고 있는데, 눈동자를 인식해서 돈을 지급하는 눈동자 인식 현금 인출기, 로봇 팔이 달려서 계단을 올라갈 수 있는 휠체어, 음식성분 자동 분석기라는 것도 있다. 이것은 음식에 일정한 적외선을 쏘아서 독이나 주인이 먹어서는 안 되는 음식을 분석해서 내놓는 것이라고 한다. 예를 들어 땅콩 알레르기가 있는 사람에게는 땅콩을, 당뇨병이 있는 사람에게는 설탕을 먹지 말라고 한다. 마지막으로 우리나라 발명품 중에는 예초기가 있다. 원래 우리나라에는 서양식 제초기가 맞지 않는 게 서양은 넓은 정원을 깎기 위해 발명된 것이라서 벌초를 할 때 적합하지가 않다. 그런데 이것을 우리나라 사정에 맞게 개발한 것이다.

나를 바꾼 한 권의 책

생각은
멈추지 않는 샘물이다

생각의 눈을 떠봐 발명품이 보여 / 아이사랑

나는 특별한 재능이 있는 것이 아니고, 단지 굉장히 호기심이 많다.
- 알베르트 아인슈타인 -

　매년 5월 19일이 발명의 날이다. 이 책에선 동서고금을 막론하고 발명으로 유명해진 사람들이 왜 그런 발명품을 만들게 되었는지 설명을 해주고 그 뒤의 삶까지 이야기를 해주는 책이다.

　지금으로부터 30년 전 일본에는 전사지라는 종이를 재단하는 곳이 있었는데, 이곳에서는 소비자에게 맞게 종이를 자르는 일을 하고 있었다. 그런데 하루에 자르는 종이의 양이 너무 엄청나게 많아서 일반적인 면도칼로는 얼마 자르지 못해서 날이 나가기 일쑤였다. 그러다 보니 종이가 잘못 잘리는 경우도 엄청나게 많았다. 그곳에서 일하는 오모라는 사람은 하루는 사장한테 끌려가서 엄청나게 혼이 났다. 칼을 너무 많이 쓴다고 말이다. 그래서 나보고 어쩌라고 하면서 편지를 부치려고 우체국에 갔다. 거기서 우표를 붙이다가 갑자기 번개 같은 생각이 들었다. 그것은 바로 우표처럼 잘 떨어지는 칼을 만들면 어떨까 하는 생각이었다. 그래서 공장으로 돌아오자마자 우선 칼에다 줄로 금을 그었다. 그리고 칼을 쓴 다음 잘라 보았다. 그러니까 다음번 날도 처음 것처럼 잘 드는 것 아닌가? 그래서 칼의 이름을 커터라고 붙이고 팔게 되었다.

　십자나사못에 관한 이야기가 재미있는데, 미국의 허름한 전파상에 견습생으로 필립이라는 아이가 왔다. 집안 사정이 좋지 못해서 중학교 2학년까지만 다니다가 일을 구하러 온 것이다. 사장은 아이를 귀여워했지만 기술자는 필립을 좋아하지 않았다. 자신의 기술을 훔쳐갈까 봐 그래서였던 것이다. 그리고 1년이 지난 후에 기술자는 다른 곳으로 갔다. 그리고 그 자리에 필립이 새로운 기술자로 자리를 잡게 되었다. 그런데 자신의 기술을 조금 더 향상시키고자 열심히 연구를 하게 되는데 어느 날은 헌 라디오 한 대를 받게 되었다. 그런데 그 라디오에는 나사못이 있었는데 나사못이 지금 같은 것들이 아니라 6각형의 나사못이었다. 그런데 다 마모가 되어서 도저히 풀 수가 없자, 나사에 홈을 팔 생각을 한다. 그래서 십자형 홈까지 파서 자신만의 십자나사못과 일자나사못을 만들게 된다. 필립은 이를 바탕으로 나사못과 드라이버를 미국 전역에 판매하게 되었는데 그것이 대히트를 해서 현재의 필립스라는 회사가 된다. 작은 아이디어가 거대한 회사로 커진 케이스이다.

발명에 관한 로맨틱한 이야기도 있다. 한트라는 손재주 많은 젊은이가 있었다. 그는 한 여인을 사랑했다. 그런데 그녀의 아버지는 한트가 가난하다고 결혼은 절대로 안 된다고 이야기를 했다. 그래서 한트는 그녀의 아버지를 찾아가서는 내가 어떻게 해야지 결혼을 할 수 있느냐고 물었다.

그러자 천 달러를 가지고 오면 결혼을 허락하겠다고 한다. 그런데 한트는 무일푼이어서 이렇게 대답한다. 아직까지 그런 큰돈이 필요한 적이 없어서 안 번 것 뿐인데 앞으로 벌어서 갖다 드리겠습니다 라고 말을 한다. 그런데 당시의 천 달러는 집 한 채 가격에 맞먹는 엄청난 돈이었다. 한트는 애인에게 이런 말을 했다. 그러자 그녀가 한트를 뒤에서 안아 주었다. 그때 한트는 깜짝 놀랐다. 그녀가 안아줄 때 그녀의 옷핀에 찔렸기 때문이다. 여기서 힌트를 얻은 한트는 옷핀을 만들어서 천 달러에 살 사람을 찾으러 다닌다. 그러나 사는 사람은 없었다. 그런데 어느 날 한 신사가 찾아오더니 그냥 천 달러를 주고선 한트의 옷핀과 아이디어를 사간다. 그리고 그는 억만장자가 되었다. 그 사실을 안 장인은 왜 특허를 내서 자네가 부자가 되지 않았느냐고 물었다. 그러자 한트는, 나는 이미 아내를 얻었기에 부자가 되었다. 나에게는 그 돈보다 아내가 더 소중하다. 라고 이야기를 했다.

이번에는 종이컵의 발명에 대해서 소개하겠다. 우리가 생각하기에 자판기보다는 종이컵이 먼저 발명되었을 것 같지만 사실은 자판기가 먼저 발명이 되었다. 그래서 자판기 안에는 사기로 된 컵에 물이나 음료를 넣어서 먹을 수 있게 되어 있었다. 그런데 자판기 안에 사기컵을 넣었으니 오죽 잘 깨지겠는가. 그래서 자판기업자가 사업을 접으려고 하는데 동생이 찾아와서는 희한한 제안을 한 가지 한다. 그것은 바로 종이로 컵을 만들면 되지 않느냐는 것이었다. 당시에는 종이는 물에 젖으면 못쓰는 것이라고 생각을 해서 말도 안 된다고 했다. 그런데 조금 더 생각해 보니 물에 젖지 않은 종이를 어디선가 본 것 같은 생각이 드는 것이다. 그래서 물에 젖지 않은 종이를 찾아낸다. 그리고 이제 자판기에 넣어서 성공을 하는가 싶었는데 이번에는 자판기사업 자체가 잘 안 되어서 문을 닫게 된 것이 아닌가? 그래서 이 종이컵 특허를 누군가에게 팔고 돈이나 벌자 라고 생각을 했는데 회사들이 이 종이컵을 가지고 여러 가지 물건을 담을 수 있는 용기를 제작하게 되었다. 그래서 지금은 플라스틱이나 비닐로 포장하는 햄, 소시지, 음료수, 우유 등을 넣는 용기를 만들게 되었다. 무엇보다도 종이컵의 발명은 양면을 가지고 있었는데, 그것은 전염병을 차단하는 데 기여를 했지만 환경 파괴의 주범이 되었다는 사실이다.

이 책은 나에게 실수한 에피소드가 있는 책이다. 내가 세 개의 방송국에서 소개를 할 때마다 다른 책을 소개할 수가 없어서 돌려 막기 식으로 예전에 소개했던 책을 다른 방송국에 가서 소개를 했었다. 그런데 이 책의 반응이 너무 좋아서 원고를 수정하지 않고 다른 방송국에 소개를 했다. 대신에 책의 내용 중에 다른 내용을 방송 중에 넣어서 해야겠다 라고 생각하고 준비를 했는데 그만 그 방송이 새벽에 있는 방송이라 늦잠을 잤다. 그래서 방송국에 가지 못하고 전화로 소개를 하게 됐는데 전화로 소개를 하게 되면 중간에 다른 애드립이나 추가 내용을 넣을 수가 없다. 왜냐하면 MC하고 사전에 연습이 되어 있어야만 가능했기 때문이다. 그래서 그 내용 그대로 방송을 했는데 작가한테서 전화가 왔다. 재방송 아니냐고 말이다. 그래서 한 달 전에 다른 방송에서 한 적이 있다 라고 하자 다음에는 이런 일이 없었으면 좋겠다는 것이다. 방송의 힘이 얼마나 큰지 다시 한 번 깨닫게 되었다. 그 뒤로는 같은 책을 소개하더라도 꼭 다른 에피소드와 내용들로 채워서 소개를 했다.

이 책은 그만큼 재미있는 발명의 이야기들로 가득 차 있다. 단순히 발명에 이야기의 초점을 두고 있는 것이 아니라 그 발명을 왜 하게 되었는지를 설명해 가는 과정 자체가 재미있다고 할까? 특히 옷핀을 발명한 한트라는 사람의 이야기는 사랑이야기와 더불어서 인생을 변화시킨 한 젊은이의 이야기이기 때문에 더욱 흥미롭게 전개된다. 이런 이야기는 조금 더 살을 붙여서 영화로 만들어도 흥행이 될 것 같다는 생각이 든다. 그리고 책 중에서 가장 성공한 사람은 바로 필립스이다. 우리가 이미 알고 있는 전자제품의 필립스는 사실 자신들이 만드는 제품은 거의 없고 대부분 남들이 만든 물건에 자신들의 상호만을 붙여서 비싸게 만드는 재주를 가지고 있다.

재미있는 에피소드 한 가지 더 소개하면 일본에서 강아지 봉제공장을 하는 사람의 이야기가 있다. 일본의 경제 발전 때 수많은 봉제공장이 생기면서 가격이 떨어져서 한 공장의 사장은 망하게 되었다. 그래서 집에 돌아와서는 아이들이 데리고 노는 강아지를 보게 되었다. 자신이 만드는 강아지인형과 비교해 보았더니 거의 흡사했다. 만약 움직이지 않는다면 구분을 못할 정도로 말이다. 그런데 아무리 봐도 실제 강아지가 더 예뻐 보였다. 그 이유를 찾기 위해서 아주 철저하게 강아지를 분석했는데 딱 한 가지가 달랐다. 그것은 바로 혀였다. 실제 강아지는 혓바닥을 내밀어서 살아 있는 모습을 보여주는 것이었다. 그래서 자신의 강아지 인형에게 바로 혓바닥을 붙이기 시작했다. 그래서 특허를 내고 일본에서 제일가는 강아지 생산업체가 되었다고 한다. 이처럼 발명이라는 것은 대단한 것보다는 쉽고 간단한 데 있다.

나를 바꾼 한 권의 책

가보지 않은 인생길이
나를 풍부하게 해준다
한국의 아름다움을 찾아떠난 여행 / 배용준

여행이란 우리가 사는 장소를 바꾸어 주는 것이 아니라
우리의 생각과 편견을 바꾸어 주는 것이다.
- 아나톨 프랑스 -

   이번에는 한류의 중심이라고 할 수 있는 배용준의 '한국의 아름다움을 찾아떠난 여행'이라는 책을 소개하겠다.
   이 책은 한국의 아름다움을 알리고자 한 배용준 씨가 전국에 여행을 다니면서 13곳의 명승지와 12명의 장인을 만나면서 그곳을 소개하고 체험한 이야기를 직접 사진을 찍고 자신이 글을 써서 만든 책이다. 책에선 배우 배용준이 아닌 개인 배용준이 한국의 아름다움을 직접 보고 겪으면서 느낀 느낌들이 생생하게 표현이 되어 있으며, 책에 있는 사진들은 마치 다큐멘터리에 나오는 사진과 같은 느낌을 받는다.
   사실 연예인들이 맛집을 소개하는 책이나 여행기는 많이 나와 있다. 그런데 그런 책들의 대부분은 자신을 홍보하기 위한 것이다. 그런데 이 책의 시작은 재미있게도 일본의 기자 회견장에서 시작되었다. 한 기자의 "추천해 주고 싶은 한국의 여행지나 명소가 있는가?"라는 질문에 배용준은 선뜻 답을 하지 못했고 우리 문화에 대해 많이 알지 못하는 사실이 부끄러웠다고 한다. 그것이 짐이 되어 1년여의 힘든 작업 시간을 통해 이 책을 냈다고 한다.

   책에 든 한 가지 예를 보면, 우선 옻칠에 관해서 이야기를 한다. 옻칠이 무엇인지 설명을 해주고 배용준이 옻칠에 대해서 장인에게 설명을 듣는 장면이 좌측면에 나온다. 그리고 그 옆에 옻칠에 대해 추가 설명을 해주는데 그중 한 가지가 세이코라는 일본의 명품시계가 있다. 그런데 옻칠을 해서 만든 최초의 시계가 9억 원에 달하고 최근에 그 시계를 복원한 시계는 2억 원에 달한다는 이야기가 나오고 있다. 그러면서 그 다음 장에 배용준이 직접 옻칠을 하는 장면이 나온다. 장인은 배용준에게 아무런 부담을 갖지 말고 자신을 가지고 편한 대로 그리라고 하는데, 그러는 장면을 4컷 만화처럼 사진을 구성해서 나오고 있다. 그런 식으로 장인에 대해서 배우는 장면도 나오고, 어떤 음식에 대해서 설명을 하면 음식을 만드는 방법이 음식 아래에 나온다. 그리고 다음 장면에는 배용준이 직접 그 음식을 만드는 방식으로 구성이 되어 있다. 물론 4컷 만화 형식을 유지하면서 말이다. 그래서 단순한 여행기가 아니라 마치 식객처럼 현장의 느낌을 느낄 수 있게 구성이 되어 있다.

그리고 경북 영천의 은해사 백흥암에 가서 그곳에서 묵고 밥을 먹고 온 이야기가 나온다. 그 절은 비구니들이 있는 절이다. 그곳에서 절일을 도우면서 이런 저런 이야기들을 적었다. 그중에서 관심있게 본 이야기는 해우소 이야기이다. 해우소는 화장실의 불교식 표현이다. 아직도 그 절에선 옛날식 해우소를 사용하는데 외부사람과 스님들의 해우소를 나누어서 쓰는 것을 보고선 궁금해서 물어본다. 그러자 스님이 대답하길, 외부사람들은 독소나 나쁜 것들을 많이 먹어서 밭에 비료로 줄 수가 없어서 그냥 버린다고 한다. 우리가 속세에서 얼마나 많은 나쁜 것들에 노출이 되어 있는지 알 수가 있었다.

사실 잘나가는 연예인이 쓴 책이라 편견을 가지고 봤다. 그러나 책을 넘기면 넘길수록 내용에 빠져들게 된다. 앞에서 말한 것처럼 체험을 할 수 있게 구성한 것이 좋았다. 그리고 뒤에 술과 집에 관한 이야기가 나오는데 내가 전혀 모르는 세계에 대해서 전문가들이 대화를 하는 것을 보면서 나도 정말로 우리나라에 대해서 관심을 가져야겠다는 생각을 가지게 되었다. 이 책은 한국을 알고 싶어하는 외국인들에게 선물하면 좋은 책일 것 같고, 무엇보다도 우리 것을 잘 모르는 우리들 자신이 먼저 읽어야 하는 책이 아닌가 싶다.

집착은
우리에게서 자유를 빼앗아 간다
무소유 / 법정

정당한 소유는 인간을 자유롭게 하지만
지나친 소유는 소유 자체가 주인이 되어 소유자를 노예로 만든다.
- 니체 -

이번에는 요즘 최고로 화제가 되고 있는 책을 한 권 소개하겠다. 법정스님의 '무소유'다.

책을 소개하기 전에 법정스님이 어떤 분인지 소개하면 1932년 전라남도 해남에서 태어났다. 한국전쟁의 비극을 경험하고 삶과 죽음에 대해 고뇌하다가 대학 재학 중 진리의 길을 찾아 나섰는데, 1955년 통영 미래사로 입산하여 1956년 송광사에서 효봉 스님의 문하에 출가를 했다고 한다. 저서로는 수필집 『산에는 꽃이 피네』, 『인연 이야기』, 『오두막 편지』, 『물소리 바람소리』, 『무소유』 등이 있다. 이 책들이 전부 베스트셀러가 되었는데, 그 이유는 자신의 책을 모두 절판을 해달라는 유언 때문이다.

'무소유'는 법정스님의 책 중에서도 스테디셀러라고 보면 된다. 초판이 1976년에 나와서 지금까지 딱 한 번만 판형을 바꾸었을 뿐 내용을 그대로 내려오고 있기 때문에 스님의 책 중에서 가장 많이 찾는 책이기도 하다. 책의 내용은 제목처럼 자신의 일상에서 무소유를 실천하는 삶에 대해서 생각하는 이야기, 취미에 관한 이야기, 아파트에 관한 이야기, 도둑 이야기 등등 자신이 일상에서 느낀 점들에 대해서 기탄없이 쓴 글들을 나열하고 있는데, 글들이 면면히 재미있고 위트가 넘치는 글 솜씨 때문에 재미있게 읽을 수 있다.

우선 탁상시계 이야기 편을 먼저 보면, 절에는 도둑이 가끔씩 든다고 한다.

절도 속세와 붙어 있는 곳이라 내가 필요한 것은 남들도 필요하기 때문에 도둑이 든다고 한다. 그런데 도둑이 들 때마다 반성을 하게 되는데, 그것은 내가 남에게 필요한 것을 이렇게 많이 가지고 있었나 하는 생각을 하게 된다고 한다. 그런데 꼭 필요한 물건을 훔쳐 가면 그렇게 불편할 수가 없는데, 그중에 한 가지가 바로 탁상시계이다. 한 번은 시계를 잃어버렸는데 시계가 없으면 아침에 일어나기가 힘들고 하루 일과를 제대로 시작할 수가 없어서 시내에 내려가서 탁상시계를 사려고 만물점에 들렀다. 그때 스님이 도둑맞은 탁상시계가 그곳에 있는 게 아닌가? 그런데 낯선 남자 하나가 스님을 보더니 놀라는 눈치로 슬쩍 도망을 갔다. 그래서 짐짓 도둑이구나 생각을 하고선 자신의 탁상시계를 천 원을 주고 다시 샀다고 한다. 이게 한 삼십 년 전 돈이라 작지 않은 돈이었을 텐데 스님은 다시 사가지고 와선 이런 생각을 했다. 용서란 타인에게 베푸는 자비심이 아니라 흐트러지는 나 자신을 다시 거두어들이는 일이 아닌가 싶다.

무소유에 대한 에피소드 한 가지가 나온다. 우선 불교에서 무소유를 강조하는 이유는 집착이 번뇌를 낳고 번뇌가 다시 집착을 낳기 때문에 소유하지 않아야 번뇌에서 벗어날 수 있다고 이야기를 한다. 그런데 스님도 사람이다 보니 집착을 가지게 되는데 그것은 바로 선물 받은 난 때문이었다. 난이란 정성을 다해서 키우지 않으면 안 되는 식물이다 보니 키우기가 힘든데, 스님이 키우면서 갖은 정성을 다 하게 되었다고 한다. 난이 조금 시들하면 마음이 안 쓰럽고, 난이 싱싱하고 좋으면 기분이 좋았다고 한다. 그래서 날이 좋으면 밖에다 내어서 햇볕도 쐬어주고 시들하면 물을 주는 등 마치 애완동물처럼 다루었다. 그런데 어느 날인가 난을 밖에다 내어놓고선 잊어버리고 다른 일을 하고 있었는데 갑자기 소나기가 쏟아졌다. 그리고 난을 생각해서 돌아와 보니 난이 물을 너무 많이 받아서 시들해졌다. 그래서 걱정을 하고 돌보는데 이때 깨달았던 것이다. 자신은 난에 집착을 하고 있었던 것이다. 그래서 난이 다시 잘 살아나자 아는 지인에게 난을 넘겨주었다고 한다. 끝에서 이렇게 말씀을 하셨다. '아무것도 가지지 않을 때 온 세상을 가지게 된다는 무소유의 의미를 다시 한 번 생각해 본다.' 라고 말이다.

나는 평소에 가을은 독서의 계절이 아니라 독서권장의 계절이라고 말을 하고 다녔는데, 비독서 시절은 가을을 일컬어 독서하기 힘든 계절이라는 뜻으로 이야기를 시작한 것이다. 이 부분에선 사람들이 독서의 계절이라고 가을을 정하는 것 자체가 우습다는 이야기를 하면서 독서를 하는데 어떻게 계절이 있을 수 있으며 독서를 취미라고 하는 학생들은 우습다고 이야기를 한다. 글을 따로 읽지 않는 노동자나 정치인이나 군인들이 취미가 독서라면 이해가 되지만 책을 읽어야만 하는 사람들이 독서가 취미라고 이야기하는 것은 논리적으로 말이 안 되는 것 같다. 그러면서 진짜 양서란 한 번에 쭉 읽는 책이 아니라 읽으면서 자꾸 덮이는 책이 아닌가 싶다고 하면서 책은 자꾸 읽으면서 알아가는 것이기 때문이라고 한다.

사실 이 책은 구성이 간단하게 읽을 수 있는 이야기로 되어 있어서 편하게 쓴 글 같지만 사실은 상당히 많은 시간을 들여서 고쳐서 정성스럽게 쓴 글이다. 왜냐하면 우선 처음에 시작을 흘리는 듯한 이야기로 주목을 끌고, 그 다음 왜 그런지 설명을 한 다음 마지막으로 불교의 용어로 정리를 하면서 끝을 낸다. 이래서 많은 분들이 법정스님의 책을 찾는 것 같다.

이 책은 사실 읽은 지가 꽤 오래 된 책인데 법정스님이 돌아가신 뒤 베스트셀러가 되었지만 유언에 따라서 찍지를 않아서 구하기 힘든 책을 다시 구해서 읽고 난 뒤 책 소개를 정리한 책이다. 그래서 그런지 예전에 읽었을 때보다 더 재미있게 읽어졌는데, 내용은 다른 책들과 다 비슷비슷하다. 법정스님이 생전에 일상에 대해서 경험을 이야기하고 자신의 생각을 쓰고 불가의 용어로 정리하는 삼단논법 스타일은 여전한데 책을 읽으면서 아차 하면서 읽은 부분이 있는데 바로 한 번에 쓴 것처럼 보이지만 그렇게 읽히려면 여러 번을 고쳐서 써야지만 가능하다는 사실을 알면서도 보는 당시에는 느끼지 못했다. 그런데 다 읽고 책을 정리하면서 아! 이 부분을 고쳐서 쓰셨구나 하는 생각을 가지게 되었다. 특히 마지막에 불가 용어로 글을 마무리하면서 이야기를 하는 부분에 더 눈이 가게 되었다.

책의 제목이 '무소유'라 과연 진정한 무소유가 무엇일까 하는 생각으로 책을 읽었다. 그중에서 무소유라는 이름의 장에선 번뇌를 벗어나는 것이 진정한 의미의 무소유다 라는 이야기를 읽으면서 나는 과연 무엇을 소유하였기에 이런 번뇌를 안고 살아가는 것일까 하는 철학적인 물음도 가지게 되었다. 무조건적으로 모든 것을 버리는 것이 무소유는 아닌 것 같다. 이 책에선 집착을 버리는 것이 무소유라고 했는데 그 말이 맞는 것 같다. 가지고 있는 것을 더 좋게 하려고 할 때마다 안 되는 것을 안타까워하면서 스트레스를 받는 자신을 보면서 포기할 줄도 아는 그런 마음을 가져야 하는 것은 아닐까 하는 생각을 하게 된다.

나를 바꾼 한 권의 책

마법의 주인공은
바로 나 자신이다

마법의 지갑 / 신인철

한 사람의 부자가 있기 위해서는 5백 명의 가난뱅이가 있지 않으면 안 된다.
- 애덤 스미스 -

이번에는 '마법의 지갑'이라는 책을 살펴 보자.

마법의 지갑의 이야기는 워싱턴 근교의 전통 깊은 지갑공방 '뽀뽀'에서 시작된다.

'시뇨르 뽀뽀' – 50년도 넘는 세월 동안 지갑공방 뽀뽀를 운영하며 워싱턴 최고의 지갑공예가 장인이다. '로베르토'와 '파울로'라는 두 명의 제자가 미래의 장인을 꿈꾸며 함께 일하고 있었다. 로베르토는 천부적인 손재주를 타고났지만 기분 내키는 대로 써버리는 습관 때문에 언제나 빈궁함에 허덕이고 있다.

파울로 역시 끊임없는 노력과 성실함으로 뛰어난 지갑공예 실력을 지녔으면서도 가족들에게 돈을 부쳐서 항상 가난하다. 그런 그들에게 6명의 부자들이 나타나서 지갑을 만들어 달라고 한다. 그들에게서 배우는 지갑의 법칙이 이 책의 내용이다.

총 6가지의 법칙 가운데 3가지만 살펴 보자.
1. 좋은 지갑을 써라.
2. 지갑에 자기만의 기준을 만들어라.
3. 지갑이 열릴 때를 선택하라.

1. 좋은 지갑을 써라

돈을 사랑하라 라는 말이다. 책에선 브런슨이라는 식품회사의 회장이 와서 자신의 가난했던 옛날이야기를 해주면서 나도 너희들처럼 돈을 아무렇게나 들고 다녔다. 그랬더니 돈이 모이지가 않더라 라고 이야기를 하면서 돈을 사랑해야지만 돈을 모으고 싶고 또 돈도 따라온다고 이야기를 한다. 가난한 사람들은 돈을 수단으로 밖에 보지 않기 때문에 아무리 많이 벌어도 돈이 도망을 간다고 이야기를 한다. 즉, 부자가 되고 싶다면 돈을 아끼고 사랑해야지 그까이꺼 돈이 별거냐 하고 말을 하고 다니면 안 된다는 것이다.

2. 지갑에 자기만의 기준을 만들어라

대법관이 나와서 지갑의 법칙을 준수하라는 이야기를 해준다. 대법관이 말하는 지갑의 법칙이란 이런 것들이다. 첫 번째, 지갑에서 나갈 때는 세 번 생각하고 들어올 때는 한 번도 생각하지 마라. 두 번째, 물건을 사는 것이 아니라 가치를 사들여라. 세 번째, 나중에 가치를 돌려받을 수 있는 것이 아니면 지갑을 열지 마라.

3. 세 번째 지갑이 열릴 때를 선택하라

이 부분은 한 중국 노인이 지갑에 시간을 알려주는 한자 時를 새겨달라면서 알려준 이야기이다. 지금으로부터 35년 전 오일쇼크가 와서 세계경제가 공황에 빠졌을 때 부자들은 금에 투자를 해서 20배의 이익을 봤다고 한다. 그런데 이 노인은 더 앞을 봐서 수지가 맞아서 문을 닫은 폐광을 사들이기 시작했다. 결국 60배의 이익을 봤다. 돈을 계속 쥐고만 있어서는 절대로 부자가 될 수 없다. 돈을 쓰는 시기를 적절하게 판단해야만 한다고 이야기를 한다.

여러분은 지금 어떤 지갑을 가지고 있는가? 또 지갑에 대한 기준과 열릴 때를 알고 있나?

돈에 관한 책을 소개할 때면 꼭 빠지지 않고 등장하는 게 바로 지갑과 통장이다. 한국의 부자들 편에서 보면 부자들은 항상 오래된 지갑을 가지고 있다. 즉, 돈이 한번 들어오면 잘 나가지 않는다는 뜻이다. 그런데 그런 책들은 어떻게 보면 짠돌이들의 이야기만 써 있는 것 같아서 왠지 거부감이 느껴진다는 분들이 많다. 그런데 이 책은 조금은 다른 관점에서 부자가 되는 방법을 이야기하고 있다. 즉, 부자가 되려면 돈을 사랑하고 아껴라 라고 말이다. 그럼 돈을 사랑하고 아끼는 가장 좋은 방법은 바로 좋은 지갑을 쓰는 것이다. 이외수 씨의 하악하악에서 보면 애완동물도 막 대하면 도망가듯이 돈도 막 대하면 도망을 가더라 라고 말을 한다. 그런데 사람들은 자신들이 절망하면 돈부터 탓한다. 그럼 돈이 붙어 있을까? 도망을 간다.

그리고 물건을 살 때는 사실 어떤 물건이든 자신이 사고 싶은 것은 꼭 사야 말게 되는 게 사람의 마음이다. 그렇게 물건을 사고 나면 마음이 안정되고 무엇인가를 이룬 것만 같은 성취감을 느끼게 된다. 그러나 일단 사고 나서 일초 아니 사는 순간부터 후회하는 경우가 얼마나 많은가? 조금만 더 있다 사면 쌀 텐데 조금 더 알아보고 살 것 등등 말이다. 이렇게 후회를 하지 않으려면 위에서 이야기한 것처럼 세 번 생각하고 돈을 꺼내면 된다. 내 경우에는 메모지에 한 달에 세 번 이상 적히면 산다. 그렇지 않은 물건의 경우에는 지나가면 잊어 버린다는 것을 경험으로 알게 된다. 이 순간만 참으면 돈이 굳는다.

세 번째의 경우 때를 말하는 것은 바로 투자의 순간을 말하는 것이다. 자동차 선전 중에 "It's now or never" 라는 문구가 있다. 지금이 아니면 영원히 못 산다는 뜻인데 사실 지금 안 사면 영원히 못 산다는 뜻으로 해석할 수가 있다. 그러나 언젠가 때는 온다. 내가 지금 안하더라도 지금의 순간이 모여서 때가 되기 때문이다. 자신만의 정확한 때를 기다리는 지혜가 필요할 것 같다.

마지막으로 이 책은 표지가 예쁘다. 여성분들도 좋아할 것 같으니까 선물용으로도 추천해 드리고 싶다.

지구는
우리가 잠시 소풍나온 곳이다

고릴라는 핸드폰을 미워해 / 박경화
(아름다운 지구를 지키는 20가지 생각)

지구 표면에 사는 인간들이 마치 물것처럼 하도 귀찮게 구니까
털어내느라고 지구가 몸살을 앓는다.
- 법정 -

    이 책의 부제는 '아름다운 지구를 지키는 20가지 생각'이다. 원래는 이것이 원제이고 고릴라는 부제였는데 더 재미있다고 해서 붙은 것이다. 이 책에선 부제 그대로 우리가 생각하기에 아무것도 아닌데 그 생활 자체가 지구를 죽이고 우리의 환경을 망가뜨리고 있다는 사실을 알려주고 어떻게 하면 조금이라도 더 환경에 도움이 될 수 있는지에 대해서 설명하고 있다.

    사실 고릴라하고 핸드폰 자체는 전혀 상관이 없다. 그런데 핸드폰에 들어가는 부품 중에 콜탄이라는 것이 있는데, 이것이 핸드폰, 컴퓨터, 모니터 등 전자제품에 꼭 필요한 자원이라고 한다. 이러한 콜탄이 가장 많이 나는 나라가 바로 콩고이다. 그런데 콩고에는 자연 동물원이 있다. 거기에 세계에서 유일한 고릴라 보호구역이 있었다. 그런데 내전이 발발해서 국가의 장악력이 없어지고 돈을 벌어야 하는 많은 농부들은 콜탄을 수집하기 위해서 보호구역을 파괴하기 시작했다. 그 결과 많은 동물들이 죽었는데 그중에서 고릴라의 피해가 가장 크다. 현재 거의 멸종의 단계에 이르고 있다고 판단하고 있는 실정이다.

    이번에는 산에 대한 이야기를 해보자. 우리가 산에 정상에 올라가서는 야호 하고 소리를 지르지 않는가? 그런데 그것 자체가 산에 사는 동물들에게는 치명적이 될 수 있다는 사실이 책에 나오고 있다. 어째서 그런 일이 있을 수 있을까 하고 들여다보니 산에 사는 동물들, 특히 새들 같은 경우 서로의 소리를 들어가면서 짝짓기도 하도 새끼하고 신호를 주고 받는다. 그런데 산에 올라가서 너무 많은 사람들이 야호를 하다 보니 결국 스트레스로 인해서 산새 새끼들이 죽는다는 것이다. 그래서 산에 올라가서는 소리를 지르지 말고 조용히 내려오고 계곡물에 발을 담가서도 안 된다고 한다. 1급수 정도에 사는 물고기가 전멸을 할 수도 있다고 한다. 자연을 두고 보는 것이 가장 좋다.

비닐봉지에 관한 이야기를 해보자. 전 세계적으로 매년 5조 장의 비닐봉지가 생산이 되고, 그중에서 80%가 미국과 유럽에서 사용이 된다. 우리나라에서도 매년 150억 장의 비닐봉지가 생산이 되고 사용이 되는데, 그중 대부분이 버려져서 땅과 물을 오염을 시킨다. 전 세계적으로도 비닐봉지로 인해 많은 문제가 발생하고 있는데, 중국에서는 대규모로 버려진 비닐봉지로 인해서 많은 농토가 사용이 불가능하게 되어서 국가에서 돈을 들여서 수거를 해서 태우고 있다. 거기다 후진국에선 비닐봉지로 인해서 산사태나 둑이 무너지는 상황까지 나타나고 있다. 내가 아무렇게나 버린 비닐봉지 한 장이 생각보다 큰 문제를 일으킬 수 있다는 사실을 알아야만 할 것 같다.

생활 속에서 재활용할 수 있는 품목에 대해선 여러 가지가 있는데, 가장 많은 것이 종이가 아닐까 싶다. 우리가 사무실에서 일반적으로 가장 많이 뽑아서 쓰는 A4용지도 종이이다. 거기다 우리가 먹는 아이스크림의 껍데기도 종이, 신용카드 용지도 종이, 아마 세상에서 가장 많이 쓰는 물건이 종이가 아닐까 싶다. 그런데 이런 종이를 그냥 버리게 되면 엄청나게 많은 나무를 버리게 된다는 사실을 알아야 한다. 우리나라에서 쓰는 종이는 대부분 고급 종이이다. 그래서 좋은 나무를 잘라서 써야만 한다. 외국에서는 이미 재생용지로 책을 만들고 재사용하는데 많은 예산을 들이고 있다. 집에 다른 분리수거를 하지 않더라도 종이만 따로 모아도 아마 엄청나게 모을 수 있을 것이다. 이렇게 모은 종이는 또 재활용을 위해서 사들이는 사람들이 많기 때문에 잘만 모아 주어도 좋다.

굴하지 않는 도전
Challenge

인생에서 가장 중요한 청소년 시기에 나를 바꾼 한 권의 책

"이것 또한 지나가리라"라는 말이 있다. 이 글은 옛 페르시아의 왕이 슬플 때 좌절하지 말고 기쁠 때 교만에 빠지 않기 위해 반지에 새겨 넣고 다니던 문구라고 한다. 이 말처럼 모든 것은 흘러가 버리기 때문에 중요한 것은 오늘, 그리고 오늘에서 비롯된 내일임을 알아야 한다.

나를 바꾼 한 권의 책

당연한 것이
진정 소중한 것이다

초정리 편지 / 배유안

안다는 것은 어려운 일이 아니다. 그러나 적절한 때를 아는 것은 매우 어려운 일이다.
– 한비자 –

    이번에는 한 도시 책 한 권 읽기 원주 도서로 선정된 '초정리 편지'를 소개하겠다.
    초정리 광천수라는 말을 들어봤을 것이다. 세종대왕이 한글을 창제하고 배포하기 전에 눈병이 나서 병을 치료하려고 초정리에 간 적이 있다. 이 책은 거기에서 힌트를 얻어서 만든 픽션이다.

    열두 살 남짓의 장운이는 어머니를 잃고, 석수 일을 하던 아버지마저 병이 들어 가난하게 살면서, 의지하던 누이가 남의 집에 종살이를 떠나는 슬픔을 잇달아 겪게 된다. 산에 나무를 하러 올라간 장운이는 토끼를 쫓다 산을 넘게 되는데 처음 보는 동네의 한 정자에서 토끼 눈을 닮은 할아버지를 만나고 약수(藥水)를 매개로 할아버지를 만나는 날이 늘어가면서 장운이는 토끼 눈 할아버지에게서 새로운 글, 훈민정음을 배우게 된다.
    입으로 내는 모든 소리를 옮겨 적을 수 있고 누구나 쉽게 배워 터득할 수 있다는 신기함에 취해 장운이는 자기가 배우고 깨친 글을 주변 사람들에게 가르쳐 준다. 그러면서 장운이에게는 '흙바닥 훈장'이라는 별명도 생긴다.

    그 토끼눈 할아버지는 눈병이 난 세종대왕이었다.
    초정리 편지는 누나가 남의 집에 종살이를 떠나면서 시작이 된다. 우선 한

자를 읽을 수도 쓸 수도 배울 수도 없는 상황에서 누나하고 둘이서 열심히 익힌 한글은 말을 되는 대로 쓸 수가 있으니 편지를 주고 받을 수 있게 된 것이다. 그런데 여기서 나온 편지글은 고어체로 써 있기 때문에 읽기가 조금 불편하다. 발음 나는 대로 읽다 보면 무슨 뜻인지 쉽게 알 수 있게 되어 있다.

장운이 어려운 집안형편에도 굴하지 않고 열심히 나무를 하는 모습으로 시작된 이 이야기는, 할아버지부터 아버지에게로 이어지는 석수 기술을 물려받아 자신의 솜씨를 갈고 닦는 모습, 석수 일터에서 자신을 시기하던 상수가 다치게 되자 상수를 돌봄으로써 관계를 푸는 모습 등 스스로 자신의 앞날과 운명을 개척하는 무척 진취적이고, 재주있고, 마음씀씀이도 넉넉한 장운의 모습을 내내 볼 수 있다. 그리고 이야기의 중심은 연꽃 확을 완성하는 부분인데 직접 읽어 보면 더욱 재미가 있을 것이다.

사실 우리는 공기가 중요함에도 언제나 있기에 고마움을 모르는 것처럼 우리가 매일 쓰고 있는 한글이 얼마나 훌륭한 것인지를 모르고 살 때가 많았다. 이 책에서도 가장 중요한 부분은 우리가 말하는 것을 아무런 제약 없이 편하게 글로 옮길 수 있는 것이 얼마나 대단하고 중요한 일인지를 아이들에게 알려 주기 위해 만든 책이라고 한다.

이 책은 원주에서 매년 한 권의 책을 정해놓고 읽게 하는 한 도시 책 한 권 읽기 선정도서라서 읽었다. 그리고 많은 분들에게 소개하려고 내용을 정리했는데 당시 한글에 대한 관심들이 높아져서 많은 분들이 찾았다. 그런데 이 책을 읽으면서 궁금했던 점은 역사서에 보면 집현전 학자들이 한글을 만든 것이 아니라 세종대왕하고 왕족들, 그리고 일부 몇 명의 학자들이 한글을 만들었다는 사실을 알고 있었다. 그래서 사실 이 책도 나오게 된 것이다. 세종대왕이 정말로 혼자서 한글이라는 엄청나게 거대한 논리체계를 만들었을까?

사실 말과 글이 다른 나라는 많지만 대부분의 나라들이 고대에서부터 자신의 말과 글이 일치한 흔적은 많이 남아 있다고 한다. 단 큰 나라가 작은 나라들을 잡아먹으면서부터 말과 글이 달라지기 시작한 것이다. 그리고 작은 나라들 역시 굳이 자신들이 쓰지 않는 글을 만들어서 사용할 필요가 없었으니까. 단지 기록에만 남아 있지 않았을 뿐 어디선가 기록하고 보존해서 내려오던 글자를 발굴해서 세종대왕께서 한글을 만든 것 아닌가 하는 생각을 하고 있다.

이 소설에선 자신이 만든 글자를 가지고 얼마나 성과가 있는지 초정리에 있는 아이한테 실험을 한 것이다. 그리고 그 효과를 입증해서 자신의 논리대로 한글을 훈민정음이라 만들어서 반포를 하게 된 것은 아닌가 하는 생각을 한다. 단 이 책의 내용은 전부 픽션이다. 역사적인 사실과는 연관하지 않았으면 한다. 그리고 세종대왕의 한글 발굴설도 나의 의견일 뿐 역사적인 기록은 없으니까 말이다.

나를 바꾼 한 권의 책

역사에서 영원한 승자는 없다

가로세로세계사 중동편 / 이원복

위대한 국가를 건설하는 민족은 위대한 신앙을 가진 민족이다.
– 칼라일 –

'먼나라이웃나라'는 그야말로 선진국들의 이야기들을 통해서 우리가 나아갈 길을 보는 책이었다면, '가로세로 세계사'는 이 세상에는 선진국 말고도 우리가 알아야 할 나라들이 많다는 것을 알려주기 위해서 만든 책이라고 한다. 특히 이 중동편은 9·11테러와 이라크전쟁처럼 서양에서 보여주는 야만적인 모습이 아닌 보다 진실에 가까운 이야기를 하기 위해서 이 책을 쓰게 되었다고 한다.

우선 중동의 역사에 대해서 이야기를 한다. 서양이 예수 이전과 이후로 나뉘어지듯이 중동은 무하마드 이전과 이후로 나누어진다. 무하마드 이전에는 작은 나라들로 나뉘어져 있었지만, 무하마드의 이슬람교 이후에 엄청난 세력으로 불어나서 거대한 제국을 이루게 된다. 그리고 세계에서도 유래를 찾아보기 힘들 정도의 찬란한 문화를 자랑하게 된다. 그런데 여기서 재미있는 것은 서양에서 말하는 십자군 전쟁을 이슬람 사회에선 작은 사건 정도로 생각을 한다는 것이다. 그리고 몽고족의 침입과 격퇴, 그리고 터키를 중심으로 한 오스만투르크 제국의 흥망성쇠에서 이슬람의 최대의 문화를 이룬다. 그리고 근대에 이르러서는 서양의 부흥으로 인해서 결국 작은 나라들로 나뉘어져서 힘을 쓰지 못하다가 이스라엘이 중동지방에 생겨서 생긴 중동전쟁의 이야기까지 정말 많은 이야기들이 나오고 있다.

그런데 이슬람교와 기독교는 왜 그렇게 서로를 미워할까?

그 이야기 전에 이슬람교와 기독교 아니 유대교는 뿌리가 같다고 한다. 유대인과 아랍인은 모두 아브라함의 자손이다. 그런데 아브라함에게는 아내 사라가 있었지만 아이를 낳지 못해 아내의 몸종과 결혼을 해서 낳은 아들이 이스마엘이다. 그런데 아브라함이 90세가 되어서 사라에게서 아이를 낳았는데 이름이 이삭이다. 그래서 후에 이삭을 따르는 무리들은 유대인이 되었고, 이스마엘을 따르는 자손은 아랍인이 되었다고 한다. 그런데 유대인들은 자신들의 나라를 갖지 못하고 떠돌아다니다가 2차대전 때 독일의 유대인청소를 경험하면서 자신들의 나라를 만들어야겠다고 생각을 하고 성경에 적혀 있는 가나안 땅에 정착을 하기 위해 노력을 한다. 그리고 그 당시 세계 최대 강국인 영국을 자금으로 지원하고 나라를 만들어 주겠다는 약속을 받아낸다. 그러나 전쟁이 끝나자 영국이 약속을 접고 석유가 나는 아랍인들을 지원하기 시작한다. 그래서 유대인들은 생존을 위해서 전 중동을 상대로 전쟁을 시작한다. 그때 이스라엘을 지원하는 국가가 생겼으니 그것이 바로 미국이었다. 그야말로 두 명당 한 정의 총으로 싸우던 이스라엘은 중동에서 가장 강한 국가로 변모하게 된다. 그 결과 4차에 걸친 중동전쟁에서 이스라엘은 엄청난 국토를 얻게 된다. UN에서 돌려주라고 해도 돌려주지 않고 있어서 그 땅에 살고 있는 아랍인들이 폭탄을 두르고 테러를 벌이고 있다. 그리고 그 뒤를 봐주고 있는 미국을 그토록 혐오하기에 미국 본토에 테러를 하는 상황까지 벌어지게 된 것이다.

우선 서양의 모든 문명은 중동에서 왔다고 생각하면 된다. 중세시대를 거치면서 고대의 찬란한 문명을 잃어버린 서양은 십자군 전쟁을 통해서 들어온 문물과 기록 등을 통해서 르네상스를 이루고 중동과의 많은 교류를 시작해서 자신들의 문명을 발전시킨다. 또한 많은 문학적, 과학적 발견들, 특히 연금술로 대표되는 화학의 발전은 이미 중동에서 시작이 된 것을 서양이 이어 받아서 발전시켜 오늘날의 과학 문명을 열 수 있었던 것이다. 그럼에도 불구하고 현재 중동이 항상 불안한 이유는 그들이 포악하거나 미개해서가 아니라 석유가 있기 때문이라는 사실이다. 석유가 있는 곳에 항상 전쟁의 그림자가 있기에 그들이 원하건 원하지 않건 죽고 죽이는 일이 벌어진다는 이야기를 책은 해주고 있다.

이 책에선 우리가 적으로 알고 있는 중동에 대한 이야기가 나온다. 미국영화나 드라마에선 중동이란 사막 한가운데 자살폭탄테러가 벌어지는 지옥과도 같은 곳으로 묘사가 되고 있다. 사실 알고 보면 그런 지옥을 만든 것은 미국과 유럽의 힘 있는 나라들이 석유를 노리고 그들을 분열시키고 싸움을 일으키기 때문인데, 만약 중동에 석유가 없었다면 그런 전쟁이 일어나지도 않았을 것이다. 그리고 중동의 입장에서 보면 서양은 한 번도 평화로운 얼굴로 중동에 나타난 적이 없다. 과거에는 십자군 전쟁으로, 현재에는 석유 전쟁으로 말이다.

그리고 중동에 또 하나의 화약고 이스라엘에 관한 이야기가 많이 나오고 있다. 이스라엘이 어떻게 그들의 나라를 만들었고 또 그들의 나라를 만들기 위해서 어떤 짓을 했는지 등에 대해서도 자세하기 나오지만 세계적인 추세와 이야기들까지 모두 적으려면 많은 분량이 필요할 것 같아서 미처 소개를 하지 못했다. 간단하게 적으면 2차대전 후 나라의 중요성을 깨달은 유대인들이 자신들의 나라를 세우기 위해서 팔레스타인 지방에 대규모로 땅을 사서 이주를 하는데 많은 어려움을 겪고 또 나라를 세우는 과정에서 많은 전쟁을 겪게 된다. 그리고 그 세운 땅을 지키기 위해서, 지금은 또 많은 중동인들의 피를 뿌리는 과정은 끝없는 수레바퀴처럼 느껴진다.

그 외에도 중동의 평화로운 면이나 아름다운 이야기들도 많이 들어가 있다. 중동에 있는 코란은 어떤 경전보다도 엄격하며 평화를 이야기하고 있다고 말이다. 중동에 대해서 멀게만 느껴지는 느낌을 조금 더 가깝게 해준 책인 것 같다.

나를 바꾼 한 권의 책

상대방의 마음을 안다는 것은 교류의 시작이다

그림으로 읽는 생생심리학 / 이소라

> 진실은 마음으로만 볼 수 있다. 중요한 것은 눈에 잘 보이지 않는다.
> 사막이 아름다운 건 사막 어딘가에 샘물이 있기 때문이다.
> – 생텍쥐페리 –

　이번에는 '그림으로 읽는 생생심리학'이라는 책으로, 이 책은 지금 당장 생활 속에서 써먹을 수 있는 '실용심리학' 측면으로 새롭게 접근했다. 생활 곳곳에 물음표를 던졌던 다양한 심리의 비밀을 밝히고 답을 제시하기 위해 학습, 경제, 인간관계, 자기관리, 애정으로 전문 파트를 구성했으며, 누구나 한 번쯤 궁금해 했던 55가지 실용심리가 공개된다. 특히 탁월한 그림 솜씨를 자랑하는 저자만의 톡톡 튀는 그림들은 심리 이야기를 하는 시종일관 유쾌한 웃음을 주며, 글만으로 빽빽한 심리학의 지루함을 달래는 데도 한몫 하고 있다. 또한 세계적으로 반향을 일으킨 유명 심리실험 이야기는 재미와 동시에 생활심리 이론을 뒷받침해 주는 충분한 신빙자료가 돼 주고 있다.

　책 맨 앞에 나오는 내용이다. 한 할아버지가 혼자 살고 있었다. 그런데 아이들이 집 앞에서 너무 시끄럽게 놀아서 꾀를 한 가지 생각해 낸다. 그것은 아이들을 불러다가 이렇게 말을 하는 것이다. "애들아 내가 혼자 살아서 적적하니 매일 집 앞에 와서 놀면 매일 천 원씩 주마." 라고 이야기를 한다. 아이들은 더 신이 나서 놀았다. 그런데 며칠이 지나서는, "내가 돈이 없어서 500원만 주마." 라고 이야기를 하니 아이들은 조금 덜 신이 나서 놀았다. 그런데 이제는 돈이 없으니 그냥 와서 놀라고 하니까 아이들은 다시는 그 집 앞에서 안 놀았다고 한다. 이처럼 하기 싫은 일에 도리어 상을 주고 나중에 그 상을 없애면 그 행동을 없앨 수 있다는 이야기이다. 이것을 스스로 하는 것을 내적 동기, 외부에서 시키는 것을 외적 동기라고 하는데, 외적 동기가 개입하면 내적 동기가 바뀌게 된다는 것이다.

심리학으로 불면증 치료하는 법을 알려주겠다. 우선 침대에서 잠을 못자는 사람들의 공통점이 있다. 그것은 바로 침대에서 잠 이외에 다른 짓을 한다는 데 있다. 예를 들면 책을 본다거나 TV를 본다거나 아니면 공상을 한참동안 한다거나 말이다. 이런 습관을 들이게 되면 우선 침대에서 잠을 잘 생각을 하지 않고 다른 일에 집중하게 되기 때문에 잠을 깊이 들지 못하게 된다. 그래서 우선 잠을 잘 자려면 첫 번째로 침대에서 딴짓을 하면 안 된다. 두 번째 졸리지 않으면 침대에 누워서는 안 된다. 다른 운동이나 취미 생활을 하다가 졸릴 때 가서 자는 것이 좋다. 그렇지 않으면 억지로 잠이 들지 않기 때문에 공상이 길어지고 그러다 보면 걱정이 많이 생겨서 잠이 드는 데 걸리는 시간이 오래 걸릴 수밖에 없다. 즉, 쓸데없이 보내는 시간을 줄이는 게 좋다.

당신은 연예인이 아니에요! 라는 부분의 이야기이다. 책 속의 주인공이 전철을 타고 등교를 해서 학교에서 강의를 듣고 친구를 기다리면서 카페에서 다리를 벌리고 커피를 마시고 있는데 친구가 와서는, "너 남대문 열렸다." 라고 이야기를 하는데, 돌이켜 보니 하루 종일 남대문을 열고 지났던 것 아닌가? 그런데 창피해서 혼났다고 생각을 하다가 가만히 돌이켜 보니 아무도 지적해 준 사람이 없다는 사실이 이상했다. 그래서 알고 보니 조명 효과라는 것이 있다고 한다. 사람들은 내가 모르는 사람들의 장점이나 단점에 대해서 별로 관심이 없음에도 불구하고 스스로는 굉장히 주목받고 있다고 착각을 하면서 산다는 사실이다.

아이들에게 공부에 대해서 격려를 할 때 머리가 좋은 것을 칭찬하는 것이 좋을까? 아니면 노력을 열심히 한 것을 칭찬하는 것이 더 효과가 좋을까? 정답은 바로 노력을 열심히 한 것을 칭찬하는 것이 좋다고 한다. 우선 첫 번째 이유는 머리가 좋다고 칭찬하는 아이는 자신이 노력을 하지 않아도 공부를 잘할 것이라는 착각 속에서 산다. 그래서 자신이 성적이 좋지 않아도 컨디션 탓이라고 생각을 하고 만다. 그 결과 성적의 기복이 크게 나오게 된다. 반면에 노력을 칭찬한 아이 같은 경우 자신의 머리를 믿지 않는다. 그래서 성적이 떨어지거나 컨디션이 좋지 않을 때 자신의 공부 방법을 바꾸게 된다. 이처럼 누군가에게 칭찬을 하고 싶다면 열심히 하는 모습을 칭찬하는 것이 더 좋다는 것이다.

심리학을 알고 싶은데 어렵다고 생각하는 분들 혹은 세상을 살아가는데 남의 마음을 너무 몰라서 힘들다는 분들에게 추천하고 싶다. 앞에서 이야기한 것 말고도 인간관계의 기술에 대한 이야기도 자세히 나와 있어서 재미있게 읽을 수 있다.

나는 심리학 쪽 책을 굉장히 좋아한다. 사실 이런 종류의 책을 좋아하는 분들을 보면 눈치가 없다는 말을 많이 듣는 편이다. 그러다 보니 남의 마음을 헤아리는데 어려움이 많았다. 그래서 사람의 마음을 읽을 수 있는 심리학에 관한 책을 좋아하게 되었다. 그런데 심리학책이 이런 재미있는 내용보다는 생리학과 물리학에 관한 기초적인 이야기가 대부분이고 심리에 대해선 별로 중요하지 않게 생각하고 넘어가는 경향이 있다. 그 이유는 바로 사람의 마음이 어떻다 라고 정확하게 말을 하기 힘드니까 그런 부분은 대충 넘어가고 마음의 상태보다는 몸의 상태로 증거를 찾기 때문이다.

이 책은 그런 내용들 중에서 재미있는 내용을 추려서 쓴 책이다 보니 재미있게 읽을 수 있다. 그런데 책을 다 읽고 나니 재미는 있는데 막상 무슨 내용을 소개해야 하나 걱정이 있었다. 그런데 그 중에서 그림이 잘 나와 있고 설명하기도 편한 것으로 골라서 소개하려고 위의 네 가지로 압축을 한 것이다. 위의 내용 중에서 가장 재미있던 것이 바로 당신은 연예인이 아니에요 라는 부분이다. 재미있게도 이 내용은 탈무드에도 있다. 한 사업가가 랍비를 찾아가서 사업이 망해서 밖에 돌아다니기가 힘들다고 이야기를 하자 랍비가 그럼 내가 시키는 대로 하면 돌아다닐 수 있다고 했다. 랍비는 시장에서 막 잡은 양을 사서 등에 짊어지고 자기한테 오라고 했다. 그 사업가는 시키는 대로 양을 사서 등에 짊어지고 오는데 그 피가 몸을 덮어서 너무나도 창피했다. 그중에는 자신이 잘 아는 사람들도 있었지만 모르는 척하고 지나갔다. 아마도 세상 사람들이 나를 손가락질을 할 것이라고 생각을 했다. 그래서 랍비에게 따졌다. 그러자 랍비는 이제 씻고 나가서 사람들에게 당신을 보았는지 물어보라고 했다. 그래서 오던 길로 돌아가서 한 사람씩 물어 보자 아무도 그 사람을 보지 못했다고 한다. 이처럼 우리는 우리 자신을 누군가가 보고 있을 것이라고 항상 생각하지만 사실은 우리는 우리 자신에게만 관심이 있다는 사실을 알려주는 이야기였다. 이처럼 사람의 심리를 이용하면 남들보다 뛰어나 보이는 것보다는 안보이게 자신의 이익을 취하는 것이 더 좋다는 사실을 알게 된다.

책에서 가장 유용한 지식은 바로 불면증 극복법이다. 의외로 잠을 잘 못 이루는 경우가 많다. 그런데 알고 보니 정말 잘 못 하고 있던 게 많았다. 나는 TV를 보면서 잠드는 것이 습관일 때가 있었는데 당연히 TV가 없으면 잠에 들지 못했다. 또 침대에서 혼잣말을 중얼거리면서 나중에 있는 책 소개를 준비하는 경향이 있었다. 그러니까 푹 자지 못했다. 그래서 일단 졸릴 때까지 기다리다가 잠이 오면 불을 다 끄고 취침하는 것을 습관을 들이니까 좋다. 그런데 문제는 졸릴 때까지 기다리다가 그만 너무 늦게 자는 것은 어떻게 할 수가 없었다. 취침은 10시에서 2시 사이에 자는 게 좋다고 한다.

나를 바꾼 한 권의 책

성공은
노력의 계단 위에 있다

서른셋 태봉 씨 출세를 향해 뛰다 / 공병호

부지런한 사람에게는 모든 것이 쉽고, 게으른 자에게는 모든 것이 어려운 법이다.
– 벤자민 프랭클린 –

이번에는 '서른셋 태봉 씨 출세를 향해 뛰다!' 라는 책이다.

이 책의 저자는 공병호다. 이미 여러 권의 자기소개서를 쓴 공병호는 단순한 자기소개서가 아닌 회사에서 성공하고 출세하는 법을 소설식으로 만들었다. 책의 내용은 과장 진급에서 탈락한 서태봉 대리가 정리해고 1순위인 서차장을 만나면서 시작된다. 거기서 회사라는 공간은 지금까지 자기가 생각한 곳과 전혀 다른 곳이라는 사실을 배우게 된다.

회사가 자신의 생각과 다르다는 게 무슨 뜻일까?

태봉 씨는 이번에 진급한 동기가 자신보다 일처리가 더 낫다고 생각하지 않았다. 그런데 동기는 승진을 하고 자신은 못하니까, 결국 성공은 힘 있고 능력 있는 사람이 하는 것이라고 생각하게 된다. 그러나 서차장은 그렇지 않다고 말을 한다. 성공은 노력×알파라고 이야기를 한다. 그러면서 자신의 동창회에 태봉 씨를 데리고 간다. 거기서 능력이 있지만 계속해서 실패한 엘리트, 집이 부자였지만 사업에 실패한 사람 등을 보여주면서 돈과 능력은 별로 중요한 것이 아니라고 이야기를 한다. 대신에 자신의 입사동기였던 진상무를 보여주면서 성공한 이유를 한 가지 알려준다.

그것은 과연 무엇이었을까? 그것은 열심히 일을 하는 것이다. 답이 너무 당연해서 한숨이 나오는가? 단순히 그냥 일을 하는 것이 아니라 몰입을 해서 일을 하는 것이 정답이다. 회사 내의 업무는 대부분 상사가 시키는 일을 해서 다시 상사한테 제출하는 형식으로 되어 있다. 여기서 중요한 것은 시키는 일을 그냥 하는 것이 아니라 왜 이 일을 시키는지를 알고 단순히 일을 하는 것이 아니라 더 일을 다듬어서 제출하는 것이다. 물론 여기에는 상사의 의도를 정확하게 파악해야 하는 것은 기본이다. 이렇게 일을 하려면 우선 회사에 일찍 출근해서 업무 준비를 하고 회사일이 끝난 후에도 다음 업무 준비를 하는 정성이 필요한 것이다. 물론 태봉 씨의 동기도 이런 식으로 일을 해서 일찍 진급을 했던 것이다. 그래서 태봉 씨는 입사한 이래 가장 열심히 일을 해서 부장님한테 정확한 의도를 파악해서 제출을 했다. 그런데 이것이 오히려 태봉 씨의 발목을 잡게 된다.

아니 열심히 일을 했는데 왜 문제가 될까? 바로 직속상관인 팀장의 심기를 건드렸기 때문이다. 팀장은 원래 다른 회사에 있다가 이번에 스카우트가 돼서 온 능력 있는 사람이었다. 그러나 출세욕이 강하고 자신의 주장을 굽힐 줄을 몰랐다. 게다가 회식 장소에서 자신은 일을 잘 해서 꼭 성공을 할 것이라고 다른 사람들에게, 특히 팀장에게 떠들고 다녔던 것이 문제가 되었던 것이다. 그래서 태봉 씨가 이번 기획안을 잘 해서 내자 태봉 씨를 좌천시킬 생각을 가지게 되었다. 이에 서차장은 너무 큰 실수를 했다고 책망을 한다. 자신을 치고 성공을 하겠다는 후배를 좋은 시선으로 볼 선임자는 아무도 없다. 자신의 자리에 대한 불안이 생길 수밖에 없다. 일은 열심히 하면서 상사를 안심시킬 수 있는 능력이 필요했던 것이다. 그것은 바로 겸손이다.

그럼 어떻게 겸손해야 하는 것일까? 무조건 아부하는 것이 겸손한 것일까? 어떤 일을 하던지 간에 상사의 명령에 의해서 했다고 보고를 하는 것이 기본이다. 그리고 일을 잘 했다고 칭찬했을 때 공을 상사에게 돌리고 자신은 시키는 대로 했다고 이야기를 하는 것이다. 그리고 중요한 것은 상사를 칭찬하는 방법을 알아야만 한다는 것이다. 상사를 칭찬한다니까 혹시 아부를 말하는 것이 아니냐 라고 할 수 있겠지만 상사는 회사에서 어쨌든 오랜 시간 일을 했고 자신보다 업무에 대해서 많은 정보를 가지고 있다. 그것을 잘 하는 것은 당연한 것이다. 그래서 그 일을 하나씩 물어보면서 배우면서 칭찬을 하는 것은 아주 중요한 기술이라고 이야기를 한다. 그래서 태봉 씨는 일단 자신이 낸 기획서를 팀장의 공으로 돌린다. 그러나 이번에는 팀장이 큰 문제에 부딪친다.

물론 기획서 때문은 아니다. 팀장은 뛰어난 업무 능력을 인정받아서 스카웃되었지만 회장님이 계신 회의 석상에서 회장님의 의견에 대해서 절대적으로 반대를 하게 된다. 결국 이사진들과 회장님의 눈밖에 나서 그만 회사에서 나가게 되었다. 그래서 서차장은 이렇게 이야기를 한다. 윗사람에게 반대의견을 이야기할 때는 조심해서 해야 한다. 그것도 절차에 맞추어서 상대방을 배려해서 이야기를 해야만 한다.

그럼 반대 의견을 이야기할 때는 어떻게 해야 할까?
가장 중요한 것은 여러 사람이 모인 회의 석상에서는 그냥 시키는 내용을 이야기하는 것이 좋다. 그리고 회의가 끝난 뒤에 문제가 있는 안건에 대해서는 분명히 2차 회의가 생기게 된다. 특히 자신이 직접 회장님이나 사장님을 만날 기회가 있다면 일대일로 만나서 이런 건 안 될 것 같다고 이야기를 하는 것이다. 만약 그렇지 못하다면 직접 만날 수 있는 자신의 상사한테 설득을 하는 것이 좋다. 여기에서 중요한 점은 회사에 주인처럼 일하는 것은 중요하지만 자신은 회사의 주인이 아니란 점을 알아야 한다. 그런데 책에서 팀장은 주인처럼 일하지 못하는 회사는 미래가 없다면서 회사에 사표를 낸다.

책의 내용을 간단하게 정리하면 출세를 하려면 주인처럼 일하고 윗사람에게 충성하라는 게 요지이다. 이런 간단한 이야기를 아무리 해봐야 소용이 없다. 이렇게 피부에 와 닿게 가상의 이야기를 만드니까 마치 실제로 있었던 일처럼 다가온다. 회사원이라면 자신의 마음가짐을 고칠 수 있는 책 같으니까 꼭 읽어보면 좋을 것 같다.

이 책을 소개하면서 생각나는 친구가 있다. 이 책에 나온 팀장 같은 사람들이 생각보다 많았다. 일은 잘 했지만 바로 윗 상사에게 미움을 받아서 결국 회사에서 나간 사람의 이야기를 소개하겠다.

앞에서 미국식 취직의 기술 – 회사가 당신을 채용하지 않는 이유 44가지에서 한국식 취업 기술의 예를 소개한 친구의 이야기이다. 그 친구는 회사에 공채로 들어온 것이 아니라서 일단 실전에 들어갔다. 업무는 해외 영업을 맡아서 자신의 주 전공이다 보니 아는 것도 많고 하고 싶은 것도 많아서 이것저것 많이 배우면서 시작을 했다. 그런데 하다 보니 회사에서 일이 너무 답답하게 많다는 것을 들어가자마자 느끼게 된다. 그리고 이 친구의 경우 집안도 잘 사는 편이라 여기서 취업을 해서 나중에 자신의 사업을 할 생각을 가지고 있어서 모든 지시도 해보아야 한다는 생각에 사장님이 시킨 일이 아니더라고 이 사업이 회사에 꼭 필요하다고 생각하면 무조건 달려들어서 일을 했다. 물론 일의 성과가 나는 것도 있었지만 대부분 회사에서 아직 업무도 모르는데 철없이 덤빈다는 이야기를 많이 들었다. 그런데 어느 날 사장님으로부터 해외영업부에 임무가 하달된다. 이번에 독일에 있는 세계 박람회에 메인부스에 회사의 물건을 전시하라는 특명이 하달된다. 아직 이름도 알려지지 않은 작은 중소기업이 대기업들의 제품들과 전시를 한다는 것은 불가능에 가까운 것이다. 그런데 이 친구가 해냈다.

자기 회사의 제품을 메인부스에 전시하는 것을 게임이라고 생각했을 때, 이 게임에는 두 가지 공략의 포인트가 있었다.
1. 실무자보다는 책임자를 공략하라 – 모든 큰 업무의 책임자들은 실무를 하지 않고 결과만 보고 받는다. 그런데 책임자들은 실무자들보다 힘이 세다. 그래서 책임자가 실무자에게 시키면 어쨌든 실무자는 그 일을 해

야만 한다. 이건 만국공통의 진리이다. 그렇다면 실무자를 아무리 만나서 이야기를 해봐야 그 사람은 분명히 메인부스에 전시를 해줄 리는 만무할 것이다. 왜냐하면 그 사람은 영어도 잘 하고, 그런 회사 관계자들을 하루에도 수도 없이 만나기 때문이다. 그렇기 때문에 책임자를 공략을 해야 하는 사실이다.

그렇다면 책임자를 공략할 수 있는 포인트는 무엇일까?

2. 책임자는 실무자보다 감성적이다. - 실무자는 하루에도 수많은 사람들을 직접 만나고 편지하고 하다 보니 별의별 사람들을 만나게 된다. 그런 반면에 책임자는 그렇게 실무자가 고생해서 편집한 것을 그대로 하면 되기 때문에 그다지 스트레스나 감성적인 면이 깎이지 않는다. 그래서 책임자에게 편지를 보내기로 한다. 그런데 그 편지가 영어가 아니라 독일어로 써서 보내는 것이다. 그런데 어떻게 독일어로 편지를 보냈을까? 외국어 편지를 사업적으로 써주는 데선 한 글자에 50원씩 받는다고 한다. 그런데 한푼도 안들이고 보냈는데, 이 친구가 캐나다에서 영어회화를 공부하는 친구가 있었다. 그 친구한테 이메일로 편지를 보내서 독일어로 번역을 해달라고 해서 독일에서 독일로 편지를 보낸 것이다. 그런데 책임자의 회사로 편지를 보내면 절대로 안 된다. 집으로 보내야 된다. 그래야 보다 효과를 볼 수 있다. 그런데 전시회에서 책임자의 전화번호나 집 주소를 알려줄 리가 만무하지 않는가? 몇 개월 동안 편지를 보내는 동안 편지 담당자와 친해져서 주소를 알게 된다. 그래서 독일에서 독일로 편지를 보냈다.

그러니까 독일어편지를 받아본 책임자가 감명을 받아서 한국의 그 친구의 정성을 보아서 메인부스에 전시를 해주라고 지시를 내리게 된다. 실무자는 굉장히 당황스러웠다. 자신의 전시 계획을 전부 바꾸게 되었으니까. 그럼에도 역시 동서고금의 진리답게 실무자는 전시 계획을 바꾸었고, 결국 그 회사 제품이 메인부스에 들어가게 된다. 그래서 전시회 실무자가 그 친구를 나중에 독일에 왔을 때 직접 만나서 명함을 교환했다. 그리고 사장님은 악수를 하면서 자네가 우리 회사 제품의 가치를 올려놓았다고 칭찬까지 들었다. 그런데 이게 독이 되고 만다.

그 뒤에도 몇 번의 히트를 하지만 그때마다 상사하고 마찰이 있게 된다. 그리고 이 친구는 자신의 방식이 맞다고 생각을 해서 밀어붙이다가 히트를 한 번씩 한다. 그런데 문제는 해외업무라는 것이 단순히 해외업무뿐만 아니라 잔무가 많은데 잔무를 맡은 아가씨들이 너무 힘들어서 오래 못 버티고 그만 두게 되었다. 그래서 결국 막내인 그 친구가 잔무를 맡게 되는데 자신의 모든 바이어를 빼앗기게 된다. 그래서 결국 상사한테 내 바이어를 직접 관리하고 싶다고 이야기를 하다가 시킨 일만 잘 하라는 핀잔만 듣는다. 사장한테까지 가서 이야기를 하지만 자신의 뜻대로 되지 않자 회사를 그만두게 된다. 여기서 중요한 것은 일을 너무 잘 하는 것도 독이 될 수 있다는 사실이다.

앞에 이야기한 것처럼 회사에서 살아남는 것도 게임이라고 생각을 한다면 한 가지 원칙만 지키면 된다. 절대로 상사에게 거슬리지 말 것, 이것을 아부라고 해도 좋고, 처세라고 해도 좋다. 이 원칙만 지킨다면 회사에서 살아남아서 자신이 하고 싶은 일을 할 수가 있기 때문이다.

나를 바꾼 한 권의 책

암기는
모든 공부의 기본이다

놀라운 기억의 기술 / 라이프 엑스퍼트

> 세상 사람은 모두 자기의 기억력을 개탄한다.
> 그러나 누구도 자기의 판단력을 개탄하지 않는다.
> – 라 로슈프코 –

이번에는 '놀라운 기억의 기술'이라는 책을 소개하겠다.

기억을 잘하는 방법은 수십 가지에 이르지만 여기서 거꾸로 생각을 해 볼 필요가 있다. 기억이나 암기를 잘 못하는 사람들의 특징을 보면 쉽게 나온다.

특징1. 암기를 있는 그대로 순서대로 똑같이 외우려고 든다. 자신의 머리가 컴퓨터인 줄 아는 사람.

특징2. 한 번에 여러 가지 일을 벌려놓고 되는 대로 일을 한다. 보통사람은 한번에 6가지 이상 기억을 못한다.

특징3. 눈으로만 보고 외우려고 든다. 읽지도 쓰지도 행동하지 않고 눈으로만 외우기는 힘들다.

무엇보다도 심리적 압박감이 있는 상태에서의 암기는 가장 힘들다고 한다. (시험에서 벼락치기 같은 경우)

위의 경우와 같이 무조건 암기하려는 것 자체가 기술이 부족한 탓이지 머리가 나쁜 것은 절대로 아니라고 한다. 우선 외워야 할 것들을 단기기억에서 장기기억으로 넘어가기 위한 방법으로 마인드맵 혹은 메모리 트리라고 하는데, 우선 정확하게 아는 단어 위에 자신이 외워야 할 것들을 연결해서 외우는 방식으로 연상을 통해서 외우는 것이다. 예를 들어 영단어를 외울 때 단순히 단어를 외우는 것보다는 자신이 좋아하는 팝송의 문장을 외우면서 해석을 하면 쉬운 것과 같다.

　두 번째로는 암기 자체의 양을 어느 정도로 한정할 것인가 하는 문제이다. 우선 사람은 단기기억으로 기억할 수 있는 문장의 숫자가 6개라고 한다. 그래서 7개 이상이 되면 암기하기가 어려워진다. 그래서 단기기억으로 우선 6개까지만 기억을 하고 잠깐 다른 공부를 하다가 다시 6개를 복습을 하면 암기율이 올라간다고 한다. 단 외우는 시간은 6단어에 5분 이상을 초과하면 안 되고 외우는 양도 자신이 하루에 외울 수 있는 양 이상을 하면 효과가 없다고 한다.

　세 번째로는 암기는 몸으로 오감을 활용해서 외워야만 한다. 이 이야기는 내가 직접 체험한 것이 가장 기억에 남는다는 것과 같은 것으로 암기를 할 때 손으로 쓰고, 입으로 읽고, 머리로 생각을 하면서 반복을 해야만 하며, 일정한 단어의 경우 직접 실행할 경우 훨씬 더 머릿속에 오랫동안 남는다고 한다. 운전을 처음 할 때는 차의 부분 명칭도 모르지만 일주일이나 한 달 이상 몰다 보면 결국 생활의 일부로서 기억이 남는 것도 그런 이유에서라고 한다. 무엇보다도 머리는 생존에 필요하다고 판단하지 않는 정보는 빨리 잊어버리기 때문에 이 단어가 내게 꼭 필요하다는 정보를 머릿속에 각인을 시켜야만 암기력을 늘릴 수가 있다.

　그럼 정말로 이런 식으로 오감을 활용해서 암기의 양을 조절해서 연상법으로 암기를 하면 다 잘 외워질까? 그렇지만도 않다. 이것은 일단 기본적인 것을 이야기한 것이지 각 단위별로 암기법이 다르다. 특히 국어와 외국어의 경우나 수학이나 과학의 경우는 전혀 틀린 경우가 많다. 특히나 외국어의 단어의 경우 매번 같은 방식으로 외우고 보면 암기의 효율이 떨어지기 때문에 끊임없이 자신만의 암기법을 개발하는 것이 중요하다. 또 한 가지는 암기한 것들을 노트를 통해서 얼마동안 잊혀지더라도 읽으면 다시 생각이 날 수 있도록 메모를 잘 하는 것이 중요하다.

그리고 책의 마지막에는 암기에 도움이 되는 음식도 나온다. 우선 아침은 꼭 먹어야만 한다. 그리고 콩, 두부, 참깨, 팥 등의 음식 등이 뇌에 도움이 돼서 암기에 도움이 된다고 한다.

내가 정말로 기억력이 좋지 않다. 치매 정도까지는 아니지만 만약 남들이 애써서 6개까지 기억을 한다면 4개 정도까지 기억을 못해서 고생을 많이 했다. 학교 다닐 때도 암기과목이 약해서 고민을 많이 했고, 심지어는 수학에서도 공식을 제대로 기억하지 못해서 아는 문제인데도 못 푸는 경우가 많았다. 그래서 수학이나 화학을 풀 때는 공식을 아예 따로 외워서 시험지에 적어놓고 나서 푸는 경우도 많았다.

기억에 관한 책에 관심이 많아서 이 책을 소개하게 되었는데, 의외의 정보를 얻을 수가 있었다. 그것은 바로 암기를 잘 하는 사람들은 처음부터 머리가 좋은 사람들도 많았지만 후천적으로 암기 능력을 늘린 사람들도 많다는 사실이었다.

인간의 뇌는 근육과도 관계가 많다. 그래서 어려서부터 성장을 해서 노화를 해가는 과정을 겪게 되었다. 그런데 그중에서 어떤 부위를 어떻게 단련하느냐에 따라서 얼마든지 사람의 뇌가 변화할 수 있다는 사실을 알려준다. 그 중에 한 가지가 바로 암기력이다. 사실 모든 시험은 암기력 테스트라고 할 수 있다. 국어와 영어는 어휘를, 수학은 공식을, 그 외의 과목들은 모두 짧은 시간이 주어지고 그 시간 안에 얼마만큼의 암기를 할 수 있느냐를 가지고 그 사람의 능력을 측정하는 것이다. 이렇게 시험하는 이유는 사회에 나와서 어려운 문제를 잘 푸는 사람은 좋은 자리에 앉혀서 사회적인 문제를 해결하는 데 인재를 찾기 위함이기도 한다. 그런데 문제는 나같이 돌아서면 잊어버리는 사람은 그럼 힘든 일만 해야 하느냐 하는 것이다. 아니다. 어려운 것도 척척 기억해 낼 수 있는 기억의 기술을 익히면 된다.

기억의 기술에 기본이 되는 것은 바로 경제성의 원칙이다. 왠 난데없이 경제성의 원칙이 나오느냐 하면, 일단 머리가 좋은 사람하고 나쁜 사람하고 문제를 풀라고 시키고 뇌활성화 반응을 보면 머리가 좋은 사람은 뇌가 조금만 움직여도 문제를 풀지만 머리가 나쁜 사람은 엄청 열이 나면서 움직이고 나서야 문제를 푼다고 한다. 따라서 뇌의 움직임을 줄일 수 있는 훈련을 하면 된다는 사실이다. 그래서 나온 내용들이 바로 위에 소개한 세 가지 사실은 훨씬 많지만 간단하게 소개를 한 것이다.

나도 그렇게 해서 많은 기억을 해내는데 성공을 했다. 실제로 마인드맵 방식과 연상암기법 같은 경우에는 시간이 많이 지나간 후에도 기억을 해내기가 좋다. 하루하루 날이 간다고 시간을 보내지 말고 운동을 하듯이 뇌도 운동을 시켜서 똑똑하고 건강한 뇌를 지킬 수 있다고 한다.

나를 바꾼 한 권의 책

프로는
도전을 멈추지 않는다

일곱 개의 별을 요리하다 / 에드워드 권

> 내 생애 최대의 자랑은 한 번도 실패하지 않았다는 것이 아니라
> 넘어질 때마다 다시 일어났다는 것이다.
> - 골드 스미스 -

'일곱 개의 별을 요리하다' 이 책은 광고로 유명한 에드워드 권의 책이다. 각종 광고 및 홍보에서 볼 수 있는 것처럼 세계 최고의 요리사 중의 한 명인 에드워드 권의 자서전이다. 우선 에드워드 권이 누구인지 간단하게 소개를 하면 세계에서 가장 비싼 7성급호텔이라고 불리우는 버즈 알 아랍의 수석 총괄 조리장이다. 그가 요리사의 길을 가게 된 동기에서부터 그 호텔의 총괄 조리장이 될 때까지의 과정을 이야기하고 있다. 그리고 마지막에는 자신의 꿈을 이야기하고 있다.

그럼 어떻게 요리사의 길을 가게 되었을까? 그는 어렸을 때의 꿈이 요리사는 아니었다. 집안이 성당을 다녀서 성직자가 되는 것이 꿈이었다고 한다. 그런데 집안에 할머니의 반대로 성직자의 길을 가지 못하게 되자 집을 나가서 재수를 한다고 서울로 무작정 상경을 한다. 그래서 돈이 부족해서 결국 아르바이트를 하게 되는데 그게 바로 식당에서 주방보조로 일을 하는 것이었다. 거기서 한 일은 잡일을 돕는 것인데, 거기서 멋모르고 돈가스를 튀기다가 떨어져 나간 조각을 주워 먹다가 머리를 한 대 맞고 혹이 생긴 일이 있었다. 그만큼 주방의 군기가 세고 어렵다는 것을 몰랐다는 것이다. 그런데 그렇게 구박을 한 요리사아저씨가 넌 요리에 소질이 있다는 말을 듣고 영동대학교 조리학과에 입학을 한다. 그게 요리사로서의 시작이었다.

그래서 일단 요리사의 길을 가기는 했는데 군대는 빨리 갔다 오는 게 좋겠다는 생각에, 1학기를 마치고 군대를 가는데 제대할 때쯤 해놓은 것은 없고 나이만 많다는 생각에 제대하기도 전에 용평스키장에 가서 두 달 반 동안 현장실습을 해서 다시 복학을 했다. 그리고 2학년 1학기에 리츠칼튼 호텔로 실습을 나갔는데, 실습은 여러 동기들하고 같이 나갔다. 그런데 실습이 끝날 무렵 여기에 꼭 취직해야겠다는 생각에 월급은 없어도 좋으니 있게만 해달라고 간청을 해서 교통비 3만 원만 받고 두 달 동안 열심히 일을 했다고 한다. 그리고 동기 중에 유일하게 서울의 특급호텔에 취직을 하게 된다. 그런데 이게 겨우 시작이었다. 거기서 그는 요리사가 조리장이 되기 위해서는 요리 실력도 좋아야 하지만 처세를 더 잘해야 된다는 사실을 깨닫게 되었다. 그는 그것이 싫었다. 자신은 실력으로 인정을 받고 싶었다. 그래서 미국으로 갈 생각을 하게 된다. 미국의 리츠칼튼 호텔에 전근을 가게 된다.

미국에서 생활은 언어적인 면에서 많이 힘들었다고 한다. 사과를 가져오라고 하는데 들어보지도 못한 품종의 사과를 가져오라는 게 아닌가? 그래서 창고에 가서 가져오려는데 사과를 이름으로 알 수가 있나? 그래서 식료품점에 매일 가서 음식 재료들의 이름을 외웠다. 그리고 일하는 시간만으로는 자신의 일이 완벽하지 않은 것 같아서 일체의 추가 비용을 받지 않는다고 일단 이야기를 하고 하루에 16시간을 일을 했다. 그래서 그 호텔의 총조리장에게 인정을 받았다. 그리고 2년 뒤에 조리과장이 된다. 남들은 10년이 걸릴 것을 2년 만에 해낸 것이다. 그리고 드디어 안정적인 조리장일을 하게 되는데 어느 날 갑자기 한국으로 돌아온다.

후배 양성을 해야겠다는 생각으로 돌아온 것이다. 그때 그의 나이가 34살 정도라 많은 편이 아니었다. 문제는 국내 요리사들은 외국 요리사들을 왕따를 시켜서 자신에게는 그러지 않을 것이라 생각을 했지만 오판이었다. 자신에게 더 더욱 비협조적으로 나와서 문제가 생겼던 것이다. 그래서 1년 만에 그만두고 다른 직장을 구하게 된다. 그곳은 중국이었다. 당시 중국은 경제발전이 활발했고 한류의 영향으로 한국 음식에 대한 이미지가 좋아져서 한국인 조리장을 선호했다. 그래서 중국에서 제법 잘 나갔는데 거기서도 조금 더 능력을 인정받고자 해서 세계의 최고의 호텔이 모여 있는 곳을 보았는데 그중에 한 곳이 바로 두바이였다. 그는 두바이의 페어몬트 호텔로 옮기게 되었다. 그리고 그곳에서 세계에서 가장 크고 비싸다는 호텔 버즈 알 아랍에게서 러브콜을 받게 된다.

그런데 그곳에서 면접을 3일 동안이나 본다. 그것도 호텔의 각 장으로부터 1대1로 만나서 면접을 하고 요리를 직접 선을 보이고 맛을 평가 받고 등등 많은 시험을 치르게 된다. 물론 거기에는 사생활 문제까지 다 들어가 있다. 어떤 호텔에서는 미혼만을 고집하는 호텔이 있을 정도다. 왜냐하면 식구가 있을 경우 옵션이 많이 붙기 때문이다. 거기서 테스트를 다 통과하고 드디어 2007년 세계에서 가장 비싼 호텔 주방의 총 조리장이 된다.

그런데 버즈 알 아랍이 정말로 7성급 호텔일까? 아니다. 사실 호텔의 급수는 5성급 호텔 이상이 없다고 한다. 그런데 일반 5성급 호텔이랑 차이가 너무나도 많이 나서 7성급 호텔이라고 이야기를 하는 것이다. 예를 들면 그 호텔에선 롤스로이스 22대가 있고, 하루 숙박료 최고가가 3500만 원이고, 가장 싼 아침식사가 최소 12만 원이다. 호텔의 높이는 352미터인데 안에는 밑에서 꼭대기까지 뻥 뚫려 있는데 온통 금으로 장식이 되어 있다. 그런데 그런 호텔에 한번 묵고자 해서 몇 년을 돈을 모아서 오는 사람들도 있다고 한다.

마지막으로 에드워드 권의 꿈은 우선 후진양성이 목표다. 그런데 그냥 후진을 양성하는 것이 아니라 외국의 경우처럼 스타 쉐프를 만드는 것이다. 그래서 TV방송에도 출연을 하고 여러 가지 서바이벌 프로그램을 진행하면서 자신이 키운 요리사들을 모아서 세계에서 가장 유명한 식당을 가지는 것이 자신의 꿈이라고 이야기를 하고 있다. 그리고 사실은 지금도 케이블 TV에 출연을 해서 프로그램을 진행하고 있으며, 자신의 식당을 만들 준비를 하고 있다고 한다.

우리는 어려서부터 꿈을 가지라고 교육을 받는다. 아니 교육이 아니라 어떤 형태의 강요를 받으면서 자라는 것 같다. 그런데 사실 주변을 돌아보면 자신의 꿈을 가지고 멋있게 인생을 준비하는 사람은 별로 없는 것 같다. 그런데 여기 자신의 꿈을 바꾸어서 성공한 한 사람의 이야기를 쓰는데, 처음에는 여러 매체에 나오는 사람이니 한번 소개나 해보자 라면서 책을 읽게 되었다. 그리고 책 소개를 준비하면서 요리사라는 직업이 이렇게 복잡하고 어려운 체계를 가지고 있는 지는 처음으로 알게 되었다. 그런데 에드워드 권이라는 사람의 대단한 일만 이 책에선 나온다면 별로 재미가 없을 것이다. 이 사람은 자신의 꿈이 원래는 성직자였지만 가족의 권유로 다른 길을 간다는 것이 요리사의 길을 가게 될 줄은 자신도 몰랐다.

사실 꿈을 가지고 이루는 사람은 정말로 적은 것 같다. 그저 보통의 사람들은 하루하루를 어떻게 보내나 다음은 어떻게 해야 하나 걱정을 하면서 산다. 그리고 살다 보면 그 분야에 대해서 욕심이 생기고 그 욕심을 채우면 다음 단계로 이동을 하게 된다. 그러다 보면 세월이 지나고 세월이 지나다 보면 자신도 모르게 그 길에서 정상에 혹은 중간에 있게 되는 게 아닌가 하는 생각을 하게 되었다. 여기서 가장 중요한 것은 바로 하루하루에 최선을 다하는 것 아닌가 하는 생각을 하게 되었다. 만약 에드워드 권이 미국에서 인종차별이나 실력 때문에 그래 내 길은 성직자였어 하면서 발길을 돌렸다면 어떻게 되었을까? 아마 지금의 에드워드 권은 없었을 것 같다.

일을 하다 보면 짜증이 날 때도 있고 힘들 때도 있다. 가장 난처한 경우는 방법이 없는데 방법을 찾아야 하는 경우가 많음에도 자신이 가진 카드가 더 이상 없어서 포기하고 싶을 때가 많다. 그런데 포기를 하는 사람은 결국 그 문제 때문에 더 이상 성장하지 못한다. 힘들어도 방법이 없어도 발버둥을 치는 사람은 어떻게든 문제를 해결하는 것을 주변에서 많이 본다. 오늘 하루가 힘들어도 내일 또 힘내서 발버둥을 치면서 살면 어떻게든 해결이 되지 않을까?

나를 바꾼 한 권의 책

새로운 지식은
삶을 윤택하게 한다

지식채널e / EBS 지식채널e

지식은 행동을 통해서 얻어져야만 한다.
해보지 않는다면 모든 시험은 공상에 지나지 않는다.
- 소포클레스 -

지식채널e라는 프로그램이 있다. 그 내용을 추려서 책으로 나와서 소개하도록 하겠다. 그 중에서도 특히 방학을 맞이해서 청소년을 위한 주니어 지식채널e라는 책을 소개하겠다.

이 책은 세 권으로 되어 있다. 1권에서는 삶과 사람이라는 주제로 내용이 나오고, 2권에서는 과학에 대해서, 마지막 3권에서는 사회에 대해서 나오고 있다. 내용이 별것 아니라고 생각해서 들었는데 책을 많이 보는 편이라 이 정도 내용들은 알고 있을 것이라 생각했는데 허를 찔린 내용들이 많았다.

헬렌켈러를 보자. 그분은 위인전도 있을 정도로 유명한 사람이지만 그분은 그저 보지도 듣지도 못하는 사람이 장애를 극복하고 공부를 배웠다는 것만으로도 유명해진 것으로 알고 있었다. 사실 생각해 보면 말도 안 되는 이야기이다. 그런 식으로 장애를 극복하고 공부를 배운 사람들은 헬렌켈러 말고도 많다. 이분이 유명한 이유는 바로 사회사업가로서 활동을 했기 때문이다. 세계1차대전 때 대통령의 선전포고를 비난하고, 인종차별을 반대하며, 노동운동을 도우며 페미니스트로서 여성들의 평등에 보다 많은 기여를 한 사람이었기 때문에 유명했던 것이다. 그런데 왜 우리는 그를 그저 장애인으로만 생각했을까. 그것은 바로 미국의 정부에 미움을 받았기 때문이다. 그래서 그녀가 20살

때부터 죽을 때까지의 일은 묻어버려서 아무도 궁금하지 않는 위인을 만들었던 것이다. 이처럼 우리는 우리가 듣는 것만을 듣고 보는 것만을 보면서 살면서 세상에 이상한 것들은 아무렇지 않게 생각하고 산다고 이야기를 한다.

또 한 가지 항상 보면서도 전혀 생각을 못해 봤던 이야기를 들려드리겠다. F1 레이싱은 세계에서 가장 빠른 자동차 경주다. 그런데 이 차의 평균 시속은 300Km 최고 시속은 400Km라고 한다. 그리고 750마력이나 된다. 그런데 이런 정도의 속도의 차를 움직이려면 사람은 어떤 조건을 견뎌야 하는지 아는가? 레이서가 받아야 하는 힘의 크기는 중력의 4배 엔진이 바로 앞에 있어서 운전석의 온도는 40~50℃, 브레이크는 어른의 몸무게를 미는 힘으로 밀어야 하고 한번에 20kg 이상 물체를 들어올리는 힘이 필요한 핸들 조작, 그리고 마지막으로 2천 번 이상의 기어변환을 해야만 한다. 그런데 이런 극한 상황에서 레이서들이 달려야 하는 시간은 한 시간 반이나 된다. 세상에서 가장 빠른 자동차 경주 대회 F1은 참가자는 단 22명뿐이다. 3억 명당 한 명만이 그 한계를 버틸 수 있다고 한다. 만약 버티지 못하고 중간에 기절을 하게 된다면 우리가 TV에서 보는 사고 장면이 나오고 마는 것이다. 나는 이 부분에서 우리가 그 빠른 자동차의 속도만을 생각했지 그 안에 있는 인간의 인내를 보지 못한 것이 아쉬웠다.

초콜릿에 관한 이야기를 해드리겠다. 우리가 일상적으로 많이 먹고 있는 초콜릿은 신의 열매라고 불리우는 카카오라는 나무 열매에서 나온 원액에 설탕을 타서 달콤하게 먹고 있다. 그런데 문제는 이 카카오가 어린 아이들의 눈물로 만들어지고 있다는 사실이다. 카카오를 만드는 서부 아프리카에서 초콜릿 1000원당 생산지에 돌아가는 몫은 고작 20원이다. 비용을 조금이라도 낮추기 위해서 헐값에 동원이 되는 아동노예들은 서부아프리카 4개국에 28만 명에 이른다. 새벽 여섯시부터 저녁 여섯시까지 쉼 없이 이어지는 고된 노동에 보호 장비 없이 위험한 농약치기, 10m나 되는 나무에 올라 카카오 따기,

그래서 이런 참상에 반대하는 운동이 일어났다. 바로 착한 초콜릿 운동이다. 중간 상인의 개입 없이 농민조합과 구매자 간에 공정한 가격을 보장하고 이익의 일부는 생산지에 학교나 병원을 짓는 데 사용하고 있다고 한다. 그리고 이 착한 초콜릿의 조건은 18세 이하의 아이들은 위험한 칼을 사용하거나 농약을 뿌릴 수 없고, 15세 이하의 아이들은 학교를 다녀온 후에만 농장에서 일을 도울 수 있다고 한다. 그런데 이런 공정무역의 양은 전체 교역량의 0.1%, 즉 1000분의 1밖에 되지 않는다. 만약 이런 교역이 전체의 1%만 된다고 해도 1억 2천8백만 명의 사람들이 극심한 빈곤에서 벗어날 수 있다고 한다.

이런 일이 계속해서 발생하는 이유는 바로 구 종주국이었던 선진국들이 그런 가격을 인정을 하지 않고 자신들이 담합한 가격에만 물건을 사들이고 있기 때문이다. 그리고 서아프리카의 나라들도 그것이외에는 수출을 할 수 있는 물건이 없다 보니 사람들을 전부 거기에만 동원을 해서 카카오를 수출하고 있기 때문이다. 그리고 이런 운동이 일어난 다음에는 일부 자체구가 생겨서 이런 힘든 노동에서 벗어나는 곳들이 생겨나고 있다고 한다.

사실 지식채널e가 그다지 유명한 방송도 책도 아니었다. 그런데 광우병 파동 때문에 유명하게 되었다. 영국에서 광우병 때문에 모든 소를 도축한 적이 있다. 그런데 사건 전에 영국의 장관이 국민들에게 우리 소는 광우병으로부터 안전하다는 광고를 하기 위해서 자신의 딸과 같이 시식하는 장면을 방송에 나온 적이 있었다. 그런데 그때 같이 시식을 했던 딸의 친구가 광우병으로 사망을 하게 된 것이다. 당시 광우병 때문에 촛불이 거리로 나오고 PD수첩과 수많은 방송들이 둘로 나누어져 싸울 때였는데 지식채널e에서 이 방송을 하는 바람에 주의를 끌게 되고 결국 없어지게 될 뻔한 적도 있었다고 한다. 그런 일을 겪은 후에 이 방송이 유명해지게 되었고, 책으로도 나오고, 주니어용으로도 나오게 된 것이다. 참 어떻게 보면 힘든 일이 좋은 일이 되었다고 할까?

나를 바꾼 한 권의 책

모든 교육은
어머니 무릎에서 시작된다

화내는 부모가 아이를 망친다 / 매튜 맥케이

> 부모를 사랑하는 사람은 남에게 미움을 받지 아니하고
> 부모를 공경하는 사람은 남에게 업신여김을 받지 않는다.
> – 소학 –

'화내는 부모가 아이를 망친다' 부모님들에게는 상당히 찔리는 제목이다. 내용의 핵심은 제목 그대로이다. 화를 잘 내는 부모 밑에서 자란 아이들이 더 폭력적이고 정서적으로 불안하게 자라나게 된다는 사실이다. 그래서 사회적으로 실패한 사람이 될 확률이 높다는 사실이다. 이러한 사실을 모르는 부모는 아무도 없을 것이다. 그러나 이러한 사실을 알고도 아이에게 화를 내지 않는 부모 역시 한 사람도 없을 것이다. 그래서 이 책 '화내는 부모가 아이를 망친다' 는 화내지 않고 긍정적인 방향으로 아이를 이끌어 가는 방법을 제시해 주는 실용 육아 지침서이다. 책의 전반부는 부모가 아이에게 화를 내게 되는 주된 이유들에 대해 설명하고, 후반부에서는 화를 다스리면서 아이와 잘 지내는 방법을 알려 준다.

그럼 부모가 아이에게 화를 내게 되는 주된 이유는 어떤 것들이 있을까?
책에서는 크게 3가지로 설명을 해주고 있다. 그것은 바로 속단, 확대, 편견의 문제이다.

속단, 확대, 편견에 대해 좀더 자세히 살펴보자.
1. 속단은 아이가 버르장머리 없이 구는 것이 고의적으로 당신을 화나게 하려는 것이라고 생각한다는 것이다.

2. 확대는 당신 마음속에서 사건을 있는 그대로보다 더 악화시킨다는 점이다.
3. 편견은 부정적이고 경멸적인 단어를 사용하거나 아이나 아이의 행동을 묘사한다는 것이다.

예를 들면 이런 것이다. 아이가 어떤 일에 짜증이 나서 울 때 처음에는 참지만 조금 시간이 지나면 화가 나기 시작한다. 시간이 지나면 아이가 일부러 나를 짜증나게 하려고 그런다고 생각을 하게 된다. 그러다가 아이가 돌아다니면서 물건을 던지거나 소리를 지르기 시작하면 이제 아이가 나한테 도전을 하려고 든다고 생각하게 된다. 그러면 보통의 어른의 경우 아이에게 소리를 지르거나 매를 들어서 아이를 제압한다. 그러고 나서 아이의 행동에 대해서 혼을 내면서 아이의 행동은 부정적이고 경멸적인 단어를 써서 강화를 시킨다는 것이다. 그리고 이것이 한 번으로 끝나는 것이 아니라 점점 강화되기 때문에 악순환을 가져올 수 있다는 사실이다.

그렇다고 아이를 그냥 놔둘 수도 없는 노릇이고, 책에선 어떻게 해야 한다고 하나?

아이들이 지치고, 배고프고, 스트레스를 받으면 소리를 조절하는 능력이 떨어진다. 큰 소리로 행동하는 것 또한 아이들이 관심을 끌고 싶어 하는 욕구의 반영이다. 만약 그런 행동이 조용하게 놀라는 부모와의 싸움 중에 일어났다면, 그것은 힘을 얻으려는 시도를 반영한 것이다. 그런데 만약 아이가 용인될 만큼 조용하게 놀고 있을 때보다 너무 시끄럽게 놀고 있을 때 아이에게 더 관심을 기울였다면, 시끄럽게 노는 아이의 행동을 습관화하고 있는 것이다. 아이는 당신이 반응할 때까지 시끄럽게 굴 것이기 때문이다. 만약 아이에게 조용히 놀라고 한다면, 당신은 힘 싸움에 말려들고 있는 것이다.

아이와 이런 힘든 힘겨루기를 하지 않는 방법이 나온다 그것은 아이가 부정적인 행동에 대해서 반응을 하지 말고, 긍정적인 행동에 대해서 칭찬을 해 주는 것이 더 효과적이라고 이야기를 한다. 예를 들면 이런 것이다. 아주 어린 아이들에게 효과적인 방법인데, 아이가 어떤 것에 화가 나서 울거나 떼를 쓴

다면 그냥 울도록 두는 것이다. 대신 이 아이가 어떤 일을 잘할 때, 즉 밥을 잘 먹거나 정리를 잘할 때 칭찬을 해주는 것이 효과적이라는 것이다. 물론 아이들의 연령별 차이는 있겠지만 기본적인 원리는 같다.

혼을 내기보다는 칭찬을 활용하라 라는 뜻인데, 그렇지만 순간적인 화를 참기는 힘들지 않은가?

순간적으로 화를 내는 것이 문제인 것이 이것이 아이를 위해서 혼내는 것이 아니라 내 자신의 감정의 폭발이기 때문에 위험한 것이다. 물론 사람이기 때문에 또 내 아이이기 때문에 더욱 참지를 못하겠지만 그것이 반복되다 보면 어느 순간에 나는 아이를 내 아이가 아니라 때려야지만 말을 듣는 짐승처럼 키우게 된다.

책에선 애들이 원래 그렇다고 이해를 해야 한다고 말을 하지만 그것만 가지고선 부족할 것 같아서 조금 더 준비를 해봤다.

순간적인 화를 참는 방법이 있다. 너무 화가 난다면 일단 그 자리에서 피하는 것이 좋다. 그리고 일단 심호흡을 최소한 세 번 이상 한 다음에 생각을 정리하고 적절한 처벌을 가하는 것이 좋다. 가장 중요한 것은 화가 난 당시의 감정적인 처벌을 피하는 것이다. 마지막으로 책에서 나온 이야기처럼 아이를 마음속으로 용서할 수 있어야만 한다. 그래야지만 나중에 더 큰 화를 막을 수가 있다.

속단 , 확대 , 편견 이 세 가지는 단순히 이 책에서만 나오는 이야기가 아니라 모든 사람들이 인간관계에서 겪는 오해라고 생각한다. 우선 상대가 내 말을 안 듣는다는 속단, 아이에게 아무리 말을 해도 안들을 때 우리는 매를 든다. 그리고 생각을 한다. 이것은 때려야 말을 듣는다. 그러다 보면 아이는 때려야만 하는 아이가 된다. 그 이유는 바로 때려야만 한다는 속단을 하고 있기 때문이다. 그리고 확대의 경우 내 마음속의 앙금이 점점 쌓여서 작은 일에도 확 터져 버린다는 사실이다. 그리고 편견으로 마무리가 되는데 이때는 이미 방향을 바꿀 수가 없는 상태가 되는 것이다.

그런데 재미있는 사실은 나도 아내가 잠깐 자리를 비워서 아이를 보는데 이런 경험을 했다는 사실이다. 일을 해야 해서 바쁜데 아이까지 징징대니까 결국에는 화를 내고 매를 들게 된다. 그런데 중요한 사실은 아이의 입장에서 보면 부모가 굉장히 일관성이 없다는 것이다. 기분이 좋을 때는 한없이 받아주다가, 자신이 화가 나면 때리기까지 하는 부모의 마음을 아이가 알리는 없고 눈치만 보게 되는 것이다.

사실 아이들을 키우는데 정답은 없는 것 같다. 하지만 오답은 존재한다. 아이에게 화내고 때리는 것은 정확하게 오답이다. 아이를 정답이 아니더라도 비슷하게 키울 수 있도록 많은 지식과 공부가 필요하다.

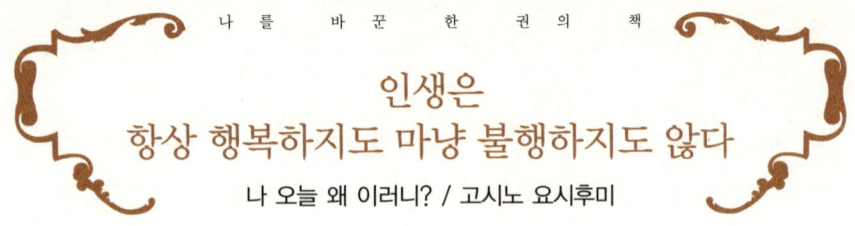

나를 바꾼 한 권의 책

인생은
항상 행복하지도 마냥 불행하지도 않다

나 오늘 왜 이러니? / 고시노 요시후미

고통이 남기고 간 뒤를 보라! 고난이 지나면 반드시 기쁨이 스며든다.
- 괴테 -

  이번에는 '나 오늘 왜 이러니?'라는 책을 소개하겠다.
  제목만 봐서는 무슨 책인지 모르겠는데, 이 책은 우울증에 관한 가이드북이라고 생각하면 될 것 같다. 얼마 전에 유명 탤런트의 자살 이후 우울증이 얼마나 무서운 병인지 알려졌는데, 이 책은 그 우울증에 대처하는 법에 대해서 나와 있다.

  선우라고 하는 직장여성이 나온다. 어느 날 아침에 문득 눈을 떴는데 하나도 개운하지가 않은 것이다. 그리고 직장에서 일을 하는데 계속 불안해서 일이 진척이 되지를 않는 것이다. 평소에 잘 노는 성격이라 저녁 퇴근 후에 한 잔 하면서 풀려고 하는데 한마디도 못하고 그냥 집에 돌아오는 일상이 반복되었다.
  그리고 다시 잠자리에 들면 일어나기가 무섭고, 사람들을 만나서 이야기하기도 힘들고, 일을 하는데 어떤 성취욕도 느껴지지 않고, 삶 자체가 피곤하고 의미가 없는 것처럼 느껴지기 시작하는 것이다. 그래서 용기를 내서 병원을 찾아가게 된다. 그런데 병원에서는 여러 가지 설문조사를 하더니 우울증 진단을 내려준다. 그리고 처방해 준 약을 일정 기간 동안 계속해서 먹게 되니까 점점 기분이 좋아지고 일에 의욕을 가지게 된다. 물론 그러기 위해선 몇 가지 생활의 변화도 주게 되는데, 혼자 있는 시간을 줄이고 햇빛을 많이 쐬고 자신감을 주는 영화나 독서를 하는 것 등이다. 그러나 이러한 것도 병원에서의 치료가 없었다면 소용이 없었을 것이라고 이야기하고 있다.

우리가 흔히 이야기하기를 우울증을 마음의 감기라고 한다. 그런데 문제는 감기가 심하면 폐렴이 되어서 사람이 죽을 수 있듯이 우울증도 그냥 놔두면 심해져서 사람을 자살에까지 이르게 만들 수 있다는 사실이다. 사람이 바이러스에 걸리면 감기에 걸리듯이 우리의 뇌도 어떤 때는 호르몬과 신경세포가 정확한 이유를 모르지만 문제를 일으킬 때가 있다. 그 약은 그 신경에서 나오는 호르몬을 약물로 정상상태로 돌려놓는 약이다. 그런데 문제는 사람들은 우울증은 마음의 문제이기 때문에 그냥 기분 탓이나 꾀병 정도로 생각하는데 그 심각성이 있다. 이미 선진국에서는 우울증을 일반 질병으로 분류를 해서 이러한 약물치료를 하는 것이 보편화되어 있다고 한다.

우울증의 증상에는 어떤 것들이 있을까?
1. 답답하다. – 마치 터널 속을 다니는 것처럼 하루 종일 답답한 마음이 계속 된다.
2. 관심이 가거나 신나는 일이 없다. – 평소에 좋아하던 일도 싫증이 난다. 그리고 아무것도 좋은 것이 없다.
3. 잠을 제대로 못자거나 지나치게 많이 잔다. – 우울증에 걸린 사람은 눈을 떠서 생활하는 게 너무나도 싫어서 잠으로 도피하려는 경향을 보인다. 그런데 너무 많이 자면 불면증에 걸려서 실질적으로 잠도 별로 못 자게 된다.
4. 모든 것이 무의미하게 느껴지고 죄책감이 느껴진다. – 내가 한 모든 일들이 의미 없는 일로 다가올 때가 있다. 이때가 가장 위험한데 사람은 원래 자신이 아주 중요하다고 생각을 하면서 살게 되어 있다. 그런데 어느 순간 내가 그냥 세상의 일부고 내가 없어도 세상에는 변화가 없을 것 같다는 생각을 하거나 몇 년 전에 혹은 며칠 전에 무슨 일을 했는데 그게 너

무나도 부끄럽고 죄책감이 느껴지는 경우를 말한다.
5. 자살에 대해 자주 생각하는 경우 – 우울증에 걸리면 자살에 대해서 구체적으로 생각하게 된다. 이것은 세상을 사는 것 자체가 너무 힘들고 내가 문제덩어리라서 내가 없으면 사회나 가족이 더 행복할 것이다. 라고 생각하는 단계에까지 이를 수 있다는 사실이다. 그런데 실질적인 급성기에는 너무 힘들어서 자살할 생각조차 못하지만 회복기에 어느 정도 힘이 있을 때 이런 생각으로 자살을 시도하는 경우가 많다고 한다.

우울증에 걸린 사람은 대부분 이유가 없이 몸이 아픈 경우가 많다. 몸이 아파서 병원에 가는데 뚜렷한 이유가 없는 경우 마음의 병이 몸의 병을 만드는 것이다. 그런데 이런 경우 감정의 기복이 크거나 마음이 항상 불편하다고 이야기하는 경우가 많다. 이런 사람들을 격려하는 경우가 많다. 예를 들면 "잘 할 수 있으면서 왜 그래?" 혹은 "정신차려야지!" 등으로 이야기를 해서는 안 된다는 것이다. 일단 사실관계에 대해서만 충실하게 이야기를 해주고 긍정적인 이야기를 통해서 조금이라도 마음을 편하게 해주는 것이 좋다. 그리고 정신계통의 약물 치료에 대해서 긍정적인 설명을 해주거나 책을 보여주는 것이 좋다.

이 책의 내용이 그렇게 유쾌한 것은 아니라 소개를 할까 고민을 많이 했다. 그런데 전체 인구의 15%의 사람들이 일생 중에 심한 우울증을 경험을 하고 자살까지 생각한다는 사실을 알게 되었다. 그리고 우울증을 앓고 나서는 제대로 된 치료를 받지 못해서 평생을 후유증에 시달린다는 것을 알고 나서는 소개할 생각을 가지게 되었다. 많은 분들이 읽고 우울증에 대한 정확한 지식을 알았으면 좋겠다.

대부분 우울증을 가지고 있는 사람들 가운데는 굉장히 내성적인 분들이 많다. 남들에게 하고 싶은 말을 제대로 하지 못해서 속에 담아두고 있다가 화병이 생기거나 우울증이 깊어져서 대인기피증까지 생기는 경우가 많다. 내가 생각하기에는 그것 자체가 가장 큰 문제가 아닌가 싶다. 일단 너무 화가 나서 하고 싶은 말은 지금 당장은 아니더라도 어떤 형식으로든 말을 해서 풀어야지만 조금 마음이 가벼워지지 않을까 생각한다. 그리고 절대로 의료기관에서 치료를 받는 것을 부끄러워하면 안 된다. 심할 경우 자신의 생명과 가족, 그리고 모든 것이 한순간에 사라질 수 있기 때문이다. 일단은 살고 봐야 되지 않겠는가? 이런 책들을 읽고 우울증에 걸린 분들도 빨리 치료가 되기를 빌겠다.

나를 바꾼 한 권의 책

재능을 뛰어넘는 열정이
성공으로 이끈다

김연아의 7분드라마 / 김연아

가장 현명한 사람은 큰 불행에도 작게 처리하고
어리석은 사람은 조그마한 불행도 현미경으로 확대하여 스스로 큰 고민 속에 빠진다.
- 라 로슈푸코 -

'김연아의 7분 드라마'라는 책을 보면서 이런 의문이 들었다. 왜 제목을 7분 드라마라고 지었을까?

책에선 이렇게 설명을 하고 있다. 우선 숏프로그램이 2분 50초, 프리가 4분 10초이기 때문에 7분 동안에 모든 것을 보여준다는 뜻에서 김연아의 7분드라마라고 했다고 한다.

책의 간단한 내용을 보면, 김연아의 어려서부터의 인생을 자신의 관점에서 희로애락을 그대로 집어넣어서 보여주는 책으로, 각종 대회에서 우승을 하거나 실패를 했을 때의 상황이나 심정, 그리고 성공을 해서 신기록을 세워 자신감이 넘쳤을 때의 기분이 자세하게 나와 있다. 마지막에는 피겨를 사랑하는 팬들에게 보내는 편지가 있다.

그런데 김연아 선수는 어떻게 피겨 스케이팅선수가 되었을까? 사실 김연아 선수가 피겨로 유명해졌으니까 지금은 유망한 종목이라고 생각을 하지만 몇 년 전만 해도 실내 빙상경기장도 없는 나라에서 피겨선수가 된다는 것은 사실 무모한 도전이라고 밖에 생각이 되지 않았던 일이다. 그런데 인연이라는 게 있는 것 같다. 어려서 스케이트장이 생겨서 스케이트를 재미로 시작을 했는데 스케이트를 가르치는 선생님께서 연아는 피겨스케이트에 재능이 있고 크게 될 가능성이 보인다고 해서 전문적인 피겨선수로 시작을 했다. 그런데 선생님의 첫 마디가 "피겨스케이팅은 돈이 많이 들어가는 스포츠인데 경제적으로 여유가 있으십니까?"였다고 한다. 그런데 아버지는 그리 넉넉하지 않아도 딸의 재능을 알고 많은 투자를 하게 되었다고 한다.

이런 가족들의 헌신적인 투자에도 불구하고 피겨란 운동이 그저 저절로 되는 것은 아니다. 이제부터는 훈련의 연속이 되었다. 우리가 보기에는 그냥 스케이트를 타기만 하면 될 것 같지만 지상훈련이라고 해서 지하 2층에서 지상 3층까지 몇 번씩을 토끼뜀으로 올라갔다 내려갔다 반복해야만 하고 윗몸일으키기도 횟수를 셀 수 없을 만큼 반복을 해야 한다. 운동도 많이 해서 많이 먹어야 하는데 몸무게를 조절해야 하므로 간식을 일체 먹지도 못하게 했다고 한다. 그런데 시간이 지나다 보니 토끼뜀도 코치 바로 앞에 가서 뛰고 윗몸일으키기도 횟수를 몰래 줄이고 간식도 몰래몰래 챙겨 와서 먹고 이런 요령이 생겨서 그런 재미에 더 했다고 한다. 그런데 어느 날 점프연습을 하는데 공중 회전 장치 없이 그냥 뛰는데도 3회전이 그냥 되는 게 아닌가. 그래서 그대로 연습을 더 해서 주니어 대회에 나가서 바로 1등을 했다고 한다. 그런데 그 대회에서 라이벌이라는 이름으로 불리우는 선수를 만나게 되는데 그게 바로 아사다 마오였다. 이렇게 둘은 어려서부터 라이벌로 자라나게 된다.

그리고 운동을 하다 보면 어려운 점들이 많았다. 한 가지 다른 운동에서 예를 들면 예전에 한번 발레리나의 발이 나온 광고를 본 적이 있을 것이다. 다 망가지고 기형으로 되어버린 발이 세계적인 발레리나의 발이라는 충격적인 광고였다. 사실 피겨스케이팅이라는 게 빙판 위에서 하는 발레 같은 것이다. 사실 땅바닥도 아니고 미끄럽고 딱딱한 얼음판 위에서 스케이트를 신고 뛰고 돌고 하는데 발하고 발목이 멀쩡할 리가 없다. 그래서 항상 고통과 부상을 달고 살았다. 그 고통 때문에 두 번의 은퇴 위기가 있었다.

첫 번째는 주니어대회를 우승하고 나서 발목이 너무 아파서 엄마한테 그만 하겠다고 말씀드리니까, 엄마가 네가 이렇게 힘든데 엄마가 어떻게 하겠니 하고 그만 두라고 했다고 한다. 그런데 코치가 이번 대회만 하고 그만 두자고 한 대회가 바로 전국체전인데 거기서 압도적으로 우승을 하고, 국가대표가 된다. 그래서 첫 번째 고비를 넘기는데 이번에는 스케이트가 말썽이다.

세계 대회를 나가면서 다른 선수들하고 다르게 스케이트를 자주 바꾸게 된다. 연아의 프로그램이 너무 하드해서 스케이트 자체가 오래 버티질 못하는 것이다. 그리고 스케이트를 바꿀 때마다 발목에 무리가 가서 그 고통이 허리까지 전해지게 된다. 그래서 나중에는 대회에 나갈 때 진통제를 먹으면서 나가게 된다. 침과 척추교정 무슨 방법을 써도 되지 않자 다시 한 번 은퇴를 결심하지만 대회를 포기하고 몇 달 동안 스케이트를 접고 치료에만 몰두하게 된다. 그 결과 많이 나아져서 세계대회에서 좋은 성적을 올리게 된다. 이처럼 운동선수는 잘 하고 못하고를 떠나서 부상과 치료, 슬럼프와 상승을 반복하면서 성장을 한다고 이야기를 한다.

김연아 선수의 마음속을 들여다보고 싶은 생각에 이 책을 읽게 되었다. 그중에서 김연아 선수의 미소가 아주 특이한데, 그 부분에 이런 이야기가 나온다. 자신이 여러 가지 연기를 하던 중 록산느의 탱고라는 프로그램을 하는데 감정처리를 어떻게 해야 점수가 높게 나오는지 연습을 하는데 가장 반응이 잘 오는 게 바로 일명 썩소(썩은 미소라는 뜻)였다는 것이다. 그래서 그 프로그램에서 익힌 썩소를 지금까지 써먹고 있다는 이야기를 하는 부분이 재미있었다.

지금까지는 어떤 기술적인 부분의 이야기를 했다면 정신적인 부분에 대한 이야기도 나온다.

우선 첫 번째로 매 경기마다 고비를 넘기면서 생긴 어떤 기적에 대한 생각을 이야기 한 부분이다. "기적을 일으키는 것은 신이 아니라 자신의 의지라고 한다. 기적을 바라기만 하고 아무 노력도 하지 않는 사람에게는 기적은 일어나지 않는다. 기적은 신이 내려주시는 것이 아니라 자신의 의지와 노력으로 일으키는 것이기 때문이다. 이번 시즌에서 내가 거둔 성적은 부상과 싸우면서도 포기하지 않았던 내 의지가 있었기 때문에 가능한 것이다. 아마도 그런 나를 기특하게 여긴 신께서 보내주신 선물이다."

두 번째로는 "이것 또한 지나가리라."라는 말이 있다. 힘들었던 시기마다 김연아에게 힘이 되어준 글귀라고 한다. 이 글은 옛날 페르시아의 왕이 슬플 때 좌절하지 말고 기쁠 때 오만해지지 않기 위해 반지에 새겨 넣고 다니던 문구라고 한다. 이 말처럼 모든 것은 흘러가 버리기 때문에 중요한 것은 오늘 그리고 오늘에서 비롯된 내일임을 알아야 한다고 이야기하고 있다. 물론 뛰어난 신체 능력과 훈련도 중요하지만 이런 정신적인 부분에서 강인해지지 않았다면 결코 현재의 김연아는 만들어지지 않았을 것이다.

마지막으로 피겨를 사랑하는 팬들에게 보내는 편지에는 우리가 피겨를 보면서 꼭 알아두어야 하는 글들이 써 있다. 우선 자신이 한국에서 시합을 할 때 너무 많은 관심을 보내준 것은 고맙지만 너무 큰 함성이나 박수 소리는 시합에 방해가 돼서 참아 달라는 것, 그리고 북반구의 추운 나라의 아이들은 스케이트를 신고 어려서부터 다니지만 우리나라는 그렇지 못하기 때문에 많은 관심을 가져주시고 스케이트를 많이 타서 더 좋은 선수들이 나올 수 있도록 해달라는 이야기가 나온다. 그 외에도 많은 이야기들이 나오니까 읽어보면 재미있을 것 같다.

이번엔 소개한 7분 드라마는 사실 김연아가 금메달을 딴 밴쿠버 올림픽을 겨냥해서 나온 기획물이었다. 그래서 김연아의 금메달 소식과 함께 책의 판매량이 급증했던 책이기도 하다. 내용은 대부분 김연아가 직접 쓴 내용들로 말투 자체가 어린소녀의 말투로 되어 있던 것이 특징이기도 했다. 책을 소개함에 있어서 어려웠던 점이 있었는데, 그것은 바로 김연아의 일거수일투족을 너무 많이 방송에서 소개를 해서 새로운 것을 찾기가 어려웠다. 사실 앞에서 장황하게 어떻게 피겨에 입문을 해서 어떤 어려움을 가지고 훈련을 했으며 지금도 어떤 문제를 가지고 있는지 TV만 틀면 자주 나와서 책에서 새로움을 뽑기가 어려웠다.

그런 와중에서도 한 가지 희망이 있었으니 그것은 바로 김연아의 마음속에 있는 이야기를 읽을 수가 있었다. 그래서 이 책 앞부분에 '이것 또한 지나가리라' 라는 제목을 달게 되었다. 김연아의 생각 중에 모든 어려움을 이기고, 영광 또한 뒤로 한 채 하루하루를 열심히 살게 한 원동력이 바로 이 말이 아니었을까 하는 생각에 뽑게 되었다. 사실 나 자신도 군대에 있을 때 화장실에서 좋은 글들이 많이 써 있는 것을 보았다. 그 이유는 자살을 예방하기 위해서다. 그 글귀 중에 이런 말이 있었다. '우리는 먼 미래의 문제를 어떻게 해결하는가 우리는 걱정으로는 미래의 문제를 해결할 수 없다. 단지 하루하루의 문제를 해결함으로써 먼 미래의 문제를 해결할 수 있다.' 라는 문구를 보고선 마음에 새긴 적이 있다. 그런데 캐나다에 유학을 가선 똑같은 문장이 영어에 있다는 사실을 알고 깜짝 놀랐다. 그것은 바로 'Take care today and tomorrow, it will take care itself.' 였다. 오늘과 내일의 문제만 해결하면 미래는 스스로 해결될 것이다. 라는 말인데 사실 같은 뜻이다. 이것 또한 지나가리라 라는 말 역시 어떤 고난도 어떤 영광도 미래의 관점에서 보면 순간일 뿐이기 때문에 일노일소하지 않고 묵묵히 자신의 길을 가겠다는 어떤 비장한 각오가 보이는 부분이었다.

참 그리고 나중에 황금어장의 무릎팍도사에 나왔을 때 이 글이 새겨진 묵주반지를 잃어버렸다고 한다. 그래서 금으로 된 반지는 금메달과 인연이 없다는 브라이언 오서 코치의 이야기를 듣고선 은으로 반지를 만들고 똑같은 말을 새겨선 대회에 나가서 금메달을 땄다고 한다. 김연아의 마음의 소리를 직접 듣고 싶어하는 분들에게 추천하는 책이다.

나를 바꾼 한 권의 책

영원히 철들지 않는 남자들의 심리

나는 아내와의 결혼을 후회한다 / 김정운

*결혼은 새장과 같은 것이다. 밖에 있는 새들은 부질없이 들어가려고 하고,
안의 새들은 부질없이 나가려고 애쓴다.*
- 몽테뉴 -

'나는 아내와의 결혼을 후회한다' 라는 책은 사실 아내 지인의 소개로 책을 읽게 되었다. 이 책의 제목은 위험하지만 내용 중에선 사실 아내하고의 결혼을 후회하는 이야기가 나오는 것이 아니라 다행이라는 뜻으로 쓰고 있다. 이 책의 실질적인 제목인 부제는 '영원히 철들지 않는 남자들의 문화심리학' 이라고 한다. 개인적으로 이 책의 제목을 '놀아야 성공한다.' 라고 생각한다. 왜냐하면 별로 아내와의 결혼을 후회하는 이야기는 안 나오기 때문이다.

이 책의 저자는 문화 심리학자이다. 노는 만큼 성공한다는 게 저자의 성공 철학이다. 그런데 정작 자신은 이런 생각을 전파하느라 재미있게 일상을 보내지 못하고 있는 모순된 삶을 살고 계신 분이다. 그래서 이런 것은 사는 것이 아니야 라고 생각을 해보니 주변에서 더 많은 모순을 발견하고 한 가지씩 이야기를 쓴 것으로 재미있는 이야기가 많이 나온다.

예를 들면 이런 이야기이다. 좋은 학교를 우수한 성적으로 나와서 엘리트의 길을 걷고 정년퇴임을 한 분이 있었다. 퇴임을 하고 보니 자신의 성공 이면에는 아내의 내조가 크다고 생각을 해서 남은 생은 아내를 위해서 살기로 결심을 했다. 그래서 매일같이 좋은 곳에 데리고 가서 쇼핑도 하고 식사도 하고 관람도 갔다. 그런데 아내의 얼굴은 펴지지가 않았다. 그런데 어느 날 저녁에

밥을 먹으면서 아내가 하는 말이, "여보 드릴 말씀이 있는데요." "그래요. 당신, 그렇지 않아도 물어보려고 했어요. 무엇이 더 필요해요?"라고 묻자. "이제 혼자 놀면 안 돼요?" 라고 대답을 했다는 것이다. 그러면서 이제 일본도 우리나라도 황혼이혼증후군이 생기고 있다. 아내들은 더 이상 남편에게 눌려 살기를 원하지 않는다. 라고 말을 한다. 그러면서 남자들은 이제 아내들에게 꼭 붙어서 살아야만 한다는 생각으로 아내에게 이길 생각을 하지 말고 모시고 살아야 한다고 말을 한다.

책의 앞부분에 아내와의 대화에서 이 이야기가 나온다. 아내에게 물었다. 나하고의 결혼을 만족하냐고 말이다. 그러자 아내가 대답한다. 아주 가끔씩 만족을 한다고. 그리고 남편이 대답하기를 나는 가끔씩 당신과의 결혼을 후회한다고 대답을 한다. 이 말은 마치 손가락으로 최대한 크게 동그라미를 크게 그려봐 그리고 그걸 뺀 만큼 너를 사랑해 라고 말하고 있다. 가끔씩만 후회하고 대부분은 만족을 하고 산다는 이야기이다. 그런데 재미있게도 여기에도 남자와 여자와 후회를 하는데 차이가 나온다. 남자는 하지 못한 일에 대해서 후회가 많은 반면, 여자는 한 일에 대해서 후회를 한다는 것이다. 예를 들면 남자는 첫사랑을 못 잊지만 여자는 지금의 남편과 결혼한 것을 후회하는 경우가 많기 때문이다.

한국 남자들이 세상에서 가장 힘들게 사는 이유를 책에선 간단하게 설명을 해준다. 그것은 바로 재미가 없기 때문이다. 한국에서 성공이라고 하는 것은 열심히 일해서 인정받고 출세하는 것만이 유일하게 성공이라고 생각하기 때문이다. 그래서 많은 성공서적들이 불티나게 나간다. 아침형 인간, 습관을 바꿔라, 공부를 해라, 시간을 관리해라, 네가 가난한 이유는 네 성격 탓이다 등등. 이런 책들만 나가기 때문이다. 그런데 저자는 이런 이야기들은 다 헛수고일 때가 많다고 한다. 그 이유는 바로 사람은 쉽게 바뀌지 않기 때문이다. 그래서 자신이 즐길 수 있는 생활을 하는 것이 가장 좋은 성공 비결이라고 한다. 성공이란 남들이 알아주는 것이 아니라 내 자신이 행복해지는 것이기 때문이다.

행복이란 하루에 행복한 시간이 얼마나 지속되느냐에 달려 있다고 말한다. 이처럼 자신의 하루 중에 행복한 시간을 만들어서 즐기면 된다. 아내를 위해서 남편을 위해서 아니면 아이들을 위해서가 아니라 자신을 위한 시간을 만들라고 말을 한다. 그것이 음악을 들으면서 커피를 즐기는 한 시간이 되었던 아니면 운동을 하는 것이던 말이다. 그렇게 쌓인 행복한 시간들이 나의 행복을 만들어 준다. 이 외에도 문화심리학자답게 어려운 이야기를 쉽게 풀이해 줘서 웃으면서 읽을 수 있는 이야기가 많으니까 한번 읽어 보기 바란다.

사실 김정운의 책은 여러 번 읽고 방송에서 책을 소개한 적이 있다. 노는 만큼 성공한다 라는 책이었는데, 휴테크성공학과 같이 재미있는 생각과 아이디어로 많은 분들이 좋아했던 책이다. 이 책은 재미있게 노는 법을 알려준다. 사실 나는 아내와의 결혼을 후회한다고 앞에서 말한 것처럼 후회하는 내용은 한 전체의 3% 정도 나오고 나머지는 어떻게 해야 인생을 후회하지 않고 놀수 있는가에 대해서 알려주고 있다.

왜 우리는 노는 것조차 공부를 해야 하는가에 대해서 슬픈 진실을 짚고 넘어가야만 한다. 우리는 노는 법을 배운 적이 없다. 오직 공부하는 법만 배웠다. 아이들은 어려서는 유아원에서 친구들과 어울려 놀다가 어느 순간부터는 한글과 영어 숫자를 공부만 한다. 그리고 노는 것이 아니라 같은 공간에 있다는 것만으로 아이들과 어울린다고 생각을 하게 된다. 그리고 그 상태가 학년이 올라갈수록 심각해진다. 집은 잠깐 들렸다 가는 곳이 되고 대부분의 시간은 자신과의 싸움으로 보내게 된다. 그리고 그 싸움에서 성공한 사람은 사회에서 높은 자리에 앉게 되고, 자신만을 위해서 싸운 사람은 다른 사람들과의 경쟁에서 자신의 자리를 지키기 위해서 퇴직의 그날까지 전투적으로 인생을 산다. 그리고 잠깐의 휴식이 주어지면 그야말로 최선을 다해서 논다. 1차에 이어 2차, 3차, 그리고 폭탄주와 노래방, 그리고 그 다음날에는 또 다른 경쟁을 한다. 여기 어디에 다른 사람과 같이 놀고 배려하는 문화가 있는가? 사실 이 이야기들이 과장되어 보이지만 우리 인생을 들여다보면 별로 다른 것은 없는 것 같다.

그렇다면 이런 사회에서 우리는 어떻게 해야지만 재미있게 놀 수가 있을까?

그것은 첫 번째로 혼자서 놀면 안 된다. 사람은 사회를 이루는 동물이다. 사회적 동물에게 있어서 첫 번째로 쳐주는 쾌감은 뭐니뭐니해도 다른 사람에게서 듣는 칭찬이다. 왜 많은 아이들이 연예인을 하고 싶어하고 돈을 번 사업가들이 정치에 입문하려 하겠는가. 그것은 바로 다른 사람들에게서 인정을 받고 싶어하기 때문이다.

두 번째로는 육체적인 운동이 따라주는 것이 좋다. 요즘 인터넷의 발달로 온라인으로 집단적으로 모여서 노는 사람들이 많아졌지만 사실 거기는 가상의 공간일 뿐이다. 사람들이 아무리 많이 모여서 무언가를 이루어낸다 하더라도 그것은 로그아웃만 하면 나올 수 있는 익명의 공간이다. 사람은 자신의 얼굴과 육체를 걸고 무언가를 이루었을 때의 쾌감에 비하면 아무것도 아닌 것이다.

세 번째는 앞의 것들에 앞서서 자신에 대한 정확한 판단이 필요하다. 자신이 잘 할 수 있는 것과 좋아하는 것을 구분하는 것이 좋다. 그리고 될 수 있으면 잘 할 수 있는 것에 취미를 붙여서 하는 것이 좋다.

사실 이 부분은 책을 소개하면서 꼭 하고 싶었던 것이지만 책의 내용과는 상관 없는 부분이 많아서 소개 못한 부분을 이번 기회를 통해서 설명을 한 것이다. 책을 읽을 때 저자의 과거의 책을 같이 읽어보면 이해를 하는데 도움이 될 것 같다.

나를 바꾼 한 권의 책

한 사람 입에서 나온 말이
만인을 흔든다

너 정말 우리말 아니? / 이어령

당신이 수다를 떨면 떨수록 사람들은 그만큼 당신이 한 말을 기억하지 못한다.
- 페네롱 -

　이번에는 2009년 한 도시 책 한 권 읽기 원주 선정도서를 소개하겠다. 제목이 '너 정말 우리말 아니?' 라는 책이다.
　이 책은 「이어령의 춤추는 생각학교」라는 책의 시리즈 중 4번째 책이다. 이 시리즈는 대한민국의 현재를 날카롭게 진단하고 새로운 미래를 위해 따끔한 조언을 아끼지 않는 이어령 선생의 첫 어린이 책이다. 생각을 생각하기, 원리로 생각하기, 발명으로 생각하기, 한국말로 생각하기, 한국인으로 생각하기 등 생각의 개념 정리에서부터 생각 응용 방법까지 총 10권에 나누어 다룬다.

　혹시 이어령 씨가 누구신지 모르는 분들을 위해 소개를 하면 이어령 선생님의 어머니는 책을 무척 좋아하였다. 선생님이 글자를 모르던 어린아이 때부터 잠들기 전 머리맡에서 책을 읽어 주었는데, 그 덕분에 선생님은 문학에 눈을 뜨게 되었다. 선생님은 법관이나 의사가 되기를 바랐던 가족들 몰래 서울대학교 국문학과에 들어가 대학을 졸업했던 스물네 살에 문학 평론가가 되었다. 서울올림픽 때는 개회식과 문화 행사를 이끌었는데, 굴렁쇠를 굴리는 호돌이 아이디어는 전 세계를 깜짝 놀라게 했다. 그 뒤 초대 문화부 장관이 되었으며, 저서로는 100만 부가 넘게 팔린 '흙 속에 저 바람 속에', 일본에서 큰 반향을 불러일으키며 세계 여러 나라 말로 번역·출간되어 세계의 석학들이 타는 아주 큰 상을 받게 했던 '축소지향의 일본인' 등이 있다. 지금도 여러 분야에서 새로운 일을 하는데, 전 문화부 장관, 문학 박사, 문학 평론가, 소설가, 시인, 이화여대 명예석좌교수, 언론인 등으로 불리우고 지금은 중앙일보 상임고문 등을 하고 있다.

그런데 왜 어린이들을 위한 책을 쓰게 되었을까?
그것은 바로 21세기 교육의 화두는 '창의력' 이기 때문이다. '창의력', '창조적 사고' 는 교육뿐 아니라, 모든 분야에서 절박하게 요구하는 '덕목' 이자, '능력' 이다. 교육열에 관한 한 세계에서 둘째가라면 서러울 우리나라 부모들 덕분에 '창의력' 은 학교에서 뿐만 아니라 사교육 시장의 좋은 상품이 되어 왔다. 과목 관련 학원은 학원대로 다 다니고 '창의력 학원' 은 따로 다니는 아이들의 수가 늘고 있을 정도이다. 하지만 '창의력' 은 억지로 배워서 얻어지는 것이 아니라, 머리에, 몸에 아로새겨져서, 넓고 자유롭게 생각할 수 있는 태도와 능력이 곧 '창의력' 이기 때문이다.

이 책에선 우리말의 우수성과 아름다움에 대해서 이야기를 해주고 있다. 예를 들면 신체에 관해서 재미있는 표현들이 많다. 우리는 세 개의 리를 가지고 있으며, 3개의 가락을 가지고 있다. 그것은 바로 머리, 허리, 다리이고, 세 가지 가락은 머리카락, 손가락, 발가락이 그것이다. 영어에서는 헤드, 웨이스트, 레그 등으로 전혀 다르게 쓰는 표현을 우리는 리 자를 붙여서 신체를 나누어서 표현을 한다. 그리고 가락이라는 표현도 재미있는 것이 어떤 것이 붙었는데 나누어진 것을 가락 혹은 가지라고 한다. 손가락은 손바닥이 갈라진 것이고, 발가락은 발이 갈라져서 발가락이 되었다. 그리고 머리도 머리에 나와서 나누어진 가락이라 머리카락이라고 한다. 이처럼 우리말은 몸을 표현하는 데도 규칙과 이유가 있음을 알려준다.

또한 아 다르고 어 다르다 편에선 의미에 관한 이야기가 나온다. 우리나라 말은 우랄알타이어 계로 조사의 차이로 의미가 전혀 달라진다. 책에서는 토씨라고 표현을 한다. 공부를 하자 하고 공부나 하자 라고 했을 때 하는 일은 같지만 뜻은 전혀 달라진다. 공부를 하자 할 때는 공부에 집중을 하자라는 의미이지만 공부나 하자 라고 했을 때에는 할 일이 없어서 공부나 하자라는 뜻이 된다. 그리고 영어나 중국어 같은 경우 어순에 따라서 전혀 다른 의미가 될 수가 있다. 그러나 우리말 같은 경우 조사를 바꾸지만 않는다면 같은 뜻을 유지할 수 있다. 예를 들어 '나는 오늘 너하고 밥을 먹었다.' 에서 '너하고 밥을 나는 먹었다 오늘.' 이라고 이야기를 해도 의미에는 전혀 차이가 없지만, 영어 같은 경우 주어가 바뀌기 때문에 전혀 다른 의미가 될 수가 있다. 그래서 우리말이 다른 나라보다 재미있게 꾸며질 수 있으며, 장난을 칠수 있음을 보여주는 이야기들이 나온다.

책에선 '어쨌든' 이라는 표현은 언제든지 쓰기는 쉽지만 절대로 쓰지 말라고 한다. 영국의 한 국회의원은 항상 퇴근을 할 때 고기를 사가지고 집에 돌아갔다. 그런데 꼭 10원씩 20원씩을 깎아서 사는 것 아닌가? 그래서 수행하는 보좌관이 물었다. 수상각하같이 사회적인 위치도 높은 분이 정육점 주인이랑 실랑이를 하는 것이 보기가 좋지 않다. 왜 그렇게 몇푼 안 되는 돈을 가지고 실랑이를 하는지 묻자 국회의원은 이렇게 이야기를 한다. "나는 지금 가격을 깎은 것이 아니라 협상하는 연습을 하고 있네. 나는 저 사람이 정육점 주인이 아니라 상대당의 당수라고 생각을 하고 협상을 하는 것이지, 내가 만약 무조건 깎아 달라고 하면 그 사람이 깎아주겠나 그러니까 상대를 이해시켜서 깎을 수 있는 방법에 대해서 연구를 하고 있는 것이지." 라고 말이다. 그래서 절대로 어쨌든이라는 표현을 쓰기 전에 생각을 하고 답변을 할 수 있는 준비를 해야 한다.

나를 바꾼 한 권의 책

준비된 자만이
희망을 꿈꿀 수 있다

앨버트로스의 똥으로 만든 나라 / 후루타 야스시

지금 바로 이 순간, 2050년의 세계가 어떠한 모습일지 결정되며,
2100년의 세계가 어떻게 변할지 준비되고 있다.
- 자크 아탈리 -

이번에는 '앨버트로스의 똥으로 만든 나라' 라는 책을 소개하겠다.

앨버트로스 하니까 어려운 것 같지만 사실은 바닷가에 사는 갈매기의 한 종류의 이름이다. 한때는 번성했던 새지만 지금은 멸종 위기종으로 지정이 되어 있다. 그리고 나우루라는 섬나라가 있는데, 산호 위에 앨버트로스가 똥을 싸서 굳어서 만들어진 섬이다. 그래서 이 섬에는 인광석이라는 아주 좋은 품질의 비료를 생산할 수 있는 광물이 섬 전체에 있었다. 사람들은 이 광물을 팔아서 생활하다 보니 섬나라 주민 모두가 일하지 않아도 놀고 먹을 수 있는 나라가 된다. 그런데 이게 허구의 나라가 아니다. 정말로 지금도 존재하는 섬나라이다.

그런데 아무리 인광석이 많아도 모두가 놀고 먹으면 일은 누가 할까?

외국인들에게 시키는 것이다. 외국인 노동자들을 불러다가 모든 일을 시킨다. 1981년에 우리나라의 국민소득이 1800달러 정도였을 때 이곳은 국민소득이 2만 달러가 넘었기 때문에 돈을 써도 써도 남아 돈다고 이야기가 나올 정도였다. 그래서 국민들에게 주는 서비스가 이만 저만이 아니다. 우선 세금이 없다. 그리고 학교와 병원도 모두 다 공짜로 쓸 수가 있고, 심지어는 모두 다 일을 하지 않기 때문에 빈부의 차이도 없다. 그리고 결혼을 하면 국가에서 공짜로 방이 두 개가 있는 집을 그냥 준다. 그런데 이런 이상적인 나우루 공화

국에도 위기가 찾아오게 된다.

끝없이 나올 것 같던 인광석의 매장량이 끝을 보이기 시작한 것이다. 그런데 나우루 사람들은 뭔가 생산을 해서 돈을 벌 생각을 전혀 하지 못하고 있었다. 왜냐하면 일을 해서 돈을 벌어본 사람들이 없었기 때문이다. 100년 전만 해도 땅이 워낙에 질이 좋아서 그곳에서 생산되는 곡식과 나무열매만 가지고도 충분히 자급자족을 할 수 있었지만 인광석 때문에 모든 농장을 다 파헤쳐서 더 이상 아무것도 생산할 수 없는 땅으로 바뀌었기 때문이다. 그뿐만 아니라 사람들도 놀 줄만 알지 어떤 일을 해야지만 돈이 되는지를 전혀 알지를 못해서 편법을 쓰기로 한다.

그것은 바로 국적을 파는 것이다. 만약 자신들의 나라로 이민을 신청하면 돈을 받고 허가를 내준다. 그러면 전세계에서 부자들이 세금을 피하기 위해서 이 나라로 이민을 온다. 그런데 그런 돈들은 대부분 뒤가 구린 암흑가나 나쁜 사람들의 돈이 들어오지만 나우루는 주권이 있는 나라로서 별생각 없이 받아들인다. 그런데 2001년 9월 11일 미국의 테러로 검은 돈의 출처가 되는 은행은 용납할 수가 없다고 한 미국에 의해 나우루의 은행은 파산하게 된다. 결국 그동안 해외 자본과 빌려다 쓴 차입금을 갚지 못해서 나라가 부도 위기에 몰리게 되었다.

그러자 이번에는 난민들을 받아서 난민 수용소를 만들고 외국으로부터 난민을 수용한 대가로 돈을 받아서 나라를 위태롭게 유지하는데, 문제는 너무 많은 난민을 받다 보니 결국 한계에 이르고 난민은 난민대로 불만을 터트리고, 그 와중에 월급을 못 받은 외국인 노동자까지 파업을 해서 나라꼴이 말이 아니게 된다.

그런데도 나우루 사람들은 생산적인 일을 하지 않으려고 했을까?
노력은 했다. 그러나 번번이 허사였다. 예를 들어 어장을 만들어 주면 물고기를 잡아서 시장에 팔아야 하는데 물고기는 잡아서 그냥 자기가 먹고 취미로 잡고 나중에 물고기의 씨가 마르면 그냥 풀장으로 쓰는 것이다. 이러한 나라를 개혁하고자 새로운 지도자가 나타났지만 번번이 수구세력에 의해서 좌절되고 만다. 책에는 이러한 이야기가 그림으로 자세히 그려져 있으며, 책의 끝 부분에는 나우루의 사진과 설명이 나와 있다.

경작지를 밀어내고 닥치는 대로 인광석을 파낸 결과 국토는 만신창이가 되었다. 도로와 주거 지역을 제외한 모든 곳에 기괴한 바위가 모습을 드러냈는데, 그 면적이 섬의 80%에 달했다. 채굴 양이 줄어든 만큼, 인광석 수출에만 의존하던 국가의 재정 또한 바닥을 드러냈는데, 동시에 국민들의 삶에도 빈곤이 찾아들었다. 경제력이 낙후되자 식료품이나 공산품은 물론 석유 수입조차 여의치 않아 섬은 고립되고 말았다. 현재 나우루의 생활은 세계 최빈국 수준인데, 사람들은 허름하고 낡은 가옥에서 변변치 못한 음식을 먹으며 어렵게 살고 있으며, 전기가 들어오지 않아 여기저기 뒹구는 고가의 가전제품들이나 기름이 없어 녹슨 채 방치된 고급 자동차들만이 부유했던 과거를 대변해 주고 있다.

이 책을 읽으면서 개인적으로는 저축을 해야겠다는 생각을 많이 하게 되었다. 내 인생에서 돈을 벌 수 있는 시간이 한정되어 있는데 이것을 낭비하면 나중에 나의 노동력이 고갈되면 결국 비참한 생활을 할 수밖에 없지 않나 하는 생각을 했다. 또한 이 이야기를 크게 보면 인류의 미래에 대한 경고라는 생각이 든다. 지금 인류는 석유와 자원을 마치 영원히 나올 것처럼 사용하고 있지만 언젠가는 나우루의 인광석처럼 고갈되고 만다는 사실이다. 나우루는 단순히 한 섬나라의 이야기가 아니라 인류가 봉착할 미래에 대한 경고이다. 책의 내용은 간단하고 이야기는 쉽지만 많은 생각을 하게 한다.

이 책은 사실 TV에서 먼저 보고 소개를 하게 되었다. 그런데 제대로 본 것이 아니라 끝부분만 봐서 도대체 이 나라에 무슨 일이 있었기에 이렇게 된 것일까 해서 이 책을 보고 소개하게 되었다.

　특히 소개할 때 일단 자원을 다 쓴 다음에는 무슨 일이 벌어졌을까요? 라는 부분에 대해서 더 관심을 가지고 소개를 했다. 그리고 책에선 사람들이 게을러서 그렇게 된 것이라고 하지만 더 깊이 생각해 볼 필요가 있다. 사람들을 무력하게 만든 시스템이 더 큰 문제였다. 사실 자원이 없어도 잘사는 나라들은 많다. 그리고 그런 나라일수록 교육에 대한 투자와 시스템이 엄청나다. 그 시스템의 중심에는 경쟁이라는 중요한 핵심이 있다.
　그런데 이 나라는 경쟁을 피하기 위해서 공산주의처럼 모든 사람을 평등하게 부자로 만들었다. 그 결과 나라 전체가 망했는데도 불구하고 아무도 일으키려고 하지 않았다. 아니 일으키려고 해도 발목을 붙잡아서 설 수 없게 만들었다. 마치 물고기를 죽이지 않고 가지고 오려면 천적을 물탱크 안에다 넣지 않으면 안 되듯이 경쟁이 없는 사회는 스트레스는 없겠지만 미래도 없는 것이 아닌가 하는 생각을 하게 되었다.

　그리고 책의 마지막에 인류에 대한 경고는 만약 인류가 우주로 나간다면 지구는 나우루처럼 버림받은 행성이 되지 않을까 하는 생각이 들었다. 이 이야기는 파라다이스라는 베르나르 베르베르의 소설에서도 등장한다. 같이 읽으면 재미있을 것 같다.

나를 바꾼 한 권의 책

지구의 주인은 내가 아니라 우리다

숨 쉬는 도시 꾸리찌바 / 안순혜

> 사람의 손으로 만든 모든 것은 반드시 아름답거나 추한 모습을 띠게 된다.
> 만약 자연과 조화를 이루면 아름다운 것이고,
> 자연과 조화를 이루지 못하거나 자연에 위협을 가하면 추한 것이다.
> – 윌리엄 모리스 –

'숨 쉬는 도시 꾸리찌바' 라는 책을 소개하겠다.

꾸리찌바는 브라질의 도시로서 리오데자네이루에서 남쪽으로 800km에 위치한 대전보다 조금 큰 전형적인 대도시이다. 꾸리찌바라는 뜻은 인디오말로 빠라나 소나무라는 뜻이다. 이 도시가 책의 주인공이 될 수 있었던 것은 이 도시의 시스템이 친환경적이면서도 결코 어렵게 시도하지 않아도 되기 때문이다.

꾸리찌바는 가지고 있는 자원을 최대한 활용하는 시스템을 가지고 있다. 예를 들면 도시계획 자체가 보행자 중심으로 설계되어 있어서 시내 중심도로에서 차보다는 사람들이 걸을 수 있도록 되어 있다. 대신 버스를 3가지로 나누어서 순환을 해서 지하철이 없어도 무료 환승으로 도시 어디라도 갈 수 있도록 만들었다. 두 번째로는 나무 보호 정책으로 나무마다 모두 시청에 등록을 해 나무를 자르려면 시청에 신고를 하고 다시 꼭 심어야 한다.

세 번째로는 뛰어난 재활용 정책이 도시를 살리고 있다.

어린아이들이 빈 병과 폐휴지를 주면 선생님이 예쁜 자동차나 공책 등을 나누어 주는데, 이것들은 모두 재활용된 장난감과 공책이다. 그래서 어려서부터 재활용에 대한 교육을 시킨다. 두 번째로는 거대한 재활용 공장이 있다는 사실이다. 그곳에서 도시에서 모아온 재활용 쓰레기를 재생해서 다시 도시에서 쓸 수 있도록 만든다. 공장에서 일하는 사람들은 알코올 중독자나 실업자 장애인들이라고 한다. 그들에게 일거리를 줘서 사회에 적응을 시키고 있는 것이다. 그리고 거기서 나오는 수입으로 다시 사회를 위해서 쓰는 것이다.

환경도시의 기준에는 여러 가지가 있지만 이 세 가지가 가장 중요하다.
1. 숲이나 산이 우거지고 물이 깨끗하여 사람 뿐만 아니라 여러 가지 생물이 살 수 있어야 한다.
2. 자원을 절약하고 재활용하면 무공해 에너지를 사용하는 체계를 갖추어야 한다.
3. 시민의 편의를 최대한 고려하여 도시를 건설하고, 교통계획과 인구계획이 조화롭게 잘 되어 있어야 한다. 이런 도시들은 영국의 밀턴케이스, 미국의 데이비스, 독일의 베를린, 슈투트가르트, 프라이 부르크, 일본의 기타큐슈 등이 있다.

숨 쉬는 도시 꾸리찌바는 자연의 소중함을 마음으로 느끼도록 했다. 동화를 읽는 어린이들 스스로 환경이 정말 중요한 거라는 것을 느끼고, 내가 사는 도시를 위해 나는 무슨 일을 할 수 있을까? 하고 실천하도록 하는 동화이다. 또한 이 책은 기행문 형식의 동화이다. 환이를 따라 브라질의 생태도시 꾸리찌바를 여행하는 동안 생태도시란 무엇인지 또 어떻게 생태도시를 만들고 관리하는지, 생태도시를 만들기 위해 어린이 스스로가 어떤 일을 할 수 있는지에 대한 정보도 자연스럽게 배우게 된다.

나를 바꾼 한 권의 책

간절히 원하는 것에 에너지를 집중하라

몰입 / 황농문

> 긍정적으로 생각하라.
> 원하는 것을 마음 속 깊이 생각하고 또 생각하면 그 바람은 어김없이 현실로 나타난다.
> 원치 않는 걸 떠올리지 말고 갖고 싶은 것, 하고 싶은 것을 생각하라.
> – 앤드류 매튜스 –

이 책에서 말하는 몰입이란 무엇을 말하는 것일까?

예를 들어 아프리카 초원에서 갑자기 사자를 만났다고 생각해 보자. 아마 그때는 무사히 빠져 나갈 방법만 생각하게 될 것이다. 마치 그런 것처럼 한 가지 생각에만 집중해 있는 상태를 몰입이라고 한다. 그런데 이 세상에 있는 많은 부자나 성공한 사람들 혹은 공부를 잘 하는 사람들의 특징 중 한 가지가 바로 몰입이다. 이 책은 몰입하는 방법을 알려줌으로써 우리를 성공의 길로 인도한다.

그럼 몰입을 하려면 어떻게 해야 할까? 그냥 집중하기만 하면 될까?

아니다. 몰입을 하기 전에 몇 가지 중요한 조건이 있다. 첫 번째는 바로 충분한 수면이다. 저자는 학교를 다닐 때 잠자는 시간을 줄여가면서 공부를 했는데 신체적 정신적인 문제만 더 생겨서 도로 충분한 수면을 취했다고 한다. 특히 몰입에 있어서도 잠은 굉장히 중요한 요소이다. 잠을 자는 동안 모든 정보가 필요한 것과 필요 없는 것을 구분하기 때문이다. 또 신체적으로도 몸에 있는 나쁜 요소들을 정화시켜주기 때문에 꼭 필요하다.

두 번째는 하루에 한 시간 이상의 격렬한 운동이다. 이때는 몰입한 문제에 대해서 생각하지 말고 운동에 집중하는 것이 좋다. 그래서 테니스, 배드민턴, 격투기 등 격렬하면서 승패에 집중하지 않으면 안 되는 운동을 하는 것이 좋다.

세 번째는 몰입한 주제에 대한 경험이다. 특히 1년 이상의 경험이 필요하다는데, 몰입이라는 것은 일종의 이미지 트레이닝이다. 어떤 주제를 직접 실험하는 것이 아니라 머릿속에서 가상으로 실험을 하는 것이다. 그런데 경험이 없으면 몰입할 수 없을 뿐만 아니라 재미도 느낄 수 없다.

그럼 몰입의 준비는 됐고 몰입 자체는 어떻게 해야 하나?

- **1단계, 20분 생각하기**-마라톤처럼 몰입도 준비운동이 필요하다. 생각할 문제를 선정하고 하루에 20분씩 다섯 번, 오직 그 문제에 집중한다. 사고력에 대한 자신감이 생기는 단계이다.
- **2단계, 2시간 생각하기**-10km 마라톤 준비과정이다. 좀 더 어려운 문제를 선정하여 2시간 동안 생각하되, 의자에 앉아 머리를 뒤로 편히 젖히고 산책을 하듯 천천히 생각해야 한다.
- **3단계, 하루 종일 생각하기**-하프 코스 지점이다. 직장인이나 학생은 3단계까지만 체득해도 엄청난 발전을 목격할 수 있다. 2시간 생각하기와 하루 종일 생각하기를 번갈아 가며 반복하되, 땀을 낼 수 있는 운동을 하루 한 시간씩 규칙적으로 한다. 최상의 컨디션이 유지된다.
- **4단계, 7일간 생각하기**-풀코스 도전이다. 고도의 몰입에 이르기 직전 단계로, 난이도가 높은 문제를 일주일 동안 생각한다. 두뇌활동이 극대화되는 단계이다.
- **5단계, 몰입의 절정**-풀코스를 완주한 뒤 달라진 자신의 모습을 확인하는 과정이다. 지극한 행복감과 가치관의 변화를 발견할 수 있다고 한다.

몰입을 하면 생활의 어떤 변화가 생길까?
가장 좋은 것은 생활에 있어서 문제해결 능력이 극대화된다는 사실이다. 몰입을 하면 전에는 전혀 생각하지 못했던 방법이 생각이 나서 생활 자체가 편해진다. 단 생활 자체가 굉장히 단조로워진다는 단점이 있다. 그래서 다른 사람들과 사교적인 생활과는 조금 멀어지는 문제점이 있다. 그러나 자신이 하고 있는 일과 공부 등을 해결할 때 희열을 느끼기 때문에 굉장히 행복하다고 생각하는 생활을 할 수 있다.

몰입할 때 주의 사항 같은 것은 없을까?

있다. 앞에서 말한 운동과 잠을 빼먹고 몰입을 할 때, 혹은 너무 사교적이지 못하면 두통이나 신경쇠약 등에 걸릴 수가 있으며, 더 나아가 우울증에 걸릴 수가 있다. 이것은 많은 천재들이 앓았던 병이기도 하다. 그래서 정해진 시간을 운동하고 규칙적인 몰입을 한다면 인생을 즐겁게 사는 방법이 될 수 있을 것이다.

몰입이라는 책은 사실 나하고는 잘 어울리지 않는 책이었다. 어려서부터 어떤 일에 집중이라는 것 자체를 잘 못하는 성격이라서 굉장히 산만했다. 지금도 책을 읽거나 영화를 볼 때도 한 번에 읽는 것이 아니라 여러 번에 나누어서 읽어야지만 읽을 수 있을 정도로 굉장히 산만하다. 사실 책을 소개할 때도 한 번에 책을 읽는 것이 아니라 여러 번 나누어 읽어서 원고 쓸 때 고생을 많이 했다. 그런 반면에 어떤 작은 걱정거리만 있으면 밤잠을 자지 못하고 걱정을 하는 성격이라 사실 어떤 문제에 푹 빠지게 되면 다른 생각들을 다 잊어버리고 그곳에만 집중하게 되는데 그 자체가 몰입이 아닌가 한다.

이 책은 몰입하는 방법보다는 몰입하는 과정을 자세히 적은 책이 아닌가 하는 생각을 하게 되었다. 문제는 나의 경우 2단계 이상을 넘어가지 못하고 중도에 포기하는 과정이 많다. 대신에 문제를 해결할 때 여기저기 물어보고 찾아보고 실험하는 단계를 겪는다. 그러면서 부족한 부분을 찾아서 채우는 형식으로 문제를 해결한다. 책에는 나와 있지 않지만 사실 몰입에 중요한 과정은 바로 메모가 아닌가 싶다.

내가 몰입을 통해서 어디까지 왔는지를 정확하게 표시하지 않으면 몰입의 과정 자체도 의미가 없어지고 쓸데없이 뇌를 혹사하는 행위가 될 것이기 때문이다. 어떤 문제를 해결하는 순간도 갑자기 찾아오기 때문에 그 순간을 잡아서 메모를 하거나 기록하는 것이 매우 중요하다. 그리고 뇌도 쓰지 않으면 퇴화를 한다고 하는데, 이런 식으로 종합적으로 뇌를 훈련을 시킨다면 나이가 들어서도 좋은 뇌를 유지할 수 있을 것이다.

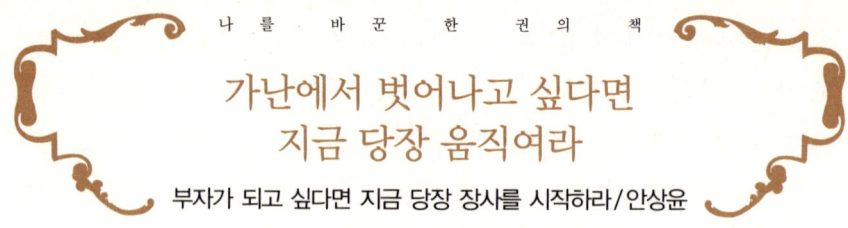

가난에서 벗어나고 싶다면 지금 당장 움직여라

부자가 되고 싶다면 지금 당장 장사를 시작하라 / 안상윤

부란 분뇨와 같다.
축적되어 있을 때는 악취를 풍기지만, 뿌려졌을 때에는 흙을 기름지게 한다.
- 톨스토이 -

이번에는 창업에 관한 책을 소개하겠다. 제목이 '부자가 되고 싶다면 지금 당장 장사를 시작하라'이다.

제목이 강렬한데, 취업은 하지 말고 창업을 하란 말인가?

그렇다. 이 책은 많은 젊은이들이 월급쟁이가 되기 위해서 젊음을 불태우지 말고 차라리 장사를 통해서 부자가 되라고 말하고 있다. 저자는 월급을 받으면 서서히 죽게 된다고 말하고 있다. 이유는 직원은 짤리지 않을 만큼만 일하고, 사장은 나가지 않을 만큼만 주기 때문에 이 과정에서 자신의 능력을 모두 사장시키기에 부자가 될 기회를 잃기 때문이다.

그렇다고 아무렇게나 장사를 시작하면 망할 텐데 책에선 어떻게 장사를 하라고 했는지 세 가지로 압축을 해서 설명하겠다.

1. 인맥을 구축하라.
2. 돈을 버는 시스템을 구축하라.
3. 모든 답은 현장에 있다.

인맥을 구축하라는 것은 무슨 뜻일까?

일반적으로 장사는 돈만 있으면 할 수 있다고 생각하는데, 사실 그 때문에 자영업의 90%가 실패하는 것이다. 돈보다 중요한 것이 바로 인맥이다. 장사는 내가 물건을 만들어서 파는 것이 아니라 남의 물건을 내가 필요한 사람에게 전달하는 것이기 때문이다. 이러한 인맥을 구축하기 위해서 어떻게 해야 할까? 직업을 가져야 한다. 영업직을 택해야 한다. 직접적으로 고객을 상대해야 하는 소매상 영업직은 하기도 힘들고 배우는 것도 별로 없다. 소매상들을 상대하는 도매상 영업직을 택하는 것이 유리하다. 사실 도매상 영업직은 관리이기 때문에 월급을 많이 받지는 못한다. 그러나 거기에 달려 있는 인맥과 지식을 알기 위해서 중요한 과정이다.

일하는 기간은 최소 3년에서 최대 9년 정도까지 생각하면 된다. 최소 3년은 내가 일을 배워서 독립적으로 할 수 있을 정도가 바로 3년이기 때문이고, 그 3년 뒤에는 관리자로서 승진을 해서 주인의 눈으로 일을 해 봐야만 독립을 해서 더 많이 알 수 있기 때문에 최대 9년이라고 했다. 여기서 중요한 부분은 바로 마흔 전에 독립을 해야 한다는 것이다. 마흔이 넘어가면 창조적인 사고가 나오지 않기 때문에 시대의 흐름이나 센스가 떨어지고 만다.

돈을 버는 시스템을 구축하라는 말은 무엇인가?

이 말은 내가 직접 일하지 않아도 돈을 벌 수 있도록 만들어야 한다는 것이다. 가장 중요한 것이 직원을 고용하고 교육시키고 업무를 분담하는 것을 말한다. 많은 자영업자들이 하루에 12시간씩 일을 한다. 그래도 버는 돈이 얼마 안 된다고 생각을 하고 혼자서 혹은 부부가 사업을 할 때가 많다. 그러나 이것은 반은 맞고 반은 틀리다.

내가 혼자 벌면 내가 안 벌면 되지 라는 생각을 하지만 월급을 줘야 하는 사람이 있으면 월급이라도 주려면 더 열심히 일을 해야 한다고 생각하기 때문에 더 열심히 하게 된다. 거기다 자신만의 시간을 만들 수 있기 때문에 장사를 하다가 쉴 수도 있고 생각할 수 있는 여유도 가질 수 있게 된다.

모든 답은 현장에 있다는 것은 무슨 뜻인가?

이것은 직원을 두고 장사를 할 때 사업이 커져서 주인이 세부적인 부분까지 신경을 쓰지 않을 때를 말하는 것이다. 사업이 커지면 모두 직원에게 맡기고 주인은 매출에만 신경을 쓰게 될 때가 있다. 그러다 보면 매출이 줄면 책상 머리에 앉아서 매출이 오를 방법을 생각하고 결정을 하게 된다. 이러면 안 된다. 매장에 직접 나가서 직원들에게 문제가 뭐냐고 물어보고 직원들에게서 해결책을 찾아야만 한다. 답은 현장에 있는 직원만이 알기 때문이다. 많은 뛰어난 사업가들이 이 점에서 실패를 한다.

IMF 이후 취직이 잘 된다는 해는 한 번도 없었다. 그리고 수많은 젊은이들이 특별한 기술 없이 대학을 나와서 놀고 있는 현실은 어쩌면 그들의 잘못이 아니라 우리나라의 잘못된 교육제도와 기업제도라는 사실은 누구나 다 아는 사실일 것이다. 대학은 산업발전 당시의 형태로 대학생들을 마구 생산하고 그 밑에 있는 고등학교는 그 대학을 순차적으로 보내기 위해서 노력을 하고, 그런데 문제는 그렇게 나온 대학생들은 대기업만 바라보고 있는데 대기업은 전체 취직 인구의 1%만이 가능하다는 것이다. 그것도 현재는 거의 정규직을 뽑는 것이 아니라 비정규직으로 뽑았다가 잘 하는 사람만 경력직으로 인정해서 들어갈 수 있는 것이 현실이다. 그런데 이렇게 잘못된 교육제도와 기업제도에 빈틈이 있으니, 그것이 바로 장사이다. 장사라고 하니까 조금 낮게 느껴지지만 사업이라고 하면 조금 더 나을까?

왜 장사를 해야 하는가? 라는 질문에 많은 사람들이 이렇게 생각할 것이다. 그럼 밑천은 어디에서 구하나요? 그리고 물건은 무엇을 팔아야 하나요? 등등 많은 생각들을 하게 된다. 우선 이런저런 이야기들은 앞에서 이야기를 했지만 왜 장사를 해야 하는지는 바로 나보다 나은 인재들이 불나방처럼 대기업과 공기업에 달려들 때 블루오션을 찾으라는 이야기다. 우선 사업도 마찬가지이지만 어떤 일을 하던지 나보다 똑똑한 친구가 하면 더 잘 한다. 그리고 사실 취직을 하려는 가장 큰 이유는 바로 사업을 하는 것보다는 덜 힘들기 때문이다. 사실 사업을 하면 힘든 점이 너무 많은데 그중 가장 큰 것은 아무도 나를 지켜주지 못한다는 것이다.

앞에서 말한 것처럼 사람을 구해서 시스템을 구축하라고 했지만 사실 사람을 구한다고 해서 시스템이 저절로 구축이 되는 것이 아니다. 사실 직원으로 일하는 사람들 대부분은 자신이 일하는 시간만큼만 돈을 받아가기 때문에 절대로 주인만큼 일을 하지 않는다. 시키는 일만 하려고 한다. 따라서 어떤 일을 시키고 어떻게 지시하고 관리 감독하느냐가 절대적으로 중요하다. 대부분의 사업가들이 사업이 궤도에 올랐을 때 망하는 경우가 많은데 일은 직원들에게 맡기고 자신은 놀러 다니다가 그러는 경우가 많다. 결국 내가 하지 않으면 안 되는 것이다.

사실 이것은 굉장히 중소기업사장적인 마인드지만 현실이 그렇다. 그리고 이것은 모든 답은 현장에 있다는 말과 일치하는 것이다.

그런데 왜 장사를 해야만 할까? 간단하게 말해서 직장인은 사회적 충격에 너무 취약하다. 아무리 공부를 잘 해서 좋은 대학을 나와서 일류기업에 취직을 했다고 해도 그 사람의 사용 기한이 정해져 버린다는 것이다. 서른을 넘어서 마흔쯤 되면 체력이 비슷해지고 쉰흔쯤 되면 공부를 잘 한 사람이나 못한 사람이나 머리 수준까지 비슷해져 버리니까. 결국 밑에서 똑똑한 친구들이 치고 올라오면 꼼짝없이 명퇴를 당할 수밖에 없다. 게다가 **IMF** 같은 거라도 터져 버리면 1순위로 날아가 버린다. 이처럼 나이가 들어서 쉽게 날아갈 것 같으면 차라리 젊어서 고생을 해서라고 자신만의 기반을 닦아놓으면 차라리 낫다는 것이다.

그런데 문제는 우리나라가 점점 미국화되어 간다는 데 있다. 미국에선 개인사업으로 성공하기가 거의 불가능한데 그것은 대기업들이 대부분의 상점과 물류를 잠식하기 때문이다. 게다가 사업을 하더라도 영세한 범위를 벗어날 수 없도록 얼마 이상 벌면 세금이 더 많이 부과가 되어서 더 이상 일을 하지 못하도록 만들어 버리기 때문이다. 그런데 현재 우리나라 마트와 SSM 작은 상점조차 그렇게 되는 것을 보면서 아마도 미국화는 막지 못할 것 같다. 이처럼 시간이 얼마 남지 않았기 때문에 미래에도 먹고 살 수 있는 장사를 찾는 것이 중요하다.

함께 웃을 수 있는 성공

인생에서 가장 중요한 청소년 시기에 나를 바꾼 한 권의 책

Success

많은 성공서들을 읽어 보면 한결같은 내용들이 나온다. 인생을 긍정적으로 살라, 좋은 습관을 만들어서 유지하라, 항상 웃어라 등등 말이다. 그러나 사실 그렇게 삶의 형태를 바꾸기는 힘들다. 그런데 인생의 제목을 바꾸다 보면 지겨운 인생을 활기차고 즐거운 인생으로 바꿀 수 있으며, 그것이 결국 나의 삶을 행복으로 이끌 수 있다.

나를 바꾼 한 권의 책

인생이
항상 불행한 것만은 아니다

홈리스 중학생 / 타무라 히로시

> 빛은 세상을 가득 채운다. 어둠은 다만 일시적인 형상에 불과하다.
> 세상을 비관하는 사람은 아무것도 얻을 수 없다.
> — 발타자르 그라시안 —

    이 책은 어느 날 갑자기 집 근처 공원에서 노숙생활을 시작하게 된 중학생의 이야기로, 작년 일본 서점가를 가장 뜨겁게 달군 화제작이다. 유명 소설가의 신작도, 인기 연예인의 사진집도 아닌 한 개그맨의 자전적 일대기를 담은 이 책은 2007년에만 200만 부가 넘는 판매고를 기록했고, 2008년만 해도 만화판이 출간되고, 후지TV 드라마로도 제작되는 등 꾸준히 사랑을 받고 있다. 또 작품의 실제 무대인 오사카의 '마키훈 공원'은 독자들의 발걸음이 끊이지 않는 관광명소가 되었다.

    주인공인 타무라 히로시는 보통의 중학생이었다. 그런데 어느 날 집에 돌아와 보니 차압이 들어와서 집안이 온통 빨간 딱지로 뒤덮여 있는 것을 발견하게 된다. 형과 누나가 와서는 상황을 살피고 있었는데 아버지가 오더니 이렇게 말을 한다.

    "이만 해산. 이제는 각자 알아서 생활하도록."

    그러더니 그냥 가버리고 말았다. 그 뒤에 삼남매가 뿔뿔이 흩어져서 생활하게 되는데, 형과 누나는 어디서 생활하는지 알지도 못하고 자신은 마키훈 공원의 큰 미끄럼틀 밑에서 노숙생활을 시작하게 된다. 일단 잠자리는 거기서 잔다고 하지만 먹을 것을 전혀 구할 수가 없어서 동전을 주으러 다닌다. 주운 동전으로 끼니를 해결하다가 그것도 여의치 않아서 풀을 뜯어먹고 그러다가 심지어는 버려진 골판지를 물에 적셔서 먹기까지 한다. 제대로 씻을 수가 없어서 비가 오는 날 샤워를 하고 옷을 그냥 물에 빨아서 철봉에 말린다. 그러다 보니 옷도 엉망이고 몰골이 말이 아니게 되었다. 그렇게 주린 배를 움켜 쥐고 억지로 자는데 갑자기 침입자들이 들이 닥친다.

여기서 말하는 침입자들은 바로 그 동네의 꼬마들이다. 꼬마들이 자신들의 놀이터를 돌려달라고 항의를 했다. 그래서 쫓아버렸는데 더 많은 애들이 몰려와서 미끄럼틀에다가 돌을 던지면서 항의를 한다. 그래서 막 화를 내면서 혼을 내주니까 다시는 돌아오지 않게 되었다. 그렇지만 더 이상 이곳에선 생활을 할 수 없겠구나 라고 생각을 하게 된다.

그러던 중 중학교 같은 반 친구를 우연히 만나게 된다. 그리고 그 친구한테 집으로 초대를 받게 된다. 일단 한 끼라도 밥을 먹고 싶다는 생각에 그 집에 가서 밥을 먹는 순간 타무라는 꿈을 꾸는 것만 같은 기분을 느끼게 된다. 그리고 친구가 이렇게 말을 한다. "네가 원하면 같이 살아도 좋아." 라고 말이다. 그렇지만 친구의 부모님이 그렇게 할리 만무하다. 그래서 친구 부모님에게 그 동안의 사정을 다 말씀드리자 같이 있어도 좋다는 말을 듣고선 타무라는 형과 누나에게 달려간다.

형은 남자라서 아무데서나 잤지만 누나는 여자라서 그렇지 못했다고 한다. 나중에는 형이 아르바이트할 때 그 건물 계단에서 잠을 자다가 결국 예전에 살던 집의 옆집에 부탁을 해서 잠자리를 마련했다고 한다. 일본은 남에게 폐를 끼쳐서는 안 된다는 문화가 강해서 아무리 사정이 어려워도 쉽게 말을 못한다고 한다. 삼남매의 사정을 들으신 친구의 부모님은 뜻있는 사람들과 돈을 모아서 아이들의 숙소를 마련해 주었다. 그래서 같이 살 수 있게 되었다. 집이 없는 고생은 일단락이 되지만 빈곤의 아픔은 계속 아이들을 괴롭혔다.

가장 큰 문제는 생활비가 부족을 해서 식비가 없는 것이다. 막 자라나는 학생들에게 배고픔의 고통이란 정말 힘든 일이었다. 밥을 계속 씹어서 먹으면 배가 안 고프다고 해서 밥이든 빵이든 100번 이상을 씹어서 삼키게 된다. 그래서 일명 진미를 맛보게 된다. 그러나 배가 고픈 것은 어쩔 수 없어서 힘들었다.

그 뒤에 타무라는 많은 나쁜 유혹을 받게 된다. 나중에 고등학생이 된 다음에 하도 배가 고파서 중학생들의 돈을 빼앗아서 빵을 사먹고 싶었다고 이야기도 한다. 또 누나하고 싸워서 집을 나가기도 한다. 그렇지만 멀리가지 못해서 돌아오게 된다. 이런저런 일이 있음에도 불구하고 타무라는 말을 잘 하고 재치가 많아서 나중에 학생회장도 되고 후에 졸업을 해서 개그맨의 길을 가게 되는데, 이때 내놓은 컨셉트가 바로 빈곤개그, 즉 자신의 고생담을 그대로 담아서 풀도 뜯어먹고, 골판지도 뜯어먹으면서 사람들을 웃겨서 성공을 했다.

그런데 책 속의 이 글이 마음에 남았다.
"정말 인생에 있어서 당연한 것은 아무것도 없다. 따뜻한 목욕물도, 비가 들이치지 않는 잠자리도, 따뜻한 음식도 이런 모든 것들은 모두 다 수고에서 얻을 수 있는 것들이다."
책을 읽으면서 때로는 웃으면서 때로는 불쌍하다고 생각하면서 끝까지 다 읽게 되었다. 모든 것을 당연하다고 생각하면서 자라나는 아이들에게 꼭 한 번 읽혀 보았으면 좋은 책이 아닐까 싶다.

이 책을 어떻게 소개해야 할까 고민을 했다. 특히 아버지가 해산하라고 할 때 이건 분명히 말도 안 되는 상황이라고 생각하면서도 그대로 한 기억이 난다. 그리고 책을 소개하다가 아쉬운 점은 아주 디테일한 부분에 대해서 이야기를 못한 점이다. 예를 들어 놀이터에서 빗물에 샤워하고 골판지 뜯어먹고 하는 상황에 그냥 그랬다 라고 이야기하는 것보다는 빗물에 샤워할 때 느낌이나 골판지의 맛을 설명하는 부분이 있었는데 그런 것을 생략한 것은 조금 아쉬운 부분이 아닌가 하는 느낌이 든다.

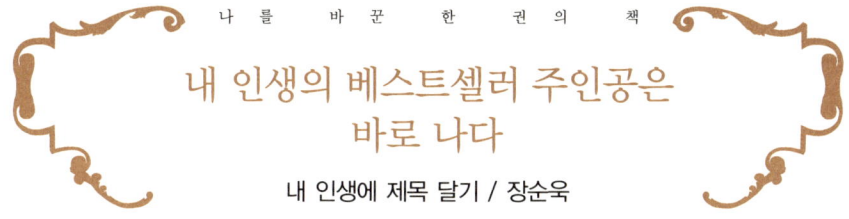

내 인생의 베스트셀러 주인공은 바로 나다

내 인생에 제목 달기 / 장순욱

> 성공은 행복처럼 추구해서 얻어질 수 있는 게 아니고,
> 자신보다 위대한 일에 개인적으로 헌신하다 무심코 얻은 부가물처럼 생겨야 한다.
> – 빅토르 프랭크 –

　이 책은 제목만 가지고도 인생이 바뀔 수 있다는 사실을 알려주는 책이다. 많은 실용서들을 읽어 보면 한결같은 내용들이 나온다. 인생을 긍정적으로 살라, 좋은 습관을 만들어서 유지하라, 항상 웃어라 등등 말이다. 그러나 사실 그렇게 삶의 형태를 바꾸기는 힘들다. 그런데 인생의 제목을 바꾼다면 지겨운 인생을 활기차고 즐거운 인생으로 바꿀 수 있으며, 그것이 결국 나의 삶을 행복으로 이끌 수 있다는 것이 이 책의 내용이 되겠다.

　우리가 알고 있는 고전 중에 톰소여의 모험이 있다. 그중에 톰소여가 벌로 페인트칠을 하는 장면이 나오는데, 그 페인트칠을 하는 것을 아이들이 놀릴 때 톰소여는 역발상을 한다. 자신은 벌을 받고 있는 것이 아니라 창조적인 벽그림을 그리고 있다고 이야기를 한다. 아이들은 모두 처음에는 안 믿었지만 진지하게 페인트칠을 하는 톰소여에게 속아서 결국 돈을 주고 페인트칠을 하게 된다. 책에선 이것을 바탕으로 생각을 바꾼 사람의 이야기가 나온다. 한 광고업계에 프리랜서가 있었다. 그는 일거리가 있을 때는 돈을 벌어야 되니 밤을 새서 일을 하다가 일거리가 없으면 며칠이고 놀면서 시간을 보내다가 돈이 떨어지면 막노동도 하고 전단지도 뿌리면서 생활을 했다. 그러다 보니 미래가 암담하기만 했고, 월급쟁이들이 부러웠다. 그런데 어느 날 역발상을 생각했다. '나는 프리랜서가 아니라 비즈니스맨이다' 라고 말이다. 사실 둘의

205

차이는 자본금을 들여서 투자를 하느냐마느냐 정도의 차이밖에 없다. 그래서 그는 그날로 은행에서 돈을 빌려서 자신의 일에 대한 광고를 시작하고 광고를 위해서 공짜로 몇 가지 일들을 대신해 주면서 자신의 명함을 돌리는 데 주력했다. 처음에는 프리랜서 시절보다 못했지만 나중에는 몇 배의 수익을 올려서 사람까지 쓰는 진짜 비즈니스맨이 된다. 이처럼 같은 상황도 다른 제목을 붙이게 되면 전혀 다른 결과를 가지고 오게 된다.

책에선 고 정주영 회장의 이야기가 많이 나온다. 10여 년 전에 금강산에서 건물을 지어야 하는데 날씨가 너무 추워서 콘크리트가 제대로 굳지 않는 것이다. 그래서 급속하게 굳는 콘크리트까지 사용을 했지만 실패를 했다. 그래서 정주영 회장이 직접 나서서 이렇게 이야기를 한다. "그래. 그럼, 날씨만 바꾸면 되는 것 아닌가?" 라고 하면서 건설현장의 온도를 높일수 있는 방법에 대해서 공모를 한다. 그래서 나온 것이 바로 비닐하우스 공법이다.

건설현장에 커다란 비닐하우스를 제작해서 콘크리트양성에 성공했다. 또한 간척지를 막을 때의 일이다. 간척을 할 곳에 유속이 너무 빨라서 돌들이 제대로 쌓이지가 않자 다들 할 수 없다고 이야기를 했지만 그때 정주영 회장은 이렇게 말을 한다. "그럼, 돌보다 더 큰 것으로 막으면 되지 않나?" 라고 말이다. 그래서 다시 아이디어를 공모 하는데 물에 띄울 수 있는 가장 큰 물건은 무엇인지 찾으라고 명령을 내리게 된다. 그래서 생긴 것이 폐유조선 공법이다. 폐유조선을 사다가 유속이 빠른 곳에 막아놓고선 다시 돌로 채워서 간척지를 막았다고 한다. 이 공법은 지금도 사용되고 있다. 이 두 가지 경우 다 제목을 바꾸었다. 콘크리트를 양성하라에서 온도를 높여라로, 그리고 돌로 간척지를 막아라에서 돌보다 더 큰 물건을 찾아라 라고 말이다. 이처럼 제목만 바꾸어도 전혀 새로운 아이디어로 문제를 해결할 수 있게 된다.

그렇다면 어떻게 하면 내 인생에 좋은 제목을 달수 있을까?
내가 하고 있는 일에 대해서 정확한 분석을 해야만 한다. 그리고 일단 제목을 길게 잡아 보는 것이다. 그런 다음 그 제목을 짧게 만들어 봐야만 한다. 여기서 중요한 것은 긍정적인 제목을 달아야 된다는 사실이다. 마지막으로 역발상을 통해서 그 제목을 연상하기 쉽고 재미있게 변환시키면 된다. 예를 들면 베스트셀러들을 살펴보면 모두 다 재미있는 제목들이 많았다. 마시멜로 이야기 같은 경우에도 사실 마시멜로 이야기는 작은 이야기이지만 그 제목을 통해서 전체 내용이 녹아들어 있다. 누가 내 치즈를 옮겼어 같은 경우에도 사실 이야기 속에 잠깐 나온 이야기가 전체 이야기를 다 담으면서 기억에도 오래 남게 된다. 마찬가지로 자신이 가진 직업에 명함에 제목을 붙일 때 단순히 ○○과장, 대리 혹은 사장 같은 제목보다는 ○○로 성공하는 남자 등으로 붙이면 더 좋은 기억을 남길 수 있다.

이 책을 읽고 나면 정말로 인생에 제목만 바꾸면 인생이 바뀔 것 같은 느낌이 든다. 사실 이런 종류의 책들만 읽고 나서 재미있는 이야기만 가지고 책을 써도 될 것 같다는 생각으로 시도를 해본 적이 있지만 재미있는 이야기로만 끝나는 경우가 많다. 어떤 이야기를 어떤 방향의 틀 안에 넣어서 끌고 가느냐가 더 중요한데 내 경우 그런 틀이 없다 보니 힘들다. 그런데 이 책은 그런 틀을 재미있는 방향으로 잡았다. 그것은 바로 제목이었다. 인생의 제목을 바꿔라 그러면 인생이 바뀔 수 있다. 사실 시크릿 같은 책에서도 같은 내용이 나오는데, 자신이 꿈꾸는 것을 적어라 그러면 이루어질 것이다 라고 말이다. 제목이란 다른 사람이 나를 부르는 이름인데, 이것이 바뀐다면 자신이 원하는 것 역시 쉽게 이루어질 수 있을 것이다.

책의 내용은 간단하다. 앞에서 말한 것처럼 제목을 바꾸어라 이것인데 그럼 제목을 바꾸어서 인생이 바뀐 사람들의 이야기를 해주어서 이야기를 끌어가는데 정주영 회장의 이야기들이 제일 재미있었다. TV광고에서도 나오듯이 백사장 사진을 가지고 영국 정부에 가서 보여주고 여기에 조선소를 지어서 네 배를 만들어 줄 테니 돈을 꿔줘라 라고 이야기를 하는 것을 많은 분들이 봤을 것이다. 새로운 아이디어란 이처럼 해보지 않은 일들을 시도하는 데서 나오는 것이지 어떤 새로운 기가 막힌 아이디어를 신이 내려주신 것은 아닐 것이다. 이렇듯 천재란 바로 시도해 보지 않고 그 상황에 대한 생각을 뒤집는 사람이다.

그럼 어떻게 하면 인생에 좋은 제목을 달수 있을까 하는 고민을 하게 되는데 책에선 간단하게 생각한다. 지금 간절하게 원하는 것을 간단한 단어로 적어서 자신의 수첩 앞에 적으라는 것이다. 그러면 생활하는 동안 모든 아이디어가 쉽게 그 생각으로 모여져서 자신의 인생을 바꿔 줄 것이다. 자신만의 타이틀을 적어서 다니기 바란다.

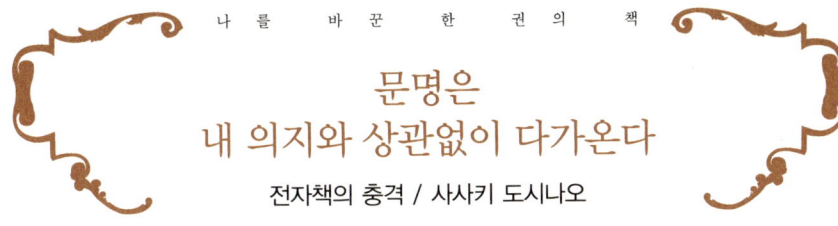

문명은
내 의지와 상관없이 다가온다

전자책의 충격 / 사사키 도시나오

인간은 문화의 피조물인 동시에 문화의 창조자이다.
– 란트만 –

전자책의 충격이란 어떤 책일까?

제목 그대로 전자책 이북이라고 하는 전자책의 과거와 현재를 알려주고 미래에 대해서 이야기를 한 책이 되겠다.

사실 책이라고 일컫는 것은 종이에 활자로 인쇄된 것을 말한다. 그것도 적은 양이 아니라 일정 정보 이상을 적은 것이 바로 책이다. 그런데 전자책이라는 것은 그 종이를 디지털 기기가 대신하는 것을 바로 전자책이라고 한다.

그럼 전자책이 앞으로 종이책을 대신하게 된다는 것인가?

궁극적으로는 그렇게 되어야만 할 것이다. 하지만 언제 어떻게 넘어가게 될지는 현재로선 알 수가 없다. 그래서 저자는 전자책의 발전상을 소개하면서 앞으로 전자책이 어떻게 될지 설명하고 있다. 현재 전자책은 삼파전 양상을 띠고 있다. 그중에서 가장 먼저 발전하고 있는 것이 바로 킨들이다. 킨들은 세계 최대의 서점인 아마존이 책 자체의 변혁을 가져오기 위해서 만든 전자책 단말기이다. 중요한 것은 이것이 화면이 아닌 책이라는 사실이다. 그래서 흑백이고 오로지 책만 볼 수 있다는 단점이자 강점을 가지고 있다. 이 킨들이 현재 단말기만으로 책값을 지불하고 다운로드 받을 수 있으며, 다운로드 받은 파일을 굳이 옮기지 않아도 자신의 아이폰과 컴퓨터에 저절로 다운로드되어서 어디에서 읽던지 연결해서 읽을 수 있는 시스템을 구축했다.

그런데 왜 굳이 컬러가 아닌 흑백으로 볼 수 있게 만들었을까?

그 이유는 우선 기술적인 부분을 들 수 있다. 킨들의 경우 백라이트가 있는 것이 아니라 전자잉크를 써서 만들어진 진짜 책과 같은 형식의 디스플레이이다. 그래서 빛이 없는 곳에서는 읽을 수가 없으며, 대신 진짜 책처럼 눈이 아프지 않고, 다른 게임이나 동영상을 볼 수가 없다. 이것은 단순하게 생각하면 단점이지만 조금만 깊게 생각하면 교육용으로 반드시 필요한 물건이란 사실을 깨닫게 해준다. 아이들이 킨들을 가지고선 다른 일을 할 수가 없다. 그런데 이런 킨들을 싼 가격에 팔면서 아마존은 책까지 세일해서 판매를 하고 있다. 출판사에서 13달러에 산 책을 9.99달러에 팔고 있는 것이다. 이렇게 싸게 파는 이유는 앞으로 출현할 전자책 시장을 독점하고자 하는 야욕을 드러낸 것이다. 그런데 이런 엄청난 자본 앞에 아이패드라는 경쟁자가 나타난다.

애플의 아이패드 같은 경우에는 킨들과는 어떻게 다를까?

두 기기는 같은 디지털 기기지만 전혀 다른 성격의 것이다. 킨들의 경우에는 책을 대신하기 위해서 만들었지만, 아이패드는 컴퓨터를 대신해서 만들었다. 마치 컴퓨터로 책을 읽을 수는 있지만 책으로는 컴퓨터 인터넷을 할 수 없는 것과 같다. 결국 아이패드는 인터넷과 게임, 그리고 전자책 세 가지를 들고 나왔다. 인터넷이야 당연히 무선으로 되고 게임은 아이폰의 어플을 확장해서 사용한다. 마지막으로 전자책 시장을 잡기 위해서 아마존과는 전혀 다른 전략을 사용한다. 우선 출판사들에게 연락을 해서 얼마에 팔던 30% 수수료만 달라고 한다.

그럼 결국 아마존보다 싸게 사더라도 비싸게 팔게 될 텐데 경쟁이 될까?

지금까지의 베스트셀러시장을 잡고 있는 출판사들은 아마존에게 책을 팔지 않으면 안 되는 상황이었다. 그런데 문제는 너무 싸게 팔다보니 종이책의 판매가 부진해진다는 딜레마가 있었다. 하지만 아이패드는 그렇게까지 싸게 팔지 않아도 되기 때문에 베스트셀러를 내기가 더 좋은 환경이 된 것이다. 종이책과 그렇게 차이도 많이 나지 않고 무엇보다도 아이폰과도 바로 연결이 되기 때문이다. 거기다 애플은 아마존과는 다른 전략을 구사하는데, 그것은 바로 필자가 직접 원고를 올리는 판 수익의 30%를 직접 주는 것이다. 영어권 사용자가 15억 명이다 보니 언젠가는 그들 중에서 베스트셀러 작가가 나올 것이고, 그들이 결국에는 애플에 판 책들이 스테디셀러가 될 것이기 때문이다. 거기다 사실 애플의 경우 전자책 시장은 세 번째 시장이다 보니 급할 게 없다. 첫 번째가 단말기, 두 번째가 어플, 세 번째 가서야 전자책이다 보니 말이다. 그런데 이런 싸움터에 구글이 뛰어 들었다.

구글은 어떤 전략을 가지고 나왔을까?

구글은 단말기 시장이 별로 필요가 없었다. 자신들의 사이트 자체를 책을 스캔해서 올리면서 책의 내용을 20%까지 볼 수 있도록 했으며, 원하면 바로 구입을 해서 어디서 얼마든지 볼 수 있는 서비스를 제공하려고 했다. 그런데 문제는 미국의 법에선 이렇게 하는 게 불법이 아니지만 다른 나라에선 불법이라는 데 있다. 왜 다른 나라들이 문제가 되냐 하면 출판에 관한 국제 조약에 한 나라에서 출판에 관한 사항은 다른 나라에도 적용이 된다는 조항이 있기 때문이다. 결국 구글은 현재 조정 중에 있다고 한다.

그런데 전부 미국에서 벌어지는 이야기만 나오고 있는데 다른 나라에선 어떻게 진행이 되고 있을까?

일본의 경우 전자제품의 대국이다 보니 미국보다 먼저 전자책 단말기가 나온 적이 있었다. 그리고 품질도 우수했다. 그런데 실패한 이유를 들여다보면 일본도 우리나라와 같은 책 도소매 시스템을 가지고 있는데 만약 전자책이 성공하게 되면 소매상들이 전부 문을 닫게 되기 때문에 단말기를 들고 서점에 와서 다운로드를 받을 수 있도록 하다가 실패했다고 한다. 그리고 현재까지도 별다른 발전을 못하고 있다. 우리나라의 경우에는 사실 이런 생각을 하기도 전에 대형출판사들이 연합을 해서 IT기업과 연합해서 컨텐츠를 제공해서 거대 전자책 회사를 만들려고 추진을 한 적이 있다. 그런데 실제 판매량이 저조하고 사람들이 종이책을 선호하는 까닭에 결국 부도가 나서 실패했다.

그럼 앞으로 전자책은 어떻게 될까?

나도 사실은 10년 전에 똑같은 말은 한 적이 있다. 앞으로는 전자책의 시대다. 그래서 종이책은 길어야 10년 안에 주도권을 전자책에게 넘기게 될 것이다. 결국 서점은 다른 사업으로 변화해야만 한다고 생각한 적이 있었다. 그 생각의 근거는 바로 음반이었다. 음반이 MP3로 빠르게 변화하면서 많은 음반점이 문을 닫고 사라지게 된 것이다.

그런데 10년이 지난 시점에서 보니 종이책이 더 많아지고 사람들은 더 많이 읽고 있다. 그리고 전자책의 경우에는 아직도 걸음마 단계를 벗어나지 못하고 실험에 불과한 작은 시장만을 가지고 있다. 아마존은 아직도 책을 할인을 해서 팔고 있고 아이패드는 그냥 사면 좋고 안사면 말고 정책을 두고 있다. 그리고 사람들은 여전히 전자책보다는 종이책을 선호하고 있다. 이 책에선 저자는 서점은 마니아들을 위한 소장하기 위한 책만을 판매하는 곳으로 남을 것이며, 책의 대부분을 전자책으로 읽게 될 것이라고 한다.

이 생각에는 나도 동의한다. 단지 시간이 문제일 뿐인 것 같은데 내 생각에는 10년, 20년 안에는 오지 않을 것 같다. 서점에서 책을 팔아 보니 책은 단순한 정보의 소통이 아닌 정보를 소유하고자 하는 사람들이 가지러 오기 때문이다. 전자책이 성공하려면 마치 종이책처럼 운반하기 편하고, 쓰기 편하고, 보관하기 편하지 않는 이상 힘들 것 같다. 예를 들어 문제집을 사서 고스란히 문제만 풀고 집에 꽂아 놓는 사람은 별로 없다. 책을 풀다가 지우기도 하고 낙서를 하기도 하고 심지어는 표기하기 위해서 찢기까지 한다. 이렇게 단순히 정보가 아닌 종이와 같이 살아온 사람들이 종이책을 포기하기란 어려울 것 같다. 단 지금 컴퓨터로 모든 것을 배워온 신세대들은 아마도 종이책을 전자책으로 대체를 할 것이다. 그래서 시간이 오래 걸릴 것이다. 여러분도 책의 미래가 궁금하면 꼭 읽어보기 바란다.

　이 책은 읽으면서 제목 그대로 충격을 받았다. 차라리 제목을 종이책의 종말 혹은 서점의 종말이라고 지으면 더 낫지 않았나 하는 생각까지 들었다. 책의 어디 한구석에도 서점의 생존에 대해선 나와 있지 않다. 그리고 일본의 서적상의 문제점을 말하는 부분에선 정말로 뜨끔했는데 우리나라의 서적도매의 형태가 일본과 똑같기 때문이다. 그리고 가장 공감이 가던 부분은 바로 끝에 나온 이 책에 대한 평가와 우리나라 전자책의 현주소에 대한 이야기들인데, 이 책을 읽을 때 가장 중요한 부분이었던 것 같다. 그리고 개인적으로 책을 판다는 것에 대한 본질을 생각하게 만들었던 책인 것 같다.

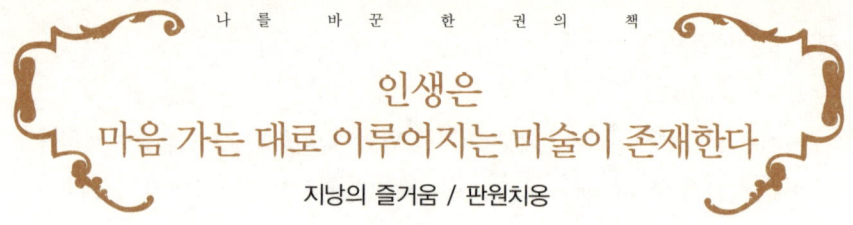

나를 바꾼 한 권의 책

인생은
마음 가는 대로 이루어지는 마술이 존재한다

지낭의 즐거움 / 판원치옹

우둔한 사람의 마음은 입 밖에 있지만,
지혜로운 사람의 입은 그의 마음 속에 있다.
― 벤저민 ―

이번에는 '지낭의 즐거움'이라는 책을 소개하겠다.

우선 지낭이라는 책이 무엇인지 알아야 하는데, 지낭이란 청나라 때 풍몽룡이라는 사람이 쓴 책으로, 전대의 모략과 기발한 이야기들을 모은 책이다. 그런데 지낭이라는 책이 유명한 이유는 마오쩌둥이 살아생전에 가장 아꼈던 책이어서 그렇다고 한다. 그런데 이 책은 그냥 지낭을 해석한 것이 아니라 판원치옹이라는 사람이 지낭의 내용에 현대적인 모략과 기발한 아이디어들을 붙여서 만들어서 아주 재미있는 책을 만들었다. 그 내용이 121가지나 돼서 분량도 엄청나다.

기발한 아이디어로 상대로부터 항복을 얻어내는 방법이 나오는 이야기를 한 가지 하겠다. 중국에서 공산정권 수립이 확립이 되고 나서 강대국들의 외교관들을 초청해서 만찬회를 하게 되었다. 그때 귀빈들을 위해서 중국의 국보인 중국 컵을 내보였다. 중국 컵은 화려한 용 그림이 그려져 있는 잔으로 36개가 한 세트로 되어 있다. 그런데 외교관 중에 한 명이 그 중국 컵이 탐이 나서 자신의 가방에 넣은 것이다. 그래서 문제가 된다. 왜냐하면 외교관에게는 면책특권이 있기 때문에 함부로 수색을 할 수도 없을 뿐더러 그렇게 하면 외교 문제로 비화되기 때문에 뾰족한 수가 없었다. 그때 저우언라이 총리가 당시 상해에 머물고 있어서 그에게 부탁을 하였다. 그런데 조건이 절대로 외교 문제로 비화가 되어서는 안 되며, 컵을 훔쳐서도 안 되고, 반드시 컵을 돌려받아야 된다는 것이었다. 저우언라이는 곰곰이 생각하더니 외교관들의 일정을 알아보라고 지시하였다. 그리고 그중에 서커스가 있다는 사실을 알고선 이렇게 말을 했다. "중국 서커스의 위대함을 보여주지." 그리고 시간이 되어서 외교관들이 서커스 구경을 하는데 컵을 훔친 사람은 그때도 컵을 지키기 위해서 자신의 가방 안에 넣고 왔던 것이다. 서커스 중에 마술 차례가 되었다. 그런데 마술사가 중국 컵 3개를 꺼내더니 그것들을 보자기로 덮고선 품 안에서 권총을 꺼내서 쐈다. 그리고 다시 보자기를 펼쳐보니 컵이 2개만 남은 것 아닌가. 마술사가 컵은 누군가의 가방 안에 있다고 말을 하자 스포트라이트가 그 컵을 훔친 사람에게로 가는 것이 아닌가? 외교관은 어쩔 수 없이 가방을 열었고 컵을 줄 수밖에 없었다.

이번에는 옛날이야기이다. 한 지방에 어사가 도착을 했다. 지방관은 어사를 좋은 숙소에 모신다. 그러고 나서 자신의 심복으로 하여금 어사를 감시하게 한다. 어사가 지방관의 비리를 포착하고 처벌을 해야겠다는 마음을 굳히자 지방관의 심복은 어사의 마패를 훔친다. 마패가 없으면 어사는 처벌을 할 수 없을 뿐만 아니라 도리어 자신이 황제로부터 처벌을 받게 되기 때문에 난처하게 된다. 어사는 자신에게 지혜를 줄 만한 사람을 찾아간다. 그리고 나서 문제의 해결책을 받게 되는데 이것 또한 기가 막힌 생각이다. 우선 어사는 자신의 처소에 불을 켰다. 그러면서 마패가 들어가 있는 보관함을 지방관에게 맡긴다. 그리고 자신은 불을 끄러 간다. 그러고 나니 지방관이 생각하기에 일단 마패를 맡겼으니 안돌려주면 그것을 빌미로 자신을 처벌할 것을 두려워해서 보관함에 마패를 넣어서 다시 돌려준다. 이것은 상대의 계략에는 계략으로 맞서는 방법을 이야기해 주는 것이다.

이번에는 돈으로 살 수 없는 것을 사라. 라는 부분을 이야기해 보겠다. 산업혁명 이후 영국은 줄곧 방적산업의 최첨단 기술을 가진 나라였다. 그중에서 프라치라는 회사가 있었는데 이 회사는 업계에서 선두를 달리고 있는 중소기업이었다. 그래서 자신들의 기술에 대해서 많은 보안을 가지고 있었다. 회사가 작다 보니 식사를 나가서 해야 하는데 근처에 마땅한 식당이 별로 없었는데 마침 좋은 식당 하나가 생겼다. 그래서 가보니 일본인이 주인인데 그들은 특유의 근면함과 성실함으로 서비스가 좋았다. 특히 가격이 싸서 회사에서는 그 식당을 구내식당처럼 사용을 했다. 그런데 어느 날인가 갔는데 식당에 사람들이 모두 수심이 가득한 것이 아닌가? 알고 보니 환율계산 실수와 세금 문제 때문에 식당이 망하게 되었다고 이야기를 하는 것이다. 더군다나 모든 돈을 다 가지고 와서 하다 보니 고국으로 돌아갈 돈도 없다고 하소연을 하는 것 아닌가? 그래서 사장은 불쌍하다고 생각을 하고 그들을 잡역부로 고용을 했다. 그렇게 1년, 2년이 지나자 그들의 성실함과 근면함에 감동한 사장은 그들을 조금씩 방직공장의 기술직에 투입을 했다. 그리고 그들이 돈이 모이자 집에 다녀오겠다면서 돌아간 사람들이 안 오는 것 아닌가? 알고 보니까 일본의 방직회사에서 뛰어난 젊은이들을 모아서 방직기술을 빼내기 위해서 보낸 산업스파이였던 것이다.

춘추전국시대의 이야기이다. 전쟁을 하기 위해서 군대를 이끌고 전선을 이루고 있는데 탈주병 천여 명이 적군으로 도망치고 있다는 정찰병의 소식을 장군이 들었다. 그랬더니 장군이 이렇게 말을 했다. "쉿, 너희만 알고 있어라 그들은 사실 내가 보낸 첩자들이다."라고 말이다. 그런데 그 부대 내에는 적군의 첩자가 많이 있어서 정찰병들에게서 이 사실을 알아내서 적군에게 알려주었다. 그러자 적국의 장수는 투항해 온 탈주병들을 모두 잡아서 죽여 버렸다고 한다. 말 한 마디로 상대를 죽이는 병법을 알려주는 것이다.

이렇게 동서고금을 막론하고 기발한 아이디어로 상대를 제압하는 방법이 가득 들어가 있는 책이다. 예로부터 지도자들이 참모를 뽑을 때는 이처럼 풀 수 없는 문제 혹은 답이 없는 문제를 내놓고선 지혜를 겨루어서 답을 내는 사람을 썼다고 한다. 이 책을 읽고 나면 왠지 내 머리가 좋아진다는 느낌이 든다. 많은 분들이 읽어보고 그런 느낌을 느껴봤으면 좋겠다.

이 책에 나온 서커스이야기는 재미있는 이야기를 할 때 많이 인용해서 써먹는 레퍼토리 중 한 가지이다. 그런데 사람들은 들을 때마다 어떻게 라고 생각을 하다가 다 듣고 나선 무릎을 치곤 한다. 이처럼 어떤 방법이 없다고 생각되는 일들은 항상 전혀 다른 곳에 해결책이 있는 경우가 많다. 이 책에선 이런 이야기 말고도 많은 고전에 관한 이야기가 나오는데 사실 역사를 모르면 이해가 가지 않는 부분들이 많아서 빼고 현대적인 이야기들 위주로 소개를 했다.

이 책은 소개를 하면 할수록 재미있고 머리가 좋아지는 이야기가 많이 있다. 이 이야기들로만 만족하지 말고 직접 읽어보고 머리가 좋아지는 느낌을 받았으면 좋겠다.

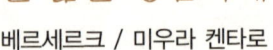

나를 바꾼 한 권의 책

환타지 세계는 우리에게 또 다른 삶을 경험하게 한다

베르세르크 / 미우라 켄타로

> 나의 실패와 몰락에 대하여 책망할 사람은 나 자신밖에는 아무도 없다.
> 내가 나 자신의 최대의 적이며 비참한 운명의 원인이었다.
> – 나폴레옹 –

이 만화는 아마 아는 분들이 많을 것이다. 그리고 많은 분들이 에니매이션으로도 봤을 텐데 나는 서점에서 판매가 많이 되어서 몇 번 본적은 있지만 별로 재미를 느끼지 못하다가 에니매이션을 접하고 나서 원본을 처음부터 보게 되었다. 이 만화의 주인공은 가츠, 그리고 운명의 상대는 그리피스 이 두 사람의 엇갈린 운명에 관한 이야기이다.

대략적인 내용을 살펴보면 시대는 환타지의 시대로 서양 중세시대쯤 된다. 그리고 미들랜드라는 나라에 가츠라는 전쟁고아가 있었다. 양아버지는 가츠를 데리고 다니면서 검술도 가르쳐주고 전쟁터에 나가서 싸움도 했다. 문제는 이 양아버지는 술만 먹으면 가츠를 때리고 심지어는 강간까지도 했다. 그래서 가츠는 정신적으로 문제가 있는 검사가 된다. 그런데 어려서부터 어른의 검으로 싸움을 배운 터라 청소년쯤 되었을 때는 남들보다 배는 큰 검을 가지고 상대를 베어버리는 검사가 된다. 그리고 용병으로서 하루하루를 살고 있는데 어느 날 매의단이라는 단체에 들어가게 된다. 그곳에서 그리피스라는 절대적인 카리스마를 가진 젊은이를 만나게 되고 둘의 운명은 시작된다.

그리피스는 절망에 빠진 미들랜드를 구하고 그 나라의 왕이 되는 꿈을 가지고 있는 젊은이었다. 그런데 그리피스가 이 꿈을 가지게 된 것은 어렸을 적에 꾼 꿈이 계시가 되었기 때문이다. 어린 그리피스가 왕궁으로 놀러 가는데 길을 잃어버렸다. 그래서 한 할머니에게 물었는데 할머니는 왕궁으로 갈 수는 있지만 너는 네 친구들은 죽여야 하고 그 친구들과 더 많은 사람들을 죽여야 할 텐데 그래도 갈 수 있겠느냐고 물었다. 어린 그리피스는 울면서 무조건 가고 싶다고 이야기를 했고, 이때부터 그리피스는 미들랜드를 구할 영웅이자 악마의 계시를 받은 악마이기도 했다.

그리피스는 부대의 대장이지만 더 큰 힘을 얻기 위해서 자신이 남자임에도 불구하고 아름다운 외모를 탐내는 관리에게 몸을 팔기도 했다. 그래서 자신이 원하는 힘을 얻으면 그 관리를 죽여버렸다. 그리고 그렇게 수많은 사람들을 죽이고 미들랜드의 영웅이 되어서 드디어 왕에게 공주님을 달라고 청혼을 하게 된다. 그리고 모략에 빠져서 다 죽게 된 그리피스를 가츠와 동료들이 구해낸다. 그런데 이 모든 것이 악마의 시나리오였다. 도망가던 그리피스는 악마와 계약을 한다. 악마의 힘을 얻어 왕이 되기 위해서 자신의 동료들을 악마에게 제물로 바친다. 그런 악마의 사냥 속에서 가츠만 도망을 나오게 된다. 가츠는 친구들의 복수를 위해서 그리피스를 쫓아다닌다는 게 주된 내용이다.

이 책에서 놀라운 점을 몇 가지 발견을 했다. 우선 첫 번째로 여기에 나오는 병장기, 그리고 괴물, 심지어는 주인공이 나중에 손목이 잘려나가서 의수를 하게 되는데, 이 모든 것이 작가의 상상력이라고 생각했다. 아니다. 이 모든 것들은 정말로 중세시대에 존재했던 물건들이었다. 그리고 그 속에 나와 있는 괴물들 역시 중세시대에 있었다고 믿었던 괴물들이었다. 나는 그냥 만화를 즐겼을 뿐인데 이 작가가 중세에 대한 오타구여서 그런 것들을 자세하게 묘사하고 만들었다. 이런 것들을 알게 된 것은 환타지 백과사전이라는 책이 있는데 환타지 소설이나 만화 게임 등에 나오는 물건들이 어디에서 유래를 했는지 설명을 해주는 책이 있다. 그곳에 그림으로 또는 사진으로 자세하게 사용법까지 나와 있다. 특히 그 중에서 가츠가 나중에 하게 되는 의수의 경우 십자군원정을 갔다 온 군인들이 전쟁에 나가거나 농사일을 할 때 실제로 쓰던 의수가 있었다는 사실, 그것도 손가락까지 움직여서 물건을 쥐거나 놓을 수 있을 정도로 정밀했다고 한다.

두 번째로 이 책의 시나리오의 흐름이다. 우선 시작은 복수의 화신으로 시작하는 신, 그리고 친구와의 만남, 배신, 악마와의 계약, 그리고 다시 복수로 돌아오는 과정은 좀처럼 보기 힘든 시나리오가 아닌가 싶다. 너무 많은 이야기를 담아서 이야기가 힘들어질 것 같지만 그 이야기를 틀 안에서 보여주었다.

세 번째로는 너무나도 사실적인 그림과 뛰어난 상상력의 표현이다. 이 작가는 천국은 대충 그리지만 지옥은 사실적으로 보여주어야만 한다고 해서 그 그림을 최대한 사실적으로 그리는 데 중점을 두었다고 한다. 덕분에 만화가 나오는데 오랜 시간이 걸려서 단행본 한 권이 나오는데 2년씩 걸리는 단점이 있다.

사실 이 만화는 성인용이고 현재의 관점에서 보았을 때 너무나도 비도덕적인 인물들이 나오는 나쁜 책이라고 생각한다. 그러나 그 인물들이 그런 선택을 했을 때는 전부 어쩔 수 없는 상황들이 묘사가 되는 책이기도 한다.

될 수 있으면 성인에게 추천하고 싶은 책이고, 리얼한 환타지의 세계를 경험하고 싶은 분들에게 추천을 하고 싶다.

나를 바꾼 한 권의 책

잘 할 수 있는 것을
직업으로 선택하라

만화로 보는 직업의 세계 / 와이즈멘토

> 당신이 할 일은 당신이 찾아 해라.
> 그렇지 않으면 당신이 할 일은 끝내 당신만 찾아다닐 것이다.
> - 프랭클린 -

　이번에는 청소년들이 직업을 고르는데 도움이 되는 '책, 만화로 보는 직업의 세계' 라는 책을 소개하겠다.

　이 책에서는 우리가 잘 알고 있는 직업 의사, 변호사, 검사, 약사, 교사에서부터 잘 알지 못하는 직업 변리사, 고위 공무원, 상권 분석가, 펀드 매니저, 사진작가 등 흔치 않은 직업까지 모든 직업을 소개하고 있다.

　우선 만화로 되어 있다니까 재미있을 것 같다는 생각을 갖게 된다. 그런데 책의 구성 방식 역시 재미있게 되어 있다. 예를 들면 우리가 매일 보는 의사에 대해서 소개를 하면 여러 가지로 나눈다. 의사, 한의사, 정신과의사, 치과의사, 피부과의사 등으로 나눈다. 그리고 각각 어떻게 해야 그런 의사가 될 수 있는지 설명을 하는데 일반적인 의사는 또 개업의와 연구의로 나누어지게 된다. 일단 의사가 되려면 모두가 알다시피 6년짜리 의대를 들어가야 하는데 졸업을 한다고 의사가 되는 것이 아니라 시험을 봐서 합격을 해야만 한다. 이제 예를 들어 연구의인 최연구 선생님의 일과를 소개하겠다. 오전 9시에 출근 이메일 확인 - 주로 영어로 되어 있는 답신을 해야 한다고 한다. 그래서 대부분의 의사들은 영어 특히 전공영어를 잘 한다고 한다.

　9시 30분 오전회의, 10시 입원환자 회진, 오후1시 내시경 검사, 오후 2시 외래환자 진료, 오후 4시 전공분야에 대한 강의, 오후 7시 저녁식사 후 오후 회진, 오후 8시 강의 준비 및 연구 등으로 이루어져 있다.

　의사란 직업은 정말로 하루 종일 바쁘다. 그렇다면 우리가 잘 알지 못하는 색다른 직업에 대한 설명은 어떤 것들이 있을까? 혹시 변리사라는 직업을 들어본 적이 있는지. 변리사란 과학기술 분야의 특수변호사라고 할 수 있다. 주로 하는 일은 산업재산권의 출원에서 등록까지의 업무를 맡고 있으며, 특허심판원에 대한 절차와 소송사건을 대리하고 있다. 간단하게 말해서 특허권과 지적재산권을 전담하는 변호사라고 생각하면 된다. 특허 하나에 큰 기업이 부도가 나는 경우도 있기 때문에 굉장히 중요한 직업이 되겠다.

　그렇다면 변리사가 되려면 어떻게 해야 할까? 현재 변리사는 자격증제도로 되어 있어서 학력의 제한이 없다. 그래서 특허청에서 시행하는 변리사시험에 합격하여 1년 간 실무수습을 마치고 전형에 합격하는 방법과 변호사 시험에 합격한 사람이 변리사로 등록하는 방법이 있다. 그런데 변리사라는 것이 단순히 법만 알아서는 안 되고, 외국의 법과 과학기술의 이해, 어학 능력까지 갖추어야지 가능한 직업이다 보니 매일같이 엄청난 양을 공부하지 않으면 안 되는 정말 힘든 직업이다.

　그렇다면 의사와 변리사 말고 다른 직업은 또 어떤 것이 나올까? 이번에는 요즘 신의 직장이라고 불리우는 공무원, 그중에서도 최고라고 할 수 있는 고위 공무원에 대해서 소개를 하고 있다. 고위 공무원이 되려면 행정고등고시를 통과해야 한다. 그래서 합격을 하면 우선 5급 행정사무관이 된다. 그리고 여기서 4급 서기관으로 승진을 하는데 15년이 걸린다. 1급은 차관보 및 기획관리실장으로 각 분과의 조정을 맡고 있으며, 2, 3급은 1급을 보조해서 분과 안에서의 조정의 역할을 주로 하고 있다. 이들이 가장 좋은 점은 대민업무를 직접적으로 하지 않아서 소소한 일에 대한 스트레스가 적은 편이라는 사실이다. 그러나 반대로 이해집단의 이해를 조정해야 하는 역할을 해야 하기 때문에 여기서 오는 스트레스도 상당한 편이라고 한다.

그래도 직장이 안정적이니 좋은 직업이 아닌가라고 생각할 수 있지만 사실 그렇지도 않다. 2006년부터 고위공무원단제라는 제도가 시행되었는데 고위공무원사회에 경쟁제도를 도입하여 공무원의 전문성을 높인다는 취지로 마련되었다. 3급 이상 공무원 1500명은 고위공무원에 속하며 직무평가를 통해서 직위와 보직, 그리고 임금을 받게 되어 있다. 만약 직무평가가 나쁘면 무보직이 되고, 무보직 2년이면 퇴출이 된다고 한다. 따라서 상급 공무원이 칼 퇴근을 할 수가 없기 때문에 따라서 밑에 있는 하위 공무원들도 퇴근을 일찍 하기는 힘든 분위기가 조성되었다고 한다.

그 외에도 정말로 많은 직업들이 나오고 있는 책이기 때문에 많은 청소년들이 재미있게 읽고 진로에 도움이 되면 좋을 것 같은 책이다.

나를 바꾼 한 권의 책

아는 만큼
하고 싶은 일도 많아진다
모르면 뭐니? 알면 MONEY! / 이현정

> 돈은 빌려주지도 말고 빌리지도 마라.
> 빌린 사람은 기가 죽고, 빌려준 사람도 자칫하면 본전은 물론, 친구까지도 잃게 된다.
> - 셰익스피어 -

이번에는 청소년을 위한 경제 상식책 '모르면 뭐니? 알면 MONEY!' 라는 책을 소개하겠다.

학교에서 많은 것들을 알려주고 있다지만 사실 신문에 나온 경제용어나 경제현상에 대해서 알려주는 경우는 드물다. 그래서 많은 학생들이 돈맹, 즉 돈에 관해 전혀 모르는 경우가 많다. 그래서 이 책은 현재 우리가 알아야 하는 돈에 관한 이야기들을 알려주는 책이 되겠다.

그럼 연봉과 월급의 차이가 뭘까? 연봉은 일을 하고 회사에서 1년 동안 받을 임금을 말하는 것이고, 월급은 그 연봉을 12로 나누어서 매달 받는 것을 말한다. 그런데 주로 연봉이라는 표현은 1년에 기본 월급은 적고 그중에서 상여금과 보너스를 포함해서 1년간 받는 것을 말하며, 연봉을 받는 사람들은 대부분 연봉협상을 통해서 다음해에 연봉 조절을 한다.

정규직과 비정규직은 어떤 차이가 있을까? 정규직이란 법적으로 정년까지 고용이 보장된 고용 형태를 말한다. 즉, 자신이 회사를 그만두고 싶다고 하거나 자기가 맡은 일을 제대로 하지 못해 회사에 도움이 안 되는 특별한 경우를 제외하고는 법이 정한 정년퇴직 나이까지 일을 하고 임금을 받는 것을 말한다. 반대로 비정규직은 주 36시간 미만으로 파트타임 형태로 일하는 근로자로 고용이나 임금에 있어서 협상을 전혀 할 수 없으며 4대보험 등 복리후생의 혜택을 전혀 받을 수 없는 사람들을 말한다. 얼마 전에 비정규직법 통과로 2년 이상 비정규직의 경우 정규직 전환을 법적으로 보장했으나 많은 기업들이 용역으로 돌려서 도리어 더 많은 특수 용역직이 생겨나게 되었다.

재테크가 왜 중요할까? 과거에는 은행의 이자가 높아서 적금을 넣어두면 자연히 증가해서 많은 사람들이 은행에 넣어 두었다. 그런데 이제는 실질적으로 물가상승률을 고려하고 세금을 떼고 나면 마이너스 금리가 되다 보니 사람들이 돈을 더 이상 은행에 넣지 않고 부동산, 주식, 펀드 등에 투자를 시작했다. 그런데 문제는 너도 나도 재테크를 하다 보니 묻지 마 투자도 유행을 해서 경험이 없고 자본이 없는 사람들이 돈을 잃기 시작한 것이다. 재테크는 절대로 빚을 내서 해서는 안 되며, 자신의 생활에 지장이 없는 범위 내에서 해야만 한다.

FTA에 관해서도 나오는데. FTA는 FREE TRADE AGREEMENT의 약자로 자유무역협정이라고 생각하면 된다. 기존의 나라간의 오고가는 물건들의 관세를 낮추어서 나라간의 경쟁력을 강화하고 사람들이 보다 싼 가격으로 물건을 쓸 수 있도록 만들자고 한 것이다. 문제는 이것이 우리나라의 경우 공산품이 강하고 농산물이 약해서 외국의 농산물이 우리나라를 휩쓸어 버리면 우리 농업 기반 자체가 망가질 수가 있다. 반대로 상대 나라의 경우에는 공산품이 전멸을 할 수가 있어서 서로 반대하는 세력이 존재하게 되었다.

이 책은 청소년들이 뉴스나 상식에 대해서 많은 것을 알게 되며 사회현상에 대해서 많은 혜안을 가질 수 있도록 도와주는 책이다. 그래서 학교에서 나오는 수능 문제의 사회나 언어 영역에 대해서 도움을 받을 수 있는 책이기에 적극적으로 추천을 한다.

나를 바꾼 한 권의 책

저금하는 것은
즐기기 때문에 행복하다
4개의 통장 / 고경호

> 늙으면 믿을 수 있는 친구가 셋이 있는데,
> 그 하나는 늙은 아내이고, 다른 하나는 늙은 개며, 마지막 하나는 저금이다.
> - 프랭클린 -

'4개의 통장'은 제목 그대로 통장 4개를 이용해 돈의 용도를 구분하여 자동으로 돈이 쌓이고 불어나게 하는 통장 관리의 기술을 소개하고 있는 책이다. 이 책의 핵심은 돈을 관리하는데 따로 가계부나 장부를 쓰지 않고 재테크에서 자산 관리가 저절로 되어서 내가 돈을 어떻게 쓰고 있는지 또 어떻게 투자를 하고 있는지를 한눈에 볼 수 있도록 하는 데 있다.

그럼 이 책은 기존에 있던 재테크 책하고는 어떻게 다를까?
기존에 있었던 재테크 책들은 두 가지로 나누어서 설명할 수 있다. 주식 및 펀드에 투자를 하라고 하는 책과 저축이 그래도 최선이라고 하는 책으로 나누어질 수 있다. 그런데 이 책은 기존에 있던 재테크에 대한 개념을 바꾸어서 설명을 하고 있다. 우선 주식이 2000대에 갈 때 사람들은 빚을 내서라도 투자를 했다. 그러다 많은 사람이 손해를 봤다. 이런 막연한 생각이 얼마나 정확한지 알기 위해서 책에선 지금까지 종합주가지수를 확인해 보았다. 그런데 뜻밖의 결과가 나왔다. 주식은 5년의 주기로 한 번씩 작은 폭으로 하락 10년을 주기로 큰 폭으로 하락을 한다는 사실이다. 결국 주식은 예금 정도에도 미치지 못하는 재테크라고 알려준다. 이 책에선 가장 중심이 되는 재테크는 부동산도 주식도 아닌 저축에 있다는 것을 다시 한 번 일깨워준다. 그런데 그냥 저축만 해서는 절대로 물가상승률을 따라 잡을 수 없기 때문에 통장을 나누어서 사용을 해야 한다고 알려주는 것이다.

우선 통장을 한 개씩 설명하면 아래와 같다.
1. 급여통장의 활용 – 여기서는 일단 돈이 들어오고 각종 공과금과 카드, 핸드폰요금 등이 빠져나간다.
2. 소비통장의 활용 – 생활비를 관리하는 통장이다. 주로 체크카드로 연결해서 사용 목록을 알 수 있게 한다.
3. 예비통장의 활용 – 혹시 모를 재난이나 사고, 돈 들어갈 때를 대비해서 만들어 놓는 통장이다.
4. 투자통장의 활용 – 투자한 돈이 얼마나 늘었는지 줄었는지 확인하는 통장으로, 소비통장과 예비통장에서 남은 돈은 모두 여기에 투자를 해서 자산을 늘이는 데 사용한다.

이렇게 통장을 나누어서 사용을 하게 되면 따로 가계부 같은 것을 쓸 필요성이 줄어들게 된다. 우선 급여통장에서 세금 및 공과금 등이 빠져나가기 때문에 실질적으로 내가 한 달 동안 쓸 수 있는 돈이 얼마인지 알 수 있게 된다. 두 번째로 소비통장의 경우 내가 사용하는 생활비가 들어오는 통장으로 주로 체크카드로 연결해서 사용을 하면 내가 쓴 돈의 목록이 통장이나 인터넷에 뜨기 때문에 어떤 돈이 어디에 쓰였는지 일목요연하게 보이게 된다. 나머지 돈들을 예비통장과 투자통장에 넣어놓으면 된다.

이렇게 예비통장과 투자통장은 돈을 저축하는 개념이 같지만 사용면에서는 다르다. 남은 돈을 그냥 저축을 하면 이자율이 낮기 때문에 펀드나 적금 같은 일정 기간 동안 돈을 묶어 놔야지만 이자를 많이 받을 수 있다. 그런데 중간에 돈이 많이 들어가는 일이 갑자기 생겨서 해지를 해야 한다면 손해가 크다. 그것을 막기 위해서 예비통장을 만드는 것이다. 그래서 예비통장은 채권형 MMF나 CMA 등으로 수시로 찾을 수 있는 돈은 적당한 이자를 받으면서 맡겨놓는 것을 말한다. 그리고 장기적으로 투자를 하고 운영을 하는 돈 같은 경우 투자통장으로 따로 빼서 높은 이자로 운영을 하는 것이다. 그리고 투자 방법에는 여러 가지가 있어서 다 설명을 못할 것 같고 다른 부분들은 책을 직접 읽으면서 생각하는 게 좋을 것 같다.

실질적인 예를 들어서 설명을 하면, 만약에 월급이 200만 원에 여윳돈이 한 2천만 원 정도 있는 사람을 예로 들어보자. 우선 월급에서 나온 돈을 그냥 받아서 쓰다 보면 실제로 내가 얼마나 쓸 수 있는 돈인지 알 수가 없다. 그래서 일단 급여통장에서 핸드폰비, 각종 공과금, 세금 등을 제하고 나면 한 150만 원 정도 된다. 그런 다음 그 돈에서 실제로 한 달에 쓰는 돈을 한 100만 원 정도를 소비통장에 넣고 체크카드로 연계해서 사용을 한다. 그리고 나머지 50만 원은 예비통장으로 넣는다. 예비통장에는 200만 원 정도의 돈만 넣어 놓는다. 이때 예비통장은 3~5% 정도의 이자를 주는 CMA나 MMF로 넣어서 이자를 보전할 생각을 해야 한다. 그리고 나머지 여윳돈인 1800만 원 정도는 6% 이상의 이자를 주는 1년 이상의 거치식 적금이나 주식, 펀드 등에 장기적으로 투자하는 것이다. 이때 반드시 안정적으로 장기간 운영할 수 있는 곳에 투자를 해야만 한다. 그러니까 예비통장에 돈을 적금 붓듯이 부어서 목돈이 마련이 되면 그때 투자통장에 더해서 넣으면 높은 이자를 더 많은 돈으로 받을 수가 있다. 나도 이 책에 공감이 가서 이번 기회에 한번 시도를 해볼까 한다.

이 책을 소개하게 된 때는 글로벌금융 위기로 주식이 반토막이 된 후 사람들이 저축에 눈을 돌릴 때 나왔다. 나도 막차를 타고 손해를 본 경험이 있는지라 책의 내용 한 가지 한 가지가 마음에 와 닿았다. 사실 책의 내용의 대부분은 왜 저축이 중요한지에 대해서 설명을 해놓는 것이 대부분이라 그것만 같고도 책 한 권을 쓸 기세로 나오고 있다. 그렇지만 일단은 중요한 내용을 소개해야 하는지라 간단하게 줄여서 4개의 통장을 소개하고 그것으로 돈을 불리는 방법에 대해서 소개를 해주고 있다.

그럼 왜 이자가 물가상승률에도 미치지 못하는 나라에서 저축을 해서 돈을 모아야 하는가에 대해서 이야기를 해볼까 한다. 사실 많은 사람들이 펀드니 MMF니 ELS니 하면서 많은 돈들을 빚까지 내면서 쏟아 부었던 시절이 있었다. 주가는 2000을 돌파하고 3000을 향해서 간다고 해서 사람들은 더 혈안이 되어 있었다. 하지만 우리나라에서 멀리 떨어진 미국에서 서브프라임이라는 금융 위기가 우리나라의 주식의 비율을 IMF 때보다도 더 많이 떨어뜨렸다. 2000에서 거의 800대까지 꺾였으니까 말이다. 그리고 많은 사람들이 빚만 남기고 주식을 팔았다. 결국 이자가 적더라도 착실하게 저축만 한 사람들은 원금을 보전할 수 있었다.

언제나 진실은 따분하고 고리타분하지만 승리한다. 저축만이 유일하게 이렇게 어지럽고 힘든 세상에서 우리를 지켜줄 수 있다는 사실이다. 그런데 돈을 그냥 넣어서는 원금 보전조차 힘들기 때문에 저절로 관리가 되는 방법을 찾게 된 것이 바로 4개의 통장인 것이다. 그러나 이런 4개의 통장을 갖기 위해선 우선 첫 번째로 빚이 없어야만 한다. 신용카드는 아무리 혜택이 많아도 다 잘라버리고 비상용 한 개만 가지고 그것도 장롱 깊숙이 숨겨놓는 것이 좋다. 두 번째로 자신의 욕망을 제어하지 못하면 안 된다. 지금 갖고 싶은 것을 적어보는 것이다. 그것이 정말로 필요한지 또 갖게 되면 무엇을 할지 생각을 해보고 나서 구입을 하는 것이 좋다. 일단 한 개를 사면 세트를 구입하게 된다. 세 번째로는 이 책을 읽어보자. 읽고 많은 정보를 얻어서 더 좋게 저축을 하는 법을 배우면 된다.

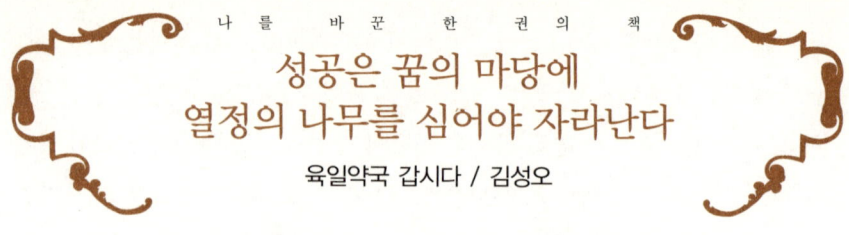

성공은 꿈의 마당에
열정의 나무를 심어야 자라난다

육일약국 갑시다 / 김성오

> 세상이 자기를 버렸다고 생각하지 마라. 세상은 날 가진 적이 없다.
> 당신은 당신이 생각하는 대로 살아야 한다.
> 그렇지 않으면 당신은 머지않아 사는 대로 생각하게 된다.
> - 폴 발레리 -

'육일약국 갑시다'는 서울대 약대를 나온 약사가 작은 동네에서 약국을 시작해서 확장한 후 마산 시내에 국내에서 가장 큰 규모의 기업형 약국을 내고 더 나아가 진공청소기 공장을 인수해서 경영을 해서 규모를 4배로 불린 이야기, 그리고 온라인 학습지의 신화를 만들어 나가는 과정이 담긴 책이다.

약국과 진공청소기 공장, 그리고 온라인 학습지까지 전혀 상관이 없어 보이는 것들을 어떻게 다 해냈나?

그것은 바로 처음에 시작한 조그만 약국에서 배운 경영의 노하우를 토대로 만들어진 것이다. 저자 김성오 씨는 집안이 가난해서 당장 돈을 벌어서 가족을 부양해야 하기 때문에 약대를 택했고 졸업을 하자마자 바로 600만 원을 빚을 내서 약국을 시작한다. 명문대를 나왔다는 자존심이 자신을 갉아먹는 것이 싫어서 손님들에게 자신을 최대한 낮추어서 대했고, 그 결과 마산에서 가장 큰 기업형 약국을 세우게 되었다. 더 나아가 그때의 경영노하우를 바탕으로 제조업과 온라인 학습지도 같이 경영을 한 것이다.

그런데 제목이 육일약국 갑시다인데 이게 무슨 뜻일까?

이것은 저자가 자신의 약국을 동네 택시기사에게 알리기 위해서 쓴 일종의 마케팅이라고 할 수 있다. 그래서 택시기사가 어디냐고 물으면 네비게이션처럼 자세히 가르쳐 줘서 나중에는 일종의 택시포인트로 만들어서 오는 사람들마다 육일약국 하면 알 수 있도록 만든 것이다.

그런데 약국을 어떻게 경영했기에 그 많은 일들을 할 수가 있었나?
크게 3가지로 나누어서 설명을 할 수가 있다.
1. 고객을 영업부장으로 만들어라.
2. 고객에 앞서 직원부터 감동시켜라.
3. 이윤이 아니라 사람을 남겨라. 이렇게 생각하면 쉽다.

고객을 영업부장으로 만들어라. 이것은 어떻게 손님을 대하라는 것인가?
처음에 약국을 열었을 때 손님이 없다. 그래서 생각해 낸 것이 손님들의 체류 시간을 길게 해야겠다는 것이다. 해서 앉을 자리를 마련하고 자신이 직접 병에 대해서 이것저것 물어 보는 것이다. 그래서 손님들의 호감을 얻어서 한 손님이 다른 손님을 끌어들일 수 있도록 하는 것이다. 이것은 한 사람을 대할 때 최선이 결국 천 명의 손님을 받을 수 있게 해준다는 것이다.

두 번째, 고객에 앞서 직원부터 감동시켜라. 이 말은 무엇인가?
저자는 온라인 학습지를 함에도 불구하고 컴퓨터는 이메일 밖에 쓰지 못한다. 결국 모든 것은 직원들이 하는 것이다. 처음에 약국을 할 때도 그 좁은 약국에 약사를 한 명 더 둠으로써 서비스의 질을 올렸고 또한 단골손님들의 신상명세까지 외워서 감동을 주었다. 나중에 직원이 1000명이 되었을 때도 직원 한 명 한 명의 이름과 신상명세를 외워서 가깝게 지내도록 노력을 했다. 결국 모든 서비스는 직원들이 하기 때문에 직원들이 최고의 고객이라는 생각으로 대한 것이 성공의 원동력이 되었다.

세 번째, 이윤이 아니라 사람을 남겨라. 이 말은 무엇인가?
많은 기업들이 이윤을 최대의 목표로 움직인다. 그것은 진실이다. 이윤이

기업의 최대 목표이기 때문이다.

　그러나 조금 더 생각하면 사실 사람이 최대의 목표여야 한다. 왜냐하면 이윤을 쓰는 것은 결국 사람이기 때문이다. 문제는 누구를 위해서 이윤을 쓰느냐가 문제가 된다. 저자는 그 이윤을 사람을 남기는데 투자를 하는 것이 최선이라고 말하고 있다. 한 예로 직원이 사표를 낸다고 했을 때 많은 회사에서는 쿨하게 사표를 받았다. 그러나 저자는 끝까지 설득을 해서 사표를 반려하게 만들고 그 사람을 꼭 필요한 부분에서 사용을 한다. 또한 자신이 필요한 사람에 대해서 삼고초려가 아니라 삼십고초려를 해서라도 자신의 사람으로 만든다. 결국 그 사람이 나에게 또 회사에게 꼭 필요한 사람이기 때문이다. 이와 같이 시스템을 완성하기 위해 필요한 인맥을 구축하는 것을 말한다.

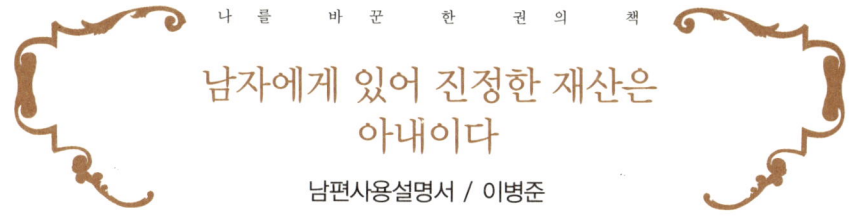

남자에게 있어 진정한 재산은 아내이다

남편사용설명서 / 이병준

> 남편들이 보통 친구들에게 베푸는 것과 꼭 같은 정도의 예의만을 부인에게 베푼다면
> 결혼 생활의 파탄은 훨씬 줄어들 것이다.
> — 화브스타인 —

'남편사용설명서'라는 책은 제목만 보게 되면 아내들을 위한 책이라는 생각이 들 것이다.

이 책은 우선 아내들의 속을 썩이는 남편들의 증상을 일일이 설명한 뒤 그것이 정말로 잘못된 행동인지, 그리고 왜 그런 행동들을 하게 되는지 설명하고 그런 행동을 변화시키기 위해선 어떻게 사용을 해야 된다고 하면서 마치 전자제품 사용설명서처럼 소개를 해놓고 있다.

그럼 아내들이 불만을 갖는 남편의 잘못된 행동에는 어떤 것들이 있을까?
우선 말을 할 때 남의 편만 들어주고 내 편은 안 들어주는 정말로 남의 편인 남편, 뭐 좀 몰라서 물어보면 화만 내는 버럭 남편, 돈 이야기만 하면 돌아버리는 남편, 말마다 뻥이 심한 남편 등의 이야기가 나온다.

내용을 구체적으로 보면 다음과 같다.
1. 남의 편인 남편의 경우 예를 들면 이런 것이다. 아내가 나가서 이런 저런 일이 있었다. 그런데 내가 이렇게 억울한 일을 당했다고 이야기를 하면 무조건 그래 네가 잘했다 그러면 되는데, 네가 잘못한 거니 그런 거 아니냐 그렇게 말하는 남편을 말한다. 여자들은 시시비비가 중요한 게 아니라 내 편이 돼 주는 감성이 필요한데 말이다.

233

2. 버럭 남편의 경우는 이렇다. 사소한 일로 문제가 생기면 화부터 내는 남편을 말한다. 자신이 하는 말만 맞고 상대가 하는 말은 모두 틀리다면서 무조건 화를 내는 남편을 말한다.
3. 돈 이야기만 나오면 돌아버리는 남편은, 어떤 경우는 남편이 쉬는 날이나 퇴근할 때 아내가 와서 이야기를 한다. 오늘 시장에 만 원을 들고 갔는데 살 것이 없더라, 애들 교육비가 매년 오르는데 방법이 안 보이더라 말을 한다. 그러면 남편은 대부분, "그래 돈 못 벌어다 줘서 미안하다. 지금이라도 늦지 않았으니 다른 놈 찾아봐라."라면서 화를 내는 경우이다.
4. 말마다 뻥이 심한 남편의 경우는, 아내는 모르는 직장에서 벌어지는 일들에 대해서 혹은 자기가 한 일에 대해서 조그만 일을 크게 확대해서 이야기를 하는 경우를 말하는데, 대부분의 아내들은 그것이 뻥인지 쉽게 알아낸다.

우선 남의 편만 드는 남편을 내 편으로 만드는 방법은 간단하다. 칭찬을 해주면 되는 것이다. 남자는 인정을 받기 위해 살고, 여자는 사랑을 받기 위해 산다고 한다. 남자들에게 아내의 인정이란 대단한 것이다. 사실 대부분 그렇지 못하다. 열심히 해주면 그만이고 못해 주면 바가지를 긁을 것이 아니라 잘한 일을 찾아서 칭찬해 주면 내 편이 된다.

두 번째 버럭 남편의 경우, 우선은 상대가 화를 낼 때는 일단 자신이 자리를 피하고 다시 이야기를 찬찬히 해주면 된다. 그런데도 고쳐지지 않는 남편 같은 경우에는 부부 상담을 적극적으로 받아보는 것이 좋다. 이 책에선 이처럼 상담을 꼭 받아야 되는 부부들에 대해서도 이야기가 많이 나온다.

세 번째로 돈 이야기만 나오면 돌아버리는 남편의 경우, 우선 아내들이 이해해야 할 부분이 있다. 남자에게 돈을 벌어오는 능력이란 생명과도 같다. 특히 우리나라같이 남자들이 가장을 해야만 한다는 유교적인 문화에서는 절대적인 차지를 한다. 그래서 돈에 대해서 민감하다. 책에선 남편의 날을 만들어 보라고 하는데 내 생각은 조금 다르다. 최소한 월급날이라도 돈이 들어왔으면 한 달 동안 수고했다고 말 한 마디를 건네면 돈 이야기가 나와도 조금 덜 돌지 않을까 하는 생각이 된다.

마지막으로 네 번째, 하는 말마다 뻥이 심한 남편의 경우는 사실 아주 정상이라고 할 수 있다. 이 사회는 남자가 뻥을 칠 수 있는 공간이 별로 없다. 결국 할 수 있는 상대는 가까운 친구나 아내 정도 밖에 없다. 그런데 그렇게 허풍을 아내에게 칠 수 있다는 것은 아직까진 아내에게 자신의 능력을 과시할 정도로 책임을 지고 살겠다는 이야기로 들으면 될 것 같다. 단 너무 심한 것 같으면 간단하게 증거를 대라고 하면 된다.

이 책은 사실 아내들이 읽어야 하는 책이지만 도리어 남편들이 먼저 읽어보고 자신의 심리 상태를 파악해야 할 것 같다. 이 책을 읽다 보면 남편들이 이래서 아내하고 자꾸 부딪치는구나 라는 생각을 하게 될 것이다.

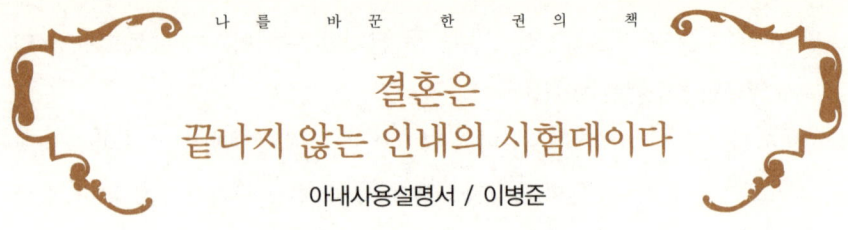

결혼은
끝나지 않는 인내의 시험대이다

아내사용설명서 / 이병준

남편은 격렬한 형의 에로티시즘을 바라고 있지만
아내는 단순히 손을 잡는다거나 입맞춤을 기다린다.
권태기의 여자들이 불안해 하는 것은 바로 이런 사랑이 결여되어 있기 때문이다.
— 프란체스코 —

이번에는 '아내사용설명서' 라는 책을 살펴보겠다. 아내사용설명서는 남편들을 위한 책이 될 것이다.

결혼한 남녀가 같이 산다는 것은 굉장히 힘든 일이다. 이 책을 쓴 저자도 목회자인데 자신은 아무리 큰 죄를 지은 죄인이라 해도 용서가 되는데 아내만큼은 용서하기가 힘들다는 것을 느끼고 이 책을 집필하게 되었다고 한다. 이 책에선 남편들이 용서할 수 없는 아내들의 행동과 그 이유들, 그리고 그 행동들을 고치기 위해선 어떻게 해야 하는지에 대한 지침들이 자세하게 나와 있다.

그럼 아내의 어떤 행동들이 남편을 화나게 할까?
1. 퇴근하고 나서 쉬고 싶은데 계속해서 말을 거는 아내, 혹은 주말에 집에 있고 싶은데 계속 나가자는 아내
2. 화가 나면 말도 하지 않고 집안일도 해놓지 않아서 속을 뒤집어 놓은 아내
3. 기념일만 되면 선물이나 이벤트 안해 준다고 화를 내는 아내

돈을 벌어온다는 것이 쉬운 일은 아니다. 남자들은 나가서 일을 하고 오면 일단 몸과 마음이 모두 지쳐서 그저 쉬고 싶은 생각밖에 들지 않는다. 그런데 집에 돌아오면 이런 일 저런 일을 이야기하는 아내, 거기다 집안일도 도우라고 난리를 치니 일을 돕긴 하지만 짜증이 날 것이다. 거기다 쉬는 주말이면 놀

이터다 마트다 해서 운전기사에 애들까지 돌봐야 하니 평소에는 어쩔 수 없이 하다가도 몸이 좋지 않거나 화가 나는 일이 있으면 남편이 폭발하게 되는 것이다.

두 번째 부부싸움이 벌어지게 되면 특히 아내들은 침묵의 시위를 시작한다. 그런데 대부분의 남자들은 아내의 침묵에 거의 살의를 느낄 정도로 화를 내게 된다고 한다. 그 이유는 남편으로서 인정을 받지 못한다는 그런 위기 의식이 느껴지기 때문이다.

세 번째 기념일만 되면 선물이나 이벤트 안해 준다고 화를 내는 아내의 경우에는 남편의 사랑을 확인하고픈 여성의 마음이 담겨져 있는 것이다. 남자가 인정을 받음으로써 세상을 살아가듯이 여성은 사랑받는다는 생각으로 세상을 살아간다.

그럼 남편들은 어떻게 해야 될까?
첫 번째로 퇴근 후 말을 거는 아내에 대해선 어떻게 해야 할까? 그냥 맞장구를 치면서 들어주는 것이 좋다. 예를 들어 시장에 만 원을 가지고 갔더니 정말로 살게 없더라. 라고 하면 그래 나도 요즘 만 원 가지고선 살 수 있는 물건이 없더라. 라고 말이다. 그리고 집안일을 도우라고 이야기를 하면 도와주는 것이 좋다. 대신에 주말에 놀러가는 것도 아내가 운전할 수 있으면 나누어서 하는 것이 좋다. 그밖의 일들에 대해서도 마찬가지이다. 그렇지 않고 자신이 모든 것을 다 하려고 하면 스스로 스트레스가 쌓여서 터질 수도 있다.

두 번째로 아내의 침묵 시위에 대해서는 남자들이 어떻게 대처할지를 몰라서 더 큰 싸움으로 번질 때가 많다. 그리고 잘못하면 폭력으로까지 번질 수가 있다. 이럴 때는 될 수 있으면 제3자를 끌어들여야 한다. 특히 처가 식구를 모시고 같이 여행을 갔다 오던지 아니면 식사라도 하면서 아내를 달래는 것이 중요하다. 그래서 평소에 처가 식구를 내 편으로 만드는 기술이 중요한 것이다.

세 번째로는 세월이 가면 물론 바뀌겠지만 아내의 기념일을 챙길 수 있는 남편이 되는 것이 중요한 것 같다. 아내에게 인정을 받는 남편이 되는 방법은 돈을 많이 벌어오는 것도, 사회적 지위가 높은 것도 아니다. 아내에게 사랑의 표현을 하는 것이 가장 빠르고 정확한 길이기 때문이다.

　세계 4대 성인 중에 두 사람이나 아내에 관련된 이야기가 있다. 공자의 아내는 집을 나갔고, 소크라테스의 아내는 악녀로 악명이 높다. 석가모니도 사실 결혼 후에 출가를 했으니 결국 아내하고는 이별을 한 것 아닌가? 그래서 책 속에선 성인이 되는 것보다 부부로 사는 것이 더 힘들다고 이야기를 하고 있다. 부부는 서로 죽을 때까지 노력하지 않으면 살 수 없다는 사실을 알게 해 준 책인 것 같다.

나를 바꾼 한 권의 책

스스로에게는 후하면서
남에게 인색하지 마라

왜 세계의 절반은 굶주리는가? / 장 지글러

거지에게 돈을 주기 전에 다른 사람의 돈을 훔치지 마라.
심지어 비열한 사람은 매우 가난한 자에게서 뺏은 돈을 가난한 사람에게 주면서,
돈을 훔친 그 손으로 다른 사람에게 보상하려 한다.
– 존 크리소스톰 –

이번에는 '왜 세계의 절반은 굶주리는가' 라는 책이다.

세계구호단체에 있는 장 지글러라는 사람이 자신의 아이에게 자신의 일을 알려주는 형식으로 되어 있다. 예를 들어 아이가 아빠는 구호를 어떻게 하고 있나요? 혹은 왜 그들은 그렇게 굶주리나요? 등등 아이의 눈으로 질문한 이야기에 쉽게 답하는 형식으로 되어 있다. 그래서 복잡한 이야기를 쉽게 읽을 수 있게 되어 있다.

그런데 정말로 세계의 절반은 굶주리고 있을까?

책에 나와 있는 통계로 보면 전 세계 60억의 인구 중에서 실질적으로 배가 부르게 먹을 수 있는 사람은 실제 인구의 30%가 되지 않는다고 한다. 그나마 잘사는 나라의 가난한 사람들은 배고픔을 면할 수 있을 정도라고 했을 때 못사는 나라의 사람들은 거의 아사 직전의 상태라고 보면 된다. 그중에서도 8억 5천만 명이 아사 직전의 삶을 국제구호기구 등의 원조로 살아가고 있다.

그런데 왜 세계의 절반이 굶주리고 있을까?

우리가 일반적으로 생각하기에 식량이 부족해서가 아마 가장 흔한 대답일 거라고 생각한다. 그러나 진실은 그렇지 않다. 현재 세계에서 생산되는 식량은 현재 전세계 인구의 두 배 이상을 먹여 살릴 수 있을 정도로 많다. 그렇다

면 남는 식량을 부족한 국가에게 주기만 하면 되는 것 아니냐 하는 대답이 나올 수도 있지만 일이 그렇게 간단하지가 않다. 우선 가장 문제가 되는 것은 바로 선진국들이 가난한 나라들이 변화하는 것을 바라지 않기 때문이다.

그렇다면 왜 선진국들이 가난한 나라들의 변화를 바라지 않을까?
가난한 나라들을 보면 대부분 식민지였던 나라들이 많다. 가난한 나라들도 자신들을 위한 농작물을 키운다면 배고프지 않게 살 수 있다. 그러나 이런 나라들은 식민지 당시의 농작물을 키워서 다시 원래 종주국이었던 나라에 수출을 해서 달러를 벌어서 다시 물건을 수입한다. 결국 자신들을 위한 농작물을 키울 수가 없게 된다. 그런데 문제는 그렇게 키워서 판 물건이 싼값에 거래가 되어서 다시 식량을 사는데 필요한 돈을 마련할 수가 없게 된다는 데 있다. 그래서 못 살겠다 바꿔보자 하면서 혁명이 일어나서 정권을 붕괴시키는 일이 생긴다. 그러면 구 종주국에서 반란군을 키워서 돈과 무기를 대주고, 다시 정권을 바꿔서 원래의 작물을 키우도록 만들고 있다는 점이다. 여기에서 두 번째 문제가 발생을 한다.

두 번째 문제는 무엇인가?
그것은 바로 국민에게 주권이 없다는 사실이다. 즉 투표권, 선거권 등이 없다는 것이다. 국민에게 힘이 없다 보니 아무리 세계구호기구에서 많은 식량을 실어다 주어도 총칼을 가진 권력자들이 자신들을 위해서 식량을 빼돌려서 팔아먹고 남는 얼마 안 되는 식량만을 사람들에게 나누어 주다 보니 결국 아무리 식량을 주어도주어도 밑 빠진 독에 물을 붓는 격이 되고 있다. 그리고 앞에서 이야기한 것처럼 그들이 아무리 변화하려고 발버둥을 쳐도 이미 만들어진 권력집단이 자신들만을 위한 정책을 추구하지 국민들을 위한 정책을 추구하려 하지 않기 때문에 이러한 악순환이 반복되고 있다. 그러나 가장 큰 문제는 잘사는 나라 사람들에게 있다.

선진국의 많은 사람들이 이 사실을 모른다는 것이다. 지식인들조차 이것이 일종의 인구 조절 방식이라고 생각하고 있다는 것이 가장 큰 문제이다. 그래서 자기 나라의 가난한 사람을 돕자 라고 생각을 한다. 절대빈곤의 사람들은 구제하려고 생각하지 않는다는 게 가장 큰 문제이다. 만약 우리가 돕고자 한다면 단 한 사람이라도 구제할 수 있음을 알아야 할 것이다.

이 책을 소개하면서 정말 많은 생각을 했다. 도대체 어디에다 초점을 맞추어서 이 방대한 내용의 이야기를 풀어나가야 할까 고민했다. 또 책의 내용을 아이에게 아빠가 쉽게 이야기해 주는 형식으로 되어 있다고는 하지만 아이들이 이해하기에는 난해한 내용들이 많이 있었다. 왜 식량을 남는데 주지 않느냐? 왜 나쁜 사람들이 정권을 잡게 놔두느냐 등등 아이들의 입장에서는 쉽게 던질 수 있는 말이지만 이 세상을 지탱하고 있는 힘 있는 사람들이 사실은 그들을 착취하는 대상이라는 사실이 쉽게 가르쳐줄 수 있는 이야기가 아니기 때문이다. 사실 미국과 유럽의 자유선진국이라는 나라들이 자국민의 이익을 위해서 그들을 탄압하고 쉽게 통제해서 그들의 노동력과 자원을 싼값에 가져오기 때문에 많은 나라들이 커피나 자원, 식량 등을 쉽게 쓰고 낭비하면서 살 수 있다는 사실 자체가 아이한테 너도 역시 그렇게 싼값에 물건을 쓰고 버리는 사람 중에 한 사람이다. 그러니까 물건을 낭비하면 안 된다고 이야기를 하기까지는 너무나도 머나먼 이야기라는 생각이 들었다.

사실 이 책을 소개할 때 포인트는 세 가지로 압축했다. 식량과 권력, 그리고 투표에 관한 이야기로 압축했는데 그 이유는 바로 북한과 같은 독재국가에서 이런 일들이 벌어지고 있기 때문이다. 아무리 국토가 비옥해도 자신들이 먹을 수 있는 작물을 마음대로 재배하지 못하고 남들을 위해서 희생을 해야만 하는 사람들의 공통점은 바로 투표권이 없다는 사실이다. 그런데 우리는 이런 투표권을 너무 쉽게 생각하는 면이 있는 것 같아서 그 권력의 중요성을 알려주기 위해서 투표권에 대해서 집중적으로 부각을 했다.

그리고 책에선 이런 이야기보다도 구호단체의 사람들이 어떻게 목숨을 걸고 사람들을 구하고, 어떤 식으로 구조를 하는지 자세하게 나와 있는데, 한 예를 예전에는 미국에서 밀이 남아돌면 그 밀을 가지고 아프리카 사람들에게 주었다고 한다. 그런데 문제는 아프리카 사람들에게 미국 밀은 어떻게 먹는지도 모르고 몸에도 맞지 않아서 도리어 문제가 생겼다고 한다. 그래서 지금은 돈으로 지원을 받아서 그 이웃나라의 식량을 구해서 지원을 한다고 한다. 그리고 아프리카처럼 구조적인 문제를 가진 나라를 돕기 위해서 목숨을 걸고 뛰어다니지만 도리어 현지의 저항을 받아서 도망을 가는 경우도 많다고 한다. 돕고 싶어도 마음대로 할 수 없는 일들이 많다. 이 책은 원래 학생들을 위한 책이지만 이런 사실을 전혀 모르는 어른들에게 먼저 권하고 싶다,

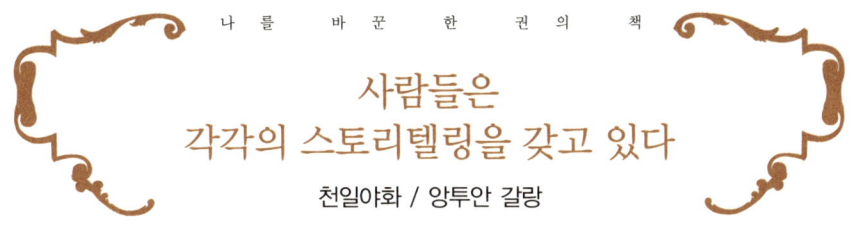

나를 바꾼 한 권의 책

사람들은 각각의 스토리텔링을 갖고 있다

천일야화 / 앙투안 갈랑

> 인간들이 행복한 것은 몸이나 돈에 의하는 것은 아니고,
> 마음의 올바름과 지혜의 많음에 의한다.
> - 데모크리토스 -

　이번에는 고전인 아라비안나이트를 재미있는 만화로 엮은 '천일야화'이다. 아랍의 황제인 칼리프는 어느 날 침실에 남자를 끌어들인 황후를 보고 그 자리에서 목을 베어 버렸다. 그러고 나서 매일 한 명의 처녀와 동침을 한 후 아침마다 처형을 시켰다. 그 일이 천일 동안 반복되는 동안 백성들이 탈출을 했고 왕의 광기는 날로 더해갔다. 그래서 대신들은 반란을 일으키려 하지만 군대의 핵심인 대장군이 기회를 한 번만 더 주자고 이야기를 하고 자신의 딸을 황제에게 바친다. 그런데 대장군의 딸인 세라자드는 일종의 최면 요법인 이야기 요법을 통해서 왕의 정신병을 낳게 하려고 이야기를 시작한다. 그런데 이 이야기 요법을 듣는 순간에는 마치 자신의 전생 체험을 하듯이 실제로 하는 듯한 느낌을 가지게 만드는 그런 힘을 가지고 있다.

　내용에 긴박감이 넘치는 책이다. 그런데 세라자드는 어떤 이야기를 해서 첫날밤을 무사히 넘길까?

　우선 마신과 상인의 이야기를 해준다. 어느 날 상인이 사막을 건너다가 전갈을 발견하고 죽이려고 돌을 던진다. 그런데 그 돌에 마신의 아이가 눈을 맞아서 죽는다. 그래서 마신이 상인을 죽이려 하자 상인은 자신이 죽는 것은 당연하나 자신이 지금 돌아가지 않으면 많은 사람들이 다친다고 하고 마신에게서 빠져 나온다. 그런데 마신은 그냥 보내준 것이 아니라 마주눈이라는 저주를 걸어서 등에 커다란 혹을 만들어서 나중에는 그 혹이 사람을 잡아먹는 저주를 건다. 결국 돌아가도 돌아가지 않아도 죽게 되는 상인은 현자의 말을 듣고 마신사냥꾼들을 찾아 나서게 된다.

마신사냥꾼? 우리나라의 무당 같은 사람들일까?
전혀 틀리지만 같은 일을 하는 사람들이다. 즉, 마신과 인간 사이에서 태어난 잡종으로 생식기는 있으나 자식을 낳을 수 없는 그런 종족들이다. 그런데 상인은 마신사냥꾼 셋을 찾아갔다. 그런데 사냥꾼들이 묻기를, "저주를 풀어주는 대가로 무엇을 줄 수 있습니까?"라고 묻자 상인은 자신이 가진 모든 것을 주겠다고 했다. 대답을 들은 사냥꾼들은 상인과 상인의 딸들을 데리고 마신에게 갔다. 그리고 마신에게 이렇게 이야기를 했다. "이자는 우리에게 빚이 있는데 마신님 때문에 더 이상 갚을 수가 없게 되었습니다. 그래서 저주를 풀어주는 조건으로 이자의 딸들을 드리려고 데리고 왔습니다. 자식을 잃은 슬픔이 죽음보다 더한 복수가 되지 않습니까?" 라고 이야기를 하고선 마신이 저주를 풀고 상인의 딸들을 보려고 신경이 쓰이는 순간 뒤에서 찔러서 마신을 죽였다. 그리고 나선 상인을 집으로 데리고 갔는데 상인이 일어나 보니 자신의 전 재산과 딸들을 사냥꾼들이 데리고 갔다. 그리고 남겨진 편지에는 이렇게 적혀 있었다.

"당신은 함부로 계약을 해서 당신의 목숨보다 소중한 딸들을 잃었다. 모든 것을 잃어버렸다고 생각하는 순간에도 항상 더 잃어버릴 것이 있다는 사실을 앞으로는 잊지 마시기 바란다."
그리고 그 이야기가 끝나자 왕은 최면에서 깨어나서 세라자드를 쳐다보더니 그냥 가서 혼자 잠을 잤다. 그리고 아침에 왕은 같이 식사를 하자고 하면서 이야기를 더 듣고 싶다고 한다.

그런데 제목이 천일야화인데 내용인 1001 개가 다 나오는 걸까?

그렇지는 않다. 원래 천일야화는 많은 성적인 이야기와 잔인한 장면들이 많아서 대중에는 공개되지 못한 이야기 몇 가지만 나온다. 그중에서 대표적인 이야기 6가지가 들어서 6권 세트로 나오게 되었다. 그런데 작가의 말에 따르면 원래 내용은 성경처럼 써 있어서 도저히 이해가 가지 않아서 천일야화 동호회 및 그 분야의 전문가를 찾아가서 다시 우리말로 옮기는 작업을 하는 데 시간이 많이 걸렸다고 한다.

나를 바꾼 한 권의 책

말은 입으로만 하는 것이 아니다

왜 그녀는 다리를 꼬았을까? / 토니야 레이맨

> 사람을 판단하는 데는 그 사람의 평판을 듣는 것보다는
> 그 사람을 만나 보는 것이 더욱 확실하다.
> - 잡편 -

'왜 그녀는 다리를 꼬았을까?' 의 원제목은 The power of body language이다. 말 그대로 보디랭귀지의 힘이라는 뜻인데, 이것을 조금 더 재미있게 표현을 하려고 왜 그녀는 다리를 꼬았을까? 라는 제목으로 나타낸 것이다. 이 책은 원제목 그대로 우리가 나타내는 보디랭귀지에 관해서 사전처럼 머리, 손, 발, 몸의 움직임에 따라서 사람들의 생각이 어떻다는 것을 알려주고 만약 상대에게 내 의사표시를 말로 하지 않고 나타낼 때는 어떻게 해야 된다는 것까지 사전처럼 나와 있는 책이 되겠다,

책 중에서 특히 눈에 관한 부분이 많다. 눈을 크게 동그랗게 떴을 때는 놀랐을 때나 화가 났을 때 그런다고 한다. 그리고 입에 관한 것도 있다. 사람은 기분이 좋을수록 입 꼬리가 올라간다. 반대로 기분이 나쁠수록 입 꼬리가 내려간다. 그래서 낮은 자리에 있는 사람일수록 항복을 의미하는 웃음을 많이 짓는다. 높은 자리에 있는 사람일수록 권위적인 모습을 보여주기 위해서 입 꼬리가 내려오는 경향이 있다.

손에 관한 것도 재미있는 것이 많이 있다. 손바닥을 보여주는 행위는 일종의 항복으로서 상대에게 나는 너에게 아무것도 해를 가할 것이 없다는 것을 뜻한다. 그리고 주먹을 주는 행위는 상대에게 나의 의지를 관철시키겠다는

강력한 의지를 뜻한다. 그런데 여기서 재미있는 것은 손바닥을 어느 쪽으로 향하느냐에 따라서 의미가 달라진다. 마치 하이히틀러 할 때처럼 손바닥을 아래로 내린다면 상대를 압도하는 행위가 되지만 반대로 손바닥을 위로 향하면 존대를 뜻하게 된다. 이처럼 보디랭귀지는 우리가 이미 쓰고 있으면서도 모르는 경우가 많다.

내가 본 보디랭귀지 중 면접을 봤을 때 면접관이 당신을 채용할 가능성을 체크하는 보디랭귀지라는 부분이 있었는데 재미있게 구성되어 있다. 그 외에도 생활에 도움이 될 만한 보디랭귀지가 많이 나오니까 꼭 한 번 읽어보기 바란다.

나를 바꾼 한 권의 책

쉬더라도 멈추지 마라
그 끝에 성공이 있다

계속모드 / 오오하시 에츠오

> 습관은 나무 껍질에 글자는 새기는 것과 같다.
> 그 나무가 커감에 따라 글자가 커진다.
> - 스마일스 -

'계속모드'라는 책은 만약에 내가 제목을 지었다면 습관의 기술이라고 만들었을 것이다. 이 책은 좋은 습관을 만들어서 자신이 원하는 목표를 쉽게 이룰 수 있도록 만들어 주는 책이라고 생각하면 된다.

좋은 습관이란 어떤 것이며 어떻게 만들 수 있을까?
좋은 습관이란 운동을 규칙적으로 한다든가 공부를 규칙적으로 해서 몸짱을 만든다거나 토익 900점을 맞거나 자격증을 따는 그런 습관을 말한다. 책에선 그런 것들을 열심히 할 생각 하지 말고 몸에 자동으로 입력을 시키는 것을 습관이라고 한다. 그런데 이 좋은 습관들을 들이기 위해서는 3가지 넘어야 할 관문이 있다.

그 세 가지 관문이라는 것은 무엇일까?
그중 첫 번째가 예외이다. 예외란 예를 들면 이런 것이다. 매일 아침마다 달리기를 하기로 했는데 어느 날인가 비가 오는 게 아닌가? 비 오는 날이 길어지면 점점 달리기를 하지 않게 되고 나중에는 달리기를 한 것조차 잊어버리는 것이다. 즉, 한 번의 예외가 두 번, 세 번이 돼서 습관을 들이지 못하게 만든다는 것이다.

두 번째는 불안이다. 이것도 우리 주변에서 볼 수 있는 예가 많은데, 적금을 들기로 해서 3년 뒤에 2000만 원을 만들기로 한 것이다. 그런데 한 달 두 달 돈을 모으지만 통장을 볼 때마다 정말로 돈을 모을 수 있을까 싶은 생각이 들고 있는데, 마침 내가 좋아하는 물건이 싼 가격에 나왔는데 내가 모은 돈이면 살 수 있는 것이다. 그래 내가 뭔 적금이냐 하면서 적금을 깨서 살 때 가지는 불안이 결국 습관을 망치는 것이다.

세 번째는 슬럼프이다. 이것은 운동선수에게서 많이 일어나지만 우리에게도 얼마든지 일어날 수 있다. 예를 들어 토익 900점을 목표로 공부를 하여 700점까지는 잘 올라갔는데, 아무리 공부를 해도 700점을 넘지 못할 때가 있다. 그때 내 한계가 여기구나 하고선 포기하게 된다. 이것들을 넘어설 수 있는 방법을 책에서 알려주고 있다.

그럼 좋은 습관은 어떻게 만들어야만 할까?

첫 번째로 가장 중요한 것은 바로 동기 부여이다. 요즘 배가 너무 나와서 걱정인 분이 있다면 이렇게 해보기 바란다. 단순히 배가 들어가는 것이 아니라 몸짱을 목표로 하는 것이다. 그래서 자신이 좋아하는 적당히 균형 잡힌 몸의 사진을 붙여놓고선 그 몸매가 언제까지 되겠다고 생각하고 운동을 시작하는 것이다.

두 번째는 목표 설정이다. 목표를 설정할 때는 두 가지를 염두에 두고 해야 한다. 하루에 최소한 할 수 있는 분량만을 설정하는 것이 좋다. 만약 자신이 팔굽혀펴기를 10번밖에 못하는데 50번씩 잡는다면 그것은 하루 이틀은 갈 수 있지만 3일째 되는 날 바로 포기하게 되기 때문이다.

세 번째는 앞에서 말한 예외 불안 슬럼프를 극복하는 것이다.

어떻게 해야 그것들을 넘어설 수 있을까?

우선 예외의 경우 플랜B를 준비하는 것이 중요하다. 만약 달리기를 하기로 했는데 비가 오면 헬스장에 가서 한 시간씩 뛰다 온다고 준비를 해야만 한다는 것이다. 그래서 약속이 있으면 다음날이라도 꼭 한다는 생각으로 하면 쉽게 극복할 수 있다.

두 번째 불안의 경우 현재의 목표에 대해서 객관적으로 생각을 할 필요가 있다. 그리고 자신이 얼마나 발전을 했는지 살펴보는 것도 좋다. 어떤 운동을 해서 몸무게가 얼마가 줄었는지, 적금을 들어서 돈을 얼마나 모았는지 아는 것만으로도 쉽게 해소가 될 수 있다.

세 번째 슬럼프의 경우는 조금 해소하기가 쉽지 않다. 이 경우 다른 사람들의 도움이 필요하다. 즉, 스승이 필요하다는 것이다. 슬럼프가 오는 가장 큰 이유는 내가 모르는 잘못 때문인데 그 잘못을 나 혼자서는 절대로 찾을 수가 없기 때문이다.

나도 요즘 자기 전에 팔굽혀펴기 30번, 윗몸일으키기 30번씩 하고 있다. 이 상태로 계속 습관을 들여서 나온 배를 넣고 몸짱이 되볼까 한다.

사실 이 책을 소개하기 전에 한 가지 취미가 있었다. 그것은 봉술, 즉 막대기를 돌리는 취미를 가지고 있다. 가게에만 있다 보니 집 밖으로 나갈 일이 별로 없어서 집안에서 할 수 있는 특기를 살리다 보니 그렇게 되었다. 나무 봉을 사서 하니까 얼마 못가서 부러지고 말았다. 그래서 긴 금속으로 된 마대걸레 자루를 가지고 연습을 했다. 하루에 딱 5분씩 2년을 연습하니까 어느 정도 폼은 나오게 되었다. 그런데 이 책을 보면서 나도 돈 안들이고 몸만들기를 해봐야겠다는 생각을 가지게 되었다. 그래도 ROTC 훈련생 때는 체력장이 있어서 윗몸일으키기 하고 턱걸이 팔굽혀펴기를 많이 했던 기억이 나서 시도를 하는데 열 번 하기도 힘들었다. 그러고서도 알이 배겨서 다음날도 엄청 힘들게 움직였다.

이 책을 소개한 후에 정말 몇 달 동안을 팔굽혀펴기와 윗몸일으키기를 30번씩 3세트를 매일 한 후에 잠을 잤다. 그래서 허릿살도 좀 빠지고 배도 들어가서 좋구나 라고 생각을 했는데 그만 몸살이 걸려서 한 일주일간을 못했다.

감기가 얼마나 심하게 걸렸는지 일요일에 아파서 억지로 일어나서 병원 응급실에 가서 링거를 맞고 돌아오는데 얼마나 힘든지 눈물이 다 날 정도였다. 그래도 책에 나온 대로 일단은 쉬었다가 다시 몸이 나아지자 또 도전을 했다. 이번에는 하루에 3세트로 30번 이상씩 했다. 그래서 다시 몸이 돌아왔구나 생각을 했는데 또 몸살이 도졌다. 이번에는 편도선이 원인이 되어서 항생제를 맞을 정도로 아파서 거의 2주 정도를 제대로 몸을 가누지 못했다. 그러고 나서 포기를 했다.

어떤 일이든지 인생에 있어서 하고 싶어도 포기해야만 하는 일이 있다. 그래서 그 다음부터는 아예 헬스클럽을 다니기로 했다. 그러고 나서는 운동을 해도 아픈 적이 한 번도 없다. 그런데 그래서 그런 것 같지는 않고 그 다음부터는 꼭 백신을 맞아서 큰 감기 없이 지낸 것이 가장 큰 요인이었던 것 같다. 이 책에 한 가지를 더 추가하고 싶다. 어떤 일을 할 때 꼭 해내고 싶다면 실패의 원인을 제거하고 다시 도전하라고 부탁드리고 싶다. 그리고 뭐든지 돈과 시간을 투자해야만 된다는 사실을 알기 바란다.

나를 바꾼 한 권의 책

지구에서 벌어진 모든 문제의 답은 사랑에 있다

그건 사랑이었네 / 한비야

> 봄의 태양이 빛나면 곡물의 씨앗은 싹트지 않고 있을 수 없다.
> 그러나 참된 사랑은 세상이 차더라도 꽃이 핀다.
> – 뇌티허 –

이번에는 베스트셀러 작가이자 월드비전의 구호팀장인 한비야가 쓴 '그건 사랑이었네'이다. 한비야는 이 책에서 자신의 여행기 그리고 구호활동 외에 자신의 일상의 소소한 이야기가 담겨져 있다. 그렇지만 뒷부분에서 세계 구호 현장에서 자신이 듣고 본 이야기들을 넣고 많은 사람들이 자신의 구호활동에 동참해 준 것까지 이야기를 해주고 있다.

책에선 자신의 하루 일정에 대해서 이야기하고 있다. 정말이지 정신없이 바쁘다. 베스트셀러 작가로서 사인회도 가야 하고, 구호활동 팀장으로서 월드비전 회의에도 참석을 해야 하고, 또 대학교나 기업체에서 부탁해서 하는 강연회도 해야만 한다. 그러던 중 어느 날인가 의사한테서 연락이 왔다. 종합검진 결과가 나왔는데 직접 병원에 와서 들어야 한다고 말한다. 그러자 한비야 씨는 정말이지 많은 생각에 사로잡히게 된다. 우선 자신의 세계적인 참사의 현장을 구호하고 와서는 디브리핑이라고 해서 정신감정을 받아야 하는데 받지 않는 것이 문제가 아닌가. 내가 지금 죽으면 내가 한다고 한 많은 일들이 어떻게 되는 건가 하면서 말이다. 끝에는 빨리 먹는 식사 습관 때문에 병이 생긴 것은 아닌가 하는 별의별 생각을 하게 되는 부분이 나온다.

그래서 병원에 가서 의사 선생님을 만나는데, 무리를 해서 그러니까 조심하라고 하면서 여기까지 오라고 한 것은 다름이 아니라 의사선생님의 딸이 한비야 씨의 팬이다 보니 사인을 해달라고 해서 그런 거라고 한다. 그래서 한숨을 놓고 보니 자신의 일상이 너무나도 무리를 하면서 산다는 것을 깨닫게 된다. 그래서 평소에는 이틀에 한 번씩만 자고 밥도 빨리 먹고 할 수도 없을 것 같은 일들을 무리하게 받아놓고선 끝내려고 아등바등 살지 않기로 한다. 하지만 다음날만 되면 또 많은 일들이 기다리고 있어서 자신도 모르게 뛰어다니게 된다고 한다. 그 외에도 20년 만에 만난 첫사랑 이야기 또 가족의 막내딸로서 맨날 잔소리만 듣는 동생으로서의 이야기도 나온다.

그런 일상의 이야기 말고 위기의 이야기들도 많이 나온다. 아프가니스탄의 지진 현장의 이야기이다. 7.0의 지진이 아프가니스탄에서 나자 월드비전에 한국에서는 의료진을 파견할 수 있다고 이야기를 하고선 한국의 의료진을 끌고 아프가니스탄으로 간다. 거기서 군인들이 통제를 하자 그곳의 장교와 이야기를 해서 지진으로 무너진 길을 뚫고 사람이 많이 사는 마을까지 가서 병원을 세우고 치료부터 한다. 그런데 문제는 지진이 끝나지 않았다는 것이다. 마을에 도착하자마자 여진이 오는 게 아닌가? 모두 새파랗게 질려서 움직이지 못했다고 한다. 그런 위험한 여진이 오는 위험 속에서도 치료를 마치고 다시 베이스캠프로 돌아가려고 하는데, 여진의 영향으로 가는 길이 모두 막히게 된다. 그래서 그냥 거기서 사람들이나 더 치료를 하면서 기다리자고 해서 남아서 치료를 하게 되는데, 문제는 식량과 의료물품이 떨어지게 된 것이다. 모두들 절망적으로 기다리는데 헬기가 날아오른 게 아닌가. 이제는 살았다고 생각을 했는데 그 헬기가 일으킨 바람 때문에 천막이 날려서 엉망이 된다. 그리고 다시 더 큰 헬기가 와서는 천막을 아예 멀리 날려 버린다. 그래도 그 날아간 천막을 다시 가져와서는 헬기에 싣고 베이스캠프로 와서 사람들을 치료하게 된다. 이처럼 천재지변이나 전쟁 등이 일어난 곳을 찾아가 구호하는 것을 경제적 구호라고 한다. 반면에 아프리카 같은 경우에는 자연환경 자체와 사람들의 풍속이 더 문제가 많다. 이런 곳에 가서 구호하는 것을 구조적 구호라고 한다.

구조적 구호는 경제적 구조보다도 더 참혹하다. 우선 물이 없는 환경 때문에 강 하나에 모든 사람들이 식수로 쓰면서 전염병과 기생충으로 죽어가고 있는 현장을 보게 된다. 사람의 피부를 뚫고 나오는 기생충, 아프리카 여자들 중 1년에 300만 명 이상 한다는 여성 할례 등으로 죽어가는 현장을 보면서 기독교인으로서 신에 대해서 기도를 하면서 하루하루를 보냈다고 한다. 깨끗한 물이 없어서 시력을 잃어가는 아이들, 그리고 한 명의 아이가 질병으로 죽어가는 것을 보면서 눈물을 흘렸는데 눈을 들어보니 그런 아이들의 숫자가 수천 명에 이른 것을 현장에서 보면서 눈물이 말랐다는 이야기, 그야말로 전 세계의 모든 재난의 현장과 비극의 현장을 보고 이야기를 해주는 장면들은 어떻게 말할 수 없을 정도로 많다. 현장을 다니면서 비극적인 이야기를 전하는 이유는 단 한 가지 그들을 도와달라는 것이다. 그런데 지도 밖으로 행군하다라는 책이 80만 권이 팔렸다고 한다. 그 뒤로 월드비전을 후원하는 사람의 숫자가 엄청나게 늘었다고 한다.

1999년까지 천 명 미만이었던 사람들의 숫자가 2002년부터 기하급수적으로 늘어나기 시작해서 현재는 330만 명의 후원자를 가지고 있다. 그 사람들이 단순히 돈만 내는 것이 아니라 극장에서는 극장임대를, 가수는 공연을, 그리고 의사는 의료를, 사람들이 자신이 가진 것을 내놓고 기부를 하기 시작한 것이다. 한비야 씨는 그것이야말로 한국의 기적이라고 이야기를 한다.

인상이 깊었던 것은 일 년에 백 권 읽기라는 내용이었다. 고등학교 때 국어 선생님이 그냥 내준 숙제인데 그 선생님이 좋아서 책의 목록을 적어놓고선 백 권을 읽기 시작한 것이 지금까지 습관이 되었다. 그래서 평소에도 일주일에 두 권 이상을 읽지 않으면 뭔가 허전하다고 한다. 그렇게 바쁜 사람이 시간이 어디 있느냐고 물으니 책은 시간을 내서 읽는 것이 아니라고 한다. 그리고 자신이 추천하는 책 중에 첫 번째는 바로 '왜 세상의 절반은 굶주리는가' 라는 책이다. 그 외에도 여러 가지 책이 있으니 꼭 한번 읽어보면 좋을 것 같다.

나를 바꾼 한 권의 책

실천하기를 두려워 마라
시작해야 자신감도 생긴다

하루라도 공부만 할 수 있다면 / 박철범

너의 한계성에 도전해 싸우라. 그러면 분명히 그것들은 네 능력 안에 들어올 것이다.
- 리차드 바크 -

'하루라도 공부만 할 수 있다면'이라는 책을 소개하면, 반에서 꼴등하던 박철범이 서울대에 합격하기까지 이야기가 들어가 있다. 이 책에선 공부를 잘하게 되기까지의 자세한 과정에 대해서 이야기를 해준다. 저자의 집은 가난했기 때문에 공부를 잘 할 수가 없었다. 그러나 어떤 계기로 공부에 전념을 하게 된다. 또한 공부 방법에 대해서도 자세하게 나와 있다.

저자는 마음 편히 공부할 수 있는 삶과는 거리가 멀었다. 초등학교에 입학하기도 전부터 그의 가족은 세찬 역경을 맞았다. 할아버지가 운영하던 공장은 부도가 났고, 아버지는 양 손을 쓰지 못하는 중증 장애인이 되었다. 상황은 더 악화된다. 부모님의 불화는 끊이지 않았고, 어머니가 힘들게 꾸려 나가던 가게마저 은행과 사채 빚으로 인해 남의 손에 넘어가버렸다. 심지어 그에게는 부모님과 함께 사는 평범한 삶조차 허락되지 않는 상황이 계속 이어지게 된다. 저자는 초등학교 때부터 대학교에 입학할 때까지, 외할머니와 함께 기초생활 수급자로서의 힘든 삶을 감내해야만 했다. 빚쟁이들이 한밤중에 찾아와 자고 있는 그의 배를 발로 걷어차 깨우기도 하고, 학교로도 찾아오기도 수십 차례, 하지만 그런 열악한 환경 속에서도 원망하고 포기하는 대신, 그 좌절감의 깊이만큼 공부에 열정을 쏟아 부었다고 한다.

저자는 어렸을 때부터 공부를 잘하던 소위 '우등생'이 아니었다. 반에서 꼴찌를 할 정도로 공부에는 관심이 없고, 놀기만 좋아했던 저자는 사회에서 무시당하고, 끝없이 추락하고 있는 자신을 보면서 사회와 맞서 한 번 해보자는 생각으로 고등학교 1학년이 끝나갈 무렵에야 공부를 시작하였다. 그리고 공부에 대한 집념과 자신만의 노하우를 통해 꼴찌였던 성적을 한 학기 만에 1등으로 올려놓으면서 자기 안에 내재된 가능성을 발견하게 되었다. 하지만 1등의 기쁨도 잠시, 공부를 중단해야 할 정도로 가정 형편은 더욱 나빠졌지만, 그는 포기하지 않았다. 아르바이트를 해가면서 공부의 끈을 놓지 않았던 그는 결국 한 번의 재수를 거쳐 당당히 서울대 조선해양공학과와 고려대 법학과에 차례로 입학하게 된다.

그럼 저자는 어떻게 공부를 잘하게 되었을까?
첫 번째로 스스로 동기 부여를 했다. 아무리 어려운 환경 속에서도 자신이 공부에 대한 집념을 불태울 수 있는 동기 부여를 스스로 가져야만 한다. 그렇지 않다면 아무리 좋은 환경 속에서도 공부를 잘할 수는 없다. 저자는 책에서 정말 공부가 아니면 안 된다는 필사적인 이유가 없으면 성적이 오르지 않는다는 생각으로 집중을 했다.

두 번째로는 기초가 부족하기 때문에 처음부터 공부를 다시 시작하는 방법과 현재 진도에 맞추어서 배우되 모르는 부분만 골라서 다시 공부를 하는 방법이 있다. 그런데 저자는 후자를 택했다. 그래서 그때 그때 필요한 부분을 채워가면서 공부를 해서 6개월 만에 전교 2등을 했다.

세 번째로는 고등학교 과정의 모든 부분은 중학교에서 다 나왔다는 사실이다. 그래서 중학교교과서에 나온 내용을 다시 심도있게 공부를 해서 기초를 배우고, 다시 고등학교 과정을 공부하는 방식으로 하다 보니 조금 더 쉽게 익힐 수 있었다. 영어도 사실 중학교 때 나온 내용을 조금 더 복잡하게 설명한 것이 고등학교 영어고, 수학도 마찬가지이다. 그래서 중학교 교과서를 가지고 더 공부를 해서 쫓아갔다고 한다.

그렇다고 꼭 공부하는 이야기만 나오느냐 하면 그렇지 않다. 재미있는 에피소드도 있다.

중학교 졸업식 때 이야기이다. 저자에게는 리리라는 여동생이 있었다. 동생과는 학교를 같이 다니고 있었다. 그런데 졸업식 때 마침 발렌타이데이가 겹쳐서 많은 졸업하는 남학생들이 여학생들로부터 초콜릿을 받게 되었는데 자기딴에는 여학생들에게 인기가 있었다고 생각을 했는데 자기만 초콜릿을 못 받는 것이다. 그래서 내가 그렇지 뭐 하고 있는데 잘 알지 못하는 여자 후배들이 와서는 한 명씩 두 명씩 초콜릿을 주는 게 아닌가.

그러더니 마지막에는 초콜릿을 너무 많이 받아서 전교에서 가장 많이 받은 학생이 되어 있었다. 심지어는 너무 많이 받아서 엄마하고 여동생까지 나누어 주었다. 그런데 집에 가서 열어보고 나서는 깜짝 놀란다. 그 안에 편지가 들어가 있는데 리리가 협박을 해서 어쩔 수 없이 주었다. 또 한 개는 리리가 오빠한테 꼭 선물 주라고 그래서 주었다 등등 많은 편지가 들어가 있었다. 알고 보니 동생이 일주일 전에서부터 오빠가 졸업식 때 기가 죽을까 봐 친구들한테 뇌물공세에 협박까지 하면서 선물을 하라고 준비를 했던 것이다. 그래서 가족애를 느꼈다는 이야기가 나온다.

저자는 그렇게 해서 공부를 잘하게 되었지만 집안일로 인해서 재수까지 하게 된다. 그 집안일이라는 게 첫 번째 수능시험을 보기 한 달 전에 엄마가 입건이 된다. 돈을 갚지 못해서 그렇게 된 것이다. 이때 저자는 심리적으로 큰 타격을 입는다. 거기다 너무 심하게 공부한 탓에 체력이 급격하게 저하되어서 집중력을 발휘하지 못하고 만다. 결국 시험을 망치게 되고 자신이 원하는 학교에는 갈 수 없는 성적이 되었다. 그래서 낮은 곳에다 원서를 쓰고 들어가는데 몇 달을 다니다가 이건 아니다 싶어서 자퇴서를 쓰고 나온다. 그러자 이번에는 돈이 문제였다. 그런데 천운으로 고등학교 교장선생님이 과외하는 집을 알아봐 주셔서 과외비를 받아서 그 돈으로 학원을 등록하고 공부를 해서 서울대에 들어가게 된다. 그런데 거기서 끝이 아니다. 자신이 꿈꾼 서울대 공대에 들어가서도 법학에 꿈을 꾸어서 서울대 공대를 그만 두고 다시 수능을 봐서 고려대 법대로 들어가게 된다.

저자는 자신의 공부비법을 많은 학생들에게 알려주고 싶어서 공부 방법에 관한 책도 썼다. 제목은 박철범의 하루 공부법이다.

나를 바꾼 한 권의 책

남의 돈에는 독이빨이 솟아나 있다

화폐전쟁 / 쑹훙빙

> 돈은 현악기와 같다. 그것을 적절히 사용할 줄 모르는 사람은 불협화음을 듣게 된다.
> 이것을 잘 베풀려 하지 않는 이들을 천천히 그리고 고통스럽게 죽인다.
> 반면에, 타인에게 이것을 베푸는 이들에게는 생명을 준다.
> – 칼릴 지브란 –

전쟁을 일으키는 목적은 무력으로 다른 나라의 인적, 물적 자원을 빼앗아 오는 데 있다. 그러나 글로벌화된 현대에서는 직접적인 전쟁을 일으키지 않더라도 금융을 통해서 다른 나라의 회사와 자원을 얼마든지 빼앗아 올 수 있다.

마치 우리가 1998년에 IMF를 맞아서 많은 기업들이 외국자본에 넘어가고 인적 자원들이 외국으로 나간 것이 그 예라고 할 수 있다. 이 책은 그러한 화폐전쟁이 누구에 의해서 어떻게 일어나고 있는지 또 어떤 결과를 가져오고 있는지를 알려주는 책이다.

책은 크게 세 가지 내용으로 나누어져 있다. 첫 번째는 세계적인 금융재벌인 로스차일드가에 대해서 설명을 하고 있고, 두 번째는 화폐가 세계화하면서 변화하는 과정이 나와 있다. 세 번째는 화폐전쟁의 결과들에 대해서 설명을 해주는 것으로 나눌 수가 있을 것 같다. 그 밖에는 이번 서브프라임 모기지론에 대한 설명이 나와 있다.

그럼 로스차일드가는 누구인가?

세계 최고의 부자라고 하면 아마 빌 게이츠를 생각할 것이다. 그러나 로스차일드가는 그 빌게이츠의 자산의 천 배 정도를 가진 세계를 움직이는 집단이라고 보면 될 것 같다. 그 뿌리는 이미 200년 전에 워털루 전투에서 시작을 한다. 당시 영국과 프랑스의 전투에서 승리 정보를 조작을 해서 영국의 채권을 엄청난 양을 사들여서 후에 전 세계의 초강대국인 대영제국의 금융을 지배하게 된다. 후에 미국에 이르러서도 막강한 정보력과 경제력을 바탕으로 많은 부분을 흡수한다. 책에서는 이들과 같은 대규모 금융집단들이 세계를 어떻게 움직여 왔는지에 대한 자세한 이야기가 나온다.

그럼 두 번째 화폐의 세계화는 어떤 내용일까?

한 나라 안에서의 화폐는 국가가 통제해서 만들면 되니까 문제는 없지만 세계적인 화폐를 한 나라가 만들어서 찍을 수는 없다. 그래서 등장한 것이 금본위제였다. 즉, 화폐를 일정 무게만큼의 금과 바꾸어주는 제도를 말한다. 그런데 금이라는 것도 매장한 것을 캐내는 것이다 보니까 금값이 일정하지 않을 때가 많았다. 또 캐내기도 힘들어서 시장에서 값이 투기세력에 의해서 가격이 변화하기가 쉬웠다. 그래서 은본위제를 시행한다. 즉, 은을 통화의 기준으로 삼았던 것이다. 그런데 산업이 발달하면서 은의 수요가 늘자 은을 통화로 쓰는 것보다는 산업용으로 쓰는 것이 더 좋다고 생각해서 다시 금본위제로 돌아온다. 미국이 2차 세계대전이 끝난 후에 전 세계에서 금을 모아서 달러로 바꿔주게 된다. 이렇게 만들어진 금본위제는 완전한 것 같았다. 그러나 국제 투기세력들이 그 금을 투기의 대상으로 삼자 상황이 달라진다. 금도 역시 단위로 언제든지 가격이 급락할 수도, 반등할 수도 있다는 사실을 깨닫게 된다. 그리고 1970년대에 이르러서는 석유가 중요한 이슈로 떠올랐다. 오펙이 석유를 교환할 유일한 화폐로 달러를 정하자 이제 달러는 석유본위제로 가게 된다. 그러나 이것도 1, 2차 오일쇼크를 겪으면서 완전하지 않다는 사실을 알게 된다. 그래서 달러 자체를 다른 모든 물품에서 독립을 시켜서 국제 통화로서 가치를 만들어 낸다. 즉, 달러자체본위제가 된 것이다. 이것을 기준이 되는 돈이라고 해서 기축통화라고 한다. 그리고 달러는 얼마든지 찍어낼 수 있기 때문에 달러를 활용한 파생상품들을 만들어 내기 시작한다. 땅과 집을 담보로 하는 모기지론을 만들어 낸다. 그런데 달러는 현물이 아니기 때문에 많은 문제점을 가질 수밖에 없다고 이야기를 한다.

세 번째 화폐전쟁의 결과로 책에서는 일본의 예가 가장 크지만 우리나라의 예가 가슴에 가장 와 닿는다. 즉, 국제 투기자본들이 증권 작전세력처럼 한 나라에 돈을 집중적으로 투자를 해서 주가를 최대한 올려놓는다. 그리고 나면 많은 개인과 기관들이 덩달아서 투자를 하게 되는데 어느 한순간에 돈을 몽땅 빼서 주가를 실제 가격 이하로 내려놓는다. 그리고 회사들이 돈이 없어서 망하기 직전이면 헐값에 사들인다는 것이다. 그리고 실제가격 이상으로 올려서 다시 파는 것이다. 그런데 책에서는 한국을 높이 평가하고 있다. 금모으기 운동 등을 통해서 자신들의 기업과 국가를 지켜낸 훌륭한 국가라고 말이다. 문제는 이러한 공격이 이번이 아니라 주기적으로 계속될 텐데 이러한 공격을 막아낼 수 있는 근본적인 방법을 찾기가 어렵다는 사실이다. 왜냐하면 달러본위제에서는 달러를 많이 갖고 있는 집단이 전 세계 시장의 대부분을 주도하기 때문이다. 금본위제나 현물이 필요한 경우에는 돈이 한계가 있지만 달러는 모기지론이나 그밖에 파생상품들로 더 만들어 낼 수 있기 때문이다.

그럼 서브 프라임 사태란 무엇일까?
우선 서브 프라임 모기지론이 무엇인지 먼저 알아야 하는데, 앞에서 얘기한 것처럼 땅이나 집을 몇 십 년 동안 살면서 은행의 빚을 이자와 원금을 갚아 나가는 것을 모기지론이라고 한다. 그런데 모기지론의 기간이 길다 보니 직장이 안정되고 일정한 수입을 얻을 수 있는 사람은 전체 미국 인구의 15% 안팎이라고 한다. 이것이 프라임 모기지론이다. 이 시장이 포화 상태가 되자 은행에서는 서브프라임 모기지론이라는 상품을 내놓는데, 이것은 직장이 안정적이지 않고 수입이 일정하지 않는 사람들을 상대로 높은 이자를 받고 내놓은 파생상품이다. 결국 이자의 회수율이 낮아서 위험도가 높은데 이자율이 높다는 이유로 좋은 상품으로 포장을 해서 판 것이다. 미국 자본시장에서는 서브프라임 모기지론의 크기가 전체 시장에서 차지하는 비중이 작다고 무시해도 좋다고 이야기를 했지만 달러본위제에서 신용으로 쌓은 탑에 금이 가기 시작한다. 그래서 미국의 거대한 금융회사들이 무너지기 시작한 것이다. 문제는 미국의 달러가 전 세계의 통화로 쓰이다 보니까 미국이 조금만 지진이 나면 다른 나라들에게는 거대한 해일로 덮쳐 버린다는 사실에 전 세계적인 문제로 확대되고 있다는 사실이다.

저자가 중국인이라서 그런지는 몰라도 이 사태의 해결에 대해서 중국이 해결해야 한다고 생각하고 있다. 현재 금융위기의 실질적인 문제는 서브프라임에서 시작되었지만, 원칙적으로는 달러본위제에 있기 때문에 정확한 현물을 가진 통화가 등장해서 이 불안을 해소해야만 된다고 말하고 있다. 즉, 중국의 위안화가 금을 비축해서 기축통화가 되어야 한다고 말하고 있다.

이 책은 읽는데 한 달이 걸린 힘든 책이다. 처음에는 관심을 갖고 이야기를 시작했는데 이야기가 전반적으로 음모론의 종합체 같은 형식으로 되어있어서 갈피를 잡기가 상당히 힘들었다. 워털루 전투에서 시작을 해서 프랑스를 거쳐 영국, 그리고 현재의 미국에 이르기까지 강력한 권력을 가진 집단이 원하는 대로 이세상을 움직여 왔다는 것이 이 책의 주된 내용이다. 심지어는 존 F 케네디 대통령 역시 이들에게 반하다가 암살을 당했다는 이야기를 하는데, 그 이유 중에 한 가지가 바로 대통령 경호실을 시크릿 서비스라고 하는데 이들이 바로 국세청 소속이라는 것이다. 그리고 그것에 따른 증거를 보여주는데 금달러, 은달러, 그냥 달러 등등으로 사진과 도안, 그리고 당시의 시대적 상황에 이르기까지 전반적인 사항을 이야기한다. 그런데 이야기가 너무 장황하고 정리하기가 힘들어서 일단 세 가지 파트로 나누어서 이야기를 했다.

첫 번째로 전체적인 내용에 대한 정리로, 책이 어떤 내용을 가지고 있다고 이야기를 했다. 로스차일드가가 어떻게 해서 금융 권력을 가지게 되었다고 말이다.

두 번째로는 화폐가 세계화되는 과정에 대해서 정리를 했다. 사실 이 부분은 책의 절반 정도를 차지할 정도로 많은 양이지만 나름대로 간단하게 정리를 해서 금과 은, 석유 등으로 이야기를 했지만 자세한 이야기는 그 정도가 아니라 복잡한 과정을 거쳐 지금의 달러로 귀결이 되었다.

세 번째로는 제목인 화폐전쟁이 일어나는 이유와 그 결과들에 대해서 설명했다. 여기까지가 본 책의 내용이고, 이 책이 당시 붐이었던 이유는 바로 서브프라임에 대해서 정확하게 파악하고 있었기 때문이다. 당시에는 이런저런 설들이 많았지만 이 책은 딱 잘라서 미국의 부동산이 전 세계를 흔든다고 잘라서 말을 하고 있었다. 그래서 서브프라임에 대해서 이야기를 하면서 책의 정리를 마쳤지만 전반적인 내용에 매력을 가진 분들은 직접 읽어서 그 방대한 내용을 확인하면 좋을 것 같다.

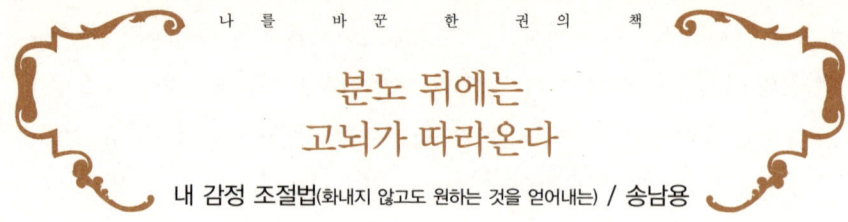

분노 뒤에는 고뇌가 따라온다

내 감정 조절법(화내지 않고도 원하는 것을 얻어내는) / 송남용

> 분노를 억제하는 가장 좋은 방법은,
> 분노가 활활 타오르는 것을 느낄 때, 자기 몸을 꾹 누르고 아무것도 하지 마라.
> 움직이거나 말을 하면 안 된다. 만일 육체나 혀에게 자유를 준다면, 분노는 점점 더 커지게 된다.
> – 톨스토이 –

이 책은 분노라는 것이 하나의 신호로서 자신은 물론 자신의 주변에 발생한 문제를 해결할 것을 촉구하고 있다고 말하면서 분노라는 감정의 긍정적인 처리에 대한 이야기를 전하고 있다. 분노를 4가지 단계로 나누었다.

그럼 분노의 4가지 단계는 어떤 것들이 있을까?

첫 번째는 상대를 향해 공격적으로 소리를 지르고 강요를 하는 '공격형 분노'이다. 대개 이런 사람들은 '나는 뒤끝이 없어'라고 말하며 자신의 성격이 나쁘지 않다는 것을 강조하지만, 실제로 그 공격적인 분노로 인해 타인이 받은 마음의 상처는 별로 안중에 없는 사람들이다. 자신은 뒤끝이 없다고 하지만 다른 사람들은 그렇지 못하다.

두 번째는 '수동형 분노'이다. 자신에게 분노를 불러일으키는 상대와 적절한 커뮤니케이션을 하지 못하고 속으로만 삭이는 부류이다. 대개 남들이 볼 때는 '사람이 좋다'라고 평해지지만 정작 자기 스스로나 혹은 자신보다 약한 대상에게 분풀이를 하는 경우가 많다. 그래서 신경성 설사나 변비가 많고, 아무 상관없는 일에 열을 내는 경우가 있다.

세 번째는 '수동-공격형 분노'이다 겉으로는 아무렇지 않은 듯 행동하지만 상대의 요구를 아무 말도 없이 들어주지 않는다든지, 혹은 또 다른 방식으로 '보이지 않는 복수'를 하는 타입이다. 상대를 직접적으로는 공격을 못하기 때문에 후에 복수를 하기 위해서 생각지도 못한 방법으로 상대를 괴롭히는 타입이다.

마지막으로는 '자기 표현형 분노'이다. 긍정적으로 자신을 표현하고 원하는 것을 지혜롭게 말함으로써 자신의 분노를 관리하고 더불어 상대와의 관계도 원활하게 유지하는 것이다. 결과적으로 가장 좋은 것은 자기 표현형 분노이지만 이를 위해서는 'EEM 기법'이라는 특별한 분노 관리 방식이 필요하다.

조금 더 구체적으로 예를 들어 설명을 해보겠다.

가족으로 예를 들어보자. 아버지가 공격형 분노를 가지고 있고 어머니가 수동형 분노를 가지고 있는 경우, 부부싸움을 할 때 아버지는 화를 내면서 물건을 던지고 욕설을 하고 때리는 형태로 부부싸움을 한다. 어머니의 경우에는 그런 아버지한테 소극적으로 말로만 못 살겠다고 하지만 구체적으로 행동으로 옮기지는 못한다. 그것은 가족과 집안이 걱정이기 때문이다. 그런데 자식은 수동공격형 분노를 가지고 있다면 부모 중에 아버지는 항상 불같이 화를 내고 어머니는 자신에게만 화를 내기 때문에 덤비지는 못하고 전혀 다른 방식으로 화를 풀게 된다. 즉, 집을 나간다거나 집안의 돈을 훔치는 것처럼 부모 속을 일부러 썩이게 되는 것이다. 이런 식으로 각자의 방식으로 화를 풀다 보면 집안이 콩가루 집안이 될 수밖에 없다. 그래서 자기 표현형 분노가 필요한 것이다. 앞의 예와 조금 다르게 어머니가 자기 표현형 분노라면 일단 아버지가 화가 나서 소리를 치면 우선 자리를 피하거나 당신이 무조건 맞다고 이야기를 해준다. 그런 다음 아버지의 화가 삭은 다음 천천히 이런 저런 이야기를 하면서 의견을 변화할 수 있도록 조금씩 변화를 주는 것이다. 집안에서 이런 훈련을 받은 사람은 잘 하지만 그렇지 못한 사람은 수련이 필요하다. 그것이 바로 EEM 기법이라는 것이다.

그럼 EEM기법이란 무엇이며, 어떻게 해야만 하는 것일까?

EEM이란 '탐색하기(Exploration) – 평가하기(Evaluation) – 수정하기

(Modification)'라는 세 단계를 말한다. 일단 화가 나는 상황이 생기게 되면 냉철하게 현재의 상태를 탐색하고, 상대의 말이나 행동에 대한 분석, 자신의 대응방식과 원하는 욕구까지 세심하게 바라보는 단계이다. 두 번째는 탐색으로 인해 생긴 결과물들에 대한 평가를 통해서 보다 나은 방법을 모색하는 과정이다. 마지막인 수정은 자신의 사고를 유연하게 바꾸고 효과적인 행동방식을 유도함으로써 궁극적으로 분노를 '정복'하는 것에 초점이 맞춰져 있다. 책에선 화가 날 때 저지르는 행동들을 알려줌으로써 자신을 추스를 수 있도록 도와주고 있다.

그럼 우리는 화를 낼 때 하는 행동들에는 어떤 것이 있을까?
1. 당위적 사고 – 어떤 일은 반드시 내가 원하는 대로 되어야 하는데 안 될 때 화를 내는 경우. 공격형의 경우 일단 소리를 지르고 물건을 던지면서 자신의 의견을 이야기한다.
2. 여과하기 – 좋은 면은 모두 버린 채 나쁜 면만 생각해서 이야기하는 경우. 부부싸움 할 때 옆집 남편과 옆집 애를 비교하는데 자신의 집의 좋은 점을 전혀 생각하지 않고 남의 좋은 점만 생각을 하고 우리 집은 나쁜 점만 생각을 해서 이야기 하는 경우.
3. 과장하기 – 싸우다 보면 상대에게 더 많은 상처를 주기 위해서 조금만 일을 크게 부풀려서 이야기하는 것.
4. 임의적 추론 – 어떤 일을 보고 다른 일도 마찬가지라고 생각하는 것. 수동형의 경우 공격형이 자신을 항상 무시하고 미워한다고 생각하기 때문에 기회만 되면 헤어지려고 든다.

화가 나면 자신이 원하지 않는 이런 말들이 나오기가 쉽다. 일단 화가 나거나 이런 말을 듣게 되면 자리를 피해서 화를 삭인 다음에 상대와 이야기를 하는 것이 좋다. 그리고 결론이 꼭 필요할 때는 정확한 증거만 가지고 이야기를 해서 해결을 보는 것이 좋다.

화가 난 상대 앞에서 침착하기란 쉽지 않는데 그래야만 하는 이유는 무엇일까?

  사실 생각해 보면 화를 내는 가장 큰 이유는 문제를 해결하기 위해서이다. 물론 황당한 일을 당할 때도 그런 일을 다시 당하지 않기 위해서 화를 내는 것이다. 그런데 공격형의 경우 당장의 문제를 해결할 수 있을지는 모르지만 친구를 적으로 가족을 적으로 만들기 때문에 아무도 그를 배려하지 않게 된다. 그래서 더 큰 문제를 만들게 된다. 두 번째로 소극적인 경우 자신의 몸을 망가뜨리기 때문이다. 자신의 의견이 받아들여지지 않아서 결국에는 화병이 생긴다. 세 번째는 전혀 다른 상대에게 화를 냄으로써 제3의 문제를 만드는 경향이 있다. 결국 당장 부딪치지 말고 일단의 화를 가라앉히고 천천히 이야기를 하는 것이 가장 좋은 해결책이다. 그런데 자신만의 의지로는 조절이 되지 않을 수가 있다. 그럴 때는 전문의의 도움을 받아서 자신의 화를 조절하는 방법을 터득하는 것이 좋다.

나를 바꾼 한 권의 책

인생은 생각만큼
행복하지도 불행하지도 않다

1940년 열두 살 동규 / 손연자

역사는 단순히 과거에 관한 것이 아니다. 아니 과거와는 거의 상관이 없다.
사실 역사가 강력한 힘을 갖는 까닭은 우리 안에 역사가 있기 때문이고,
우리가 깨닫지 못하는 다양한 방식으로 우리를 지배하기 때문이며,
그리하여 말 그대로 우리가 하는 모든 일 안에 '현존하기' 때문이다.
- 제임스 볼드윈 -

 2010년 한 도시 책 한 권 읽기 원주 선정도서로 '1940년 열두 살 동규' 라는 책이 뽑혔다.

 이 책은 독립운동을 하는 아버지를 둔 한 집안의 이야기를 열두 살 동규의 시각으로 본 동화책이다. 1940년은 일제의 통치가 심해져서 창씨개명과 조선의 모든 문화와 역사를 말살하려던 시대였다. 당시 열두 살 동규의 집안은 한약방을 하고 있는 집안으로, 아버지는 일본에서 그림을 그리고 있는 것으로 동규는 알고 있었다. 그런데 어느 날 학교에서 학교를 나오지 말라고 하는 것이다. 이유는 창씨개명을 하지 않았기 때문이란다. 그래서 동규는 일본식 이름으로 창씨개명을 하게 된다. 할아버지가 동규에게 네 이름이 무엇이냐 묻자 동규는 일본식 이름을 대답하고선 회초리를 맞는다. 그러면서 할아버지는 동규에게 길들여지지 말라고 이야기를 한다. 그리고 어느 날 저잣거리에서 러시아인과 대결에서 태껸으로 이기는 숯장수를 보고선 태껸을 배우게 된다. 그런데 태껸은 일본에서 금지를 하고 있는 무술이었기에 일본인 순사에게 끌려가서 혼나게 된다.

 동규는 동무 재서의 엄마가 가정부로 일하는 집 주인의 아들 시까노스께와 친해지면서 시까노스께의 아버지와 외삼촌이 종로경찰서 고등계 형사라는 사실을 알게 된다. 그리고 동규의 아버지가 요주의 인물로 감시받고 있다는

이야기를 듣는다. 그러던 어느 날, 동규네 집으로 느닷없이 예전에 동규에게 태껸을 가르쳐 주던 숯장수가 찾아온다. 할아버지는 숯장수에게 돈이 들어 있는 전대를 건네는데, 그 순간 일본 형사가 들이닥친다. 숯장수는 가까스로 도망치고, 형사가 잘못 쏜 총에 맞아 할머니가 돌아가신다. 할아버지는 경찰서로 끌려가 고문을 당하고, 돌아오시지만 앞니가 뽑히고 고문을 너무 받아서 정신이 이상해져서 돌아오시게 된다.

아버지가 독립군임을 안 이상 더 이상 그곳에서 살기가 힘들어졌다. 일본 형사들의 감시를 계속 받던 동규, 엄마, 할아버지는 강원도 산골로 밤도망을 간다. 그곳에서 신분을 숨기고 농사를 지으면서 살려고 하는데 일본의 마수는 그들을 가만히 두지 않는다. 숯장수를 쫓던 형사에게는 조선인 형사 보조원이 있었다. 그 형사 보조원은 숨어 있는 그곳까지 쫓아오고, 정신이 오락가락하던 할아버지는 형사 보조원에게 맞아 숨을 거둔다. 그리고 어렵게 탈출한 동규와 엄마는 다시 숯장수를 만나 아버지가 있는 북간도로 향하게 된다. 숯장수는 동규를 데리고 가다가 급체에 걸려서 죽을 뻔하지만 동규는 할아버지로부터 배운 의술을 활용해서 숯장수를 구해 주게 된다. 그 외에도 동규 일행은 북간도로 향하는 중에 일본의 무자비함과 비열함, 폭력을 직접 눈으로 보게 되는데 사실 이 책을 쓰게 된 동기도 여기에 나오는 사진 때문이라고 한다.

조선에서 중국으로 넘어가서 조선인 마을에 갔는데 마을이 황폐화되어 있는 것을 발견하게 된다. 거기서 많은 시체를 보게 되는데 여자들이 강간을 당하고 죽임을 당한 모습을 보게 된 것이다. 엄마는 동규에게 보지 말라고 이야기를 하지만 동규는 그 모습을 보고선 충격을 받게 된다. 그리고 나라가 없으면 이런 처참한 일을 당하기 때문에 하루빨리 우리나라를 되찾아야겠다는 마음을 먹게 된다.

긴 여정 끝에 마침내 동규는 아버지를 만나게 된다. 동규는 독립군 아버지를 돕고 싶은 마음에 암호 공부를 한다. 그런데 이 암호라는 게 순수한 한글을 이용한 것이어서 일본인은 잘 알 수 없고 한국 사람들은 조금만 응용을 하면 이해할 수 있는 암호 체계를 사용하는 것이 인상적이었다. 그리고 얼마 후 아버지가 집을 떠나고, 집으로 두 남자가 찾아온다. 동규는 그들이 찾는 암호를 해석해 주고, 연락병으로 길을 나서게 된다. 과연 동규에게는 어떤 미래가 기다리고 있을까?

사실 이 책은 어린이 책이지만 어린이가 읽기에는 잔인한 면이 많다. 그리고 사실 오래 전의 옛날일로 치부할 수 있는 이야기이기도 하다. 그러나 과거를 모르면 현재가 없듯이 우리가 살고 있는 이 나라가 어떤 고통을 겪었고 나라가 없으면 어떤 일을 당할지 모른다는 사실을 알리고자 이 책을 썼다는 저자의 외침이 들리는 듯하다. 이 책이 선정된 것은 이런 생각을 어린이들에게 알리고자 하는 뜻이 아닌가 싶다.

내가 8년 정도 MBC에서 책 소개를 하다 보니 방송에서 책소개가 마치 또 하나의 직업이라는 생각이 든다. 처음에는 멋모르고 시작을 한 것이 어느덧 8년이라는 시간이 지났다. 처음에는 방송을 하는 것은 좋지만 실수를 많이 해서 하기가 싫을 때도 있었고, 개인적인 사정으로 책 소개를 하기 싫은 때도 몇 번 있었다. 그렇지만 한 주 한 주 책을 읽고 원고를 쓰다 보니 여기까지 오게 되었다. 이번 기회에 잠시 쉬라는 말씀으로 생각을 하고 열심히 책을 읽어서 다음에 불러주실 때에는 더 좋은 책들을 소개해 드리도록 하겠다.

이 책은 MBC 8년 책 소개의 마지막에 선택한 책이다. 마지막 방송이라는 것을 3일 전에야 연락을 받고 나서 원고 작업을 하면서 어떤 엔딩멘트를 넣을까 고민을 많이 했던 책이다. 이게 마지막 방송인데 시간이 조금 남아서 시간을 때우느라고 책에 관해서 MC가 물어본 것들이 재미가 있었다.

우선 마지막장까지 읽었는데 한 1분 정도가 남는 것이었다. 그래서 MC가 안실장님은 책을 많이 읽으실 텐데 책은 어떻게 읽는 게 좋습니까? 라고 물어보았다. 사실 여러번 들었던 질문이라 대답을 간단하게 했다. "책은 닥치는 대로 읽는 것이 좋다. 가장 나쁜 습관은 책 한 권을 들고 끝까지 읽겠다고 달려

드는 것이다. 사실 그렇게 집중력 좋은 사람들은 대부분 전교 1등을 하는 사람들인데 주변에 전교 1등이 그렇게 많은 것은 아니지 않는가? 그러니까 이 책 저 책 닥치는 대로 읽으면서 편한 시간에 독서를 해서 책의 양을 늘리는 것이 중요하다."라고 대답을 했다. 그런데 사실 책을 소개하면서 느낀 거지만 어떤 책을 소개하기 위해선 완벽하게 숙독을 해야만 하고 그러기 위해서 읽기 싫어도 억지로 읽어야 할 때가 있고, 이해가 가지 않아도 읽어야 할 때가 많다. 그런데 일반인들이 그렇게 억지로 읽는다는 것은 불가능하다는 생각에 이런 말을 한 것이다.

그러고도 시간이 남아서 두 번째 질문이 날아오는데, "책은 어떻게 구입을 하는 것이 좋은가요?"라는 질문이었다. 나는 일단의 대답에, "일단 전집을 구입하지는 마라. 일단 책은 집안에 꽂혀 있으면 장식품이 되고 만다. 언제든지 읽을 수 있다는 생각에 자신이 소유하고 있다는 생각만 하지 그 내용을 읽기가 쉽지가 않다. 책은 전집으로 사더라도 서점에 가서 읽어보고 한 권씩 사서 읽는 것이 가장 좋다."라고 대답을 했다. 그런데 이 방송을 들은 분들 중에서 우리 집에서 책을 사는데 정말로 한 권씩 사는 분들이 늘었다. 그중에선 내 방송을 듣고 사는 분도 있었다. 실제로 많은 엄마들이 전집류를 사서 아이들에게 읽히려고 노력을 하는데 자신은 거실에서 드라마 보고 있는데 아이가 책을 읽겠는가? 방 안에서 컴퓨터 게임이나 하려고 할 것이다.

이렇게 방송이 마무리가 되고나니 책읽기에 대해서 또 다른 눈이 뜨이게 되었다. 그 전에는 다음 주에 방송할 책을 읽느라 원하는 책을 읽지 못할 때가 많았다. 사실 사람이 좋아하는 취향이 한계가 있듯이 내가 좋아하는 책만 소개하다 보면 방송에서 금방 퇴출이 되었을 것이다. 하지만 이 책 저 책 별별 책을 읽게 되니 좋은 점은 전혀 생각지도 못했던 세상에 대해서 알게 되고, 다른 사람들의 생각을 읽을 수 있어서 좋았지만 정작 읽고 싶은 책을 읽지 못해서 아쉬울 때가 많았다. 그래서 요즘은 철저하게 내 위주의 독서를 하고 있다.

| 맺음말 |

　책을 9년 동안 소개하면서 그중에서 기억에 남는 책들을 모아서 책을 한 번 내봐야겠다는 생각을 가지고는 있었지만 생각뿐이지 엄두를 못내고 있었다.
　그런데 이번에 꿈과 희망 출판사 사장님의 권유로 시작을 했지만 글이라는 게 다듬어도 다듬어도 끝이 없는 것 같다. 글을 써놓고 돌아서면 이상해서 손을 대게 되고 또 이상해서 손을 대야만 하는 말이다. 특히 존댓말로 써서 방송을 했던 것을 다시 책이라는 문체에 맞추어서 쓰니까 어색하기 그지없다.
　그럼에도 불구하고 내가 했던 방송과 책들, 그리고 생각들이 모여져서 많은 사람들에게 전달이 된다니 기쁜 마음이 든다.
　많은 분들이 이 책을 보시고 여기서 소개한 책들을 다시 읽어서 인생에 더 많은 지혜와 행복을 깃들기 기원한다.

안 정 한